D1692532

Das Haus Baden auf Zwingenberg

Rüdiger Lenz

# Das Haus Baden auf Zwingenberg

## Eine mittelalterliche Burg im Besitz einer Fürstenfamilie

verlag regionalkultur

| | |
|---|---|
| Titelbild: | Die Markgrafen Maximilian und Wilhelm von Baden.<br>(Foto: Haus Baden, Zwingenberg.) |
| Titel: | Das Haus Baden auf Zwingenberg – Eine mittelalterliche Burg im Besitz einer Fürstenfamilie<br>Beiträge zur Geschichte des Neckar-Odenwald-Kreises, Band 6 |
| Herausgeber: | Kreisarchiv des Neckar-Odenwald-Kreises |
| Autor: | Rüdiger Lenz |
| Herstellung: | verlag regionalkultur (vr) |
| Lektorat: | Katja Leschhorn, vr |
| Satz: | Harald Funke, vr |
| Umschlaggestaltung: | Harald Funke, vr |
| Endkorrektorat: | Verena Böckle, vr |
| Druck: | Rhein-Neckar-Druck, Buchen |

ISBN 978-3-89735-912-3

Bibliographische Information der Deutschen Bibliothek
Die Deutsche Bibliothek verzeichnet diese Publikation in der Deutschen Nationalbibliographie; detaillierte Daten sind im Internet über http://dnb.ddb.de abrufbar.

Dieses Buch ist auf alterungsbeständigem und säurefreiem Papier (TCF nach ISO 9706) gedruckt entsprechend den Frankfurter Forderungen.



**verlag regionalkultur**
Heidelberg • Ubstadt-Weiher • Neustadt a.d.W. • Basel

*Korrespondenzadresse:*
Bahnhofstraße 2 • 76698 Ubstadt-Weiher • Telefon 07251 36703-0 • Telefax 36703-29

*E-Mail* kontakt@verlag-regionalkultur.de • *Internet* www.verlag-regionalkultur.de

# Grußwort

*„Das schönste Land in Deutschlands Gau'n,*
*das ist mein Badner Land.*
*Es ist so herrlich anzuschaun*
*und ruht in Gottes Hand".*

Dort, wo das Badner Land anerkanntermaßen sogar besonders schön ist, thront Schloss Zwingenberg hoch über dem Neckar. Ein imposantes Zeugnis adeliger Standesherrschaft früherer Zeiten, aber auch ein Wahrzeichen des neuen Neckar-Odenwald-Kreises. Tausende strömen Jahr für Jahr dorthin zu den weithin bekannten Schlossfestspielen. Kultureller Höhepunkt einer Region, in der sich Himmel und Erde schon immer sehr nahe waren.

Aber auch sonst ist das Schloss vielen Menschen ein Begriff. Dazu trägt natürlich die Tatsache bei, dass die in weiten Teilen sehr gut erhalten gebliebene mittelalterliche und frühneuzeitliche Bausubstanz eine ungeheure Faszination ausübt. Im Lauf der Geschichte war das allerdings nicht immer so. 1257 erstmals urkundlich erwähnt, wurde das Schloss schon 1362 zerstört. Nach der Wiedererrichtung durch die Herren von Hirschhorn im 15. Jahrhundert hatte die Burg bis zum Anfang des 19. Jahrhunderts verschiedene Eigentümer, die in mehreren Bauphasen allesamt auch ihre Spuren hinterließen.

Wichtig ist, dass das Schloss nach wie vor tatsächlich bewohnt und bewirtschaftet wird. Seit 1808 steht die Anlage jetzt schon im Eigentum der Familie der Markgrafen von Baden. Das Haus Baden und Schloss Zwingenberg: Beides gehört seitdem einfach untrennbar zusammen.

Während es über die ältere Zeit gleich mehrere Publikationen gibt, ist die jüngere Geschichte von Schloss Zwingenberg bislang allerdings noch weitgehend unerforscht. Ich freue mich deshalb sehr, dass wir diese Lücke mit dem vorliegenden Buch endlich schließen können. Weil die Familie der Markgrafen von Baden eng mit unserem Landkreis verbunden ist, ist es mir auch persönlich ein Anliegen gewesen, das Projekt anzustoßen. Eine Würdigung der markgräflichen Leistungen für unsere Region in über zwei Jahrhunderten war längst überfällig.

Mit Dr. Rüdiger Lenz, dem Leiter des Archivverbunds Eberbach, konnten wir hierfür unseren erklärten Wunschautor gewinnen. Und: Ihm ist es in der Tat auch wieder einmal gelungen, seine Fähigkeit zu akribischer und wissenschaftlich fundierter Arbeit mit einer sprachlich sehr ansprechenden Darstellung zu verbinden. Auf diese Weise ist ein einzigartiges Werk der regionalgeschichtlichen Forschung entstanden, das sich hervorragend in unsere Reihe „Beiträge zur Geschichte des Neckar-Odenwald-Kreises" einfügt.

Ohne das große Wohlwollen von Prinz Ludwig und Prinzessin Marianne von Baden, die uns Einsicht in ihr Privatarchiv gewährt haben, wäre alles das aber nicht möglich gewesen. Dafür sind wir dem Hause Baden deshalb sehr zum Dank verpflichtet. Ein ganz besonderes Dankeschön gilt jedoch Dr. Rüdiger Lenz selbst für seine wirklich unermüdliche Forschungsarbeit im Auftrag des Neckar-Odenwald-Kreises. Danken will ich zudem unserem Kreisarchivar Alexander Rantasa M.A., der die Veröffentlichung fachlich begleitet und koordiniert hat, sowie dem Verlag Regionalkultur und der Druckerei Rhein-Neckar-Druck in Buchen für die wie immer vertrauensvolle und gute Zusammenarbeit.

Seit einigen Jahren gibt es inzwischen auch eine inoffizielle Strophe des Badner Liedes, die dem Neckar-Odenwald-Kreis gewidmet ist: „Der Landkreis Neckar-Odenwald ist Badens Edelstein, da macht ein jeder gerne Halt und kehrt bei Freunden ein“. Ich bin mir sicher, dass unser Buch darauf jetzt noch ein klein wenig mehr Lust machen wird. Und: Ein Besuch von Schloss Zwingenberg gehört dann selbstverständlich mit dazu.

Dr. Achim Brötel
Landrat

# Geleitwort von Ludwig Prinz von Baden

Das Zustandekommen dieses Buches über die Burg, das Schloss und die Herrschaft Zwingenberg in Beziehung zu meinen direkten Vorfahren, den Grafen von Hochberg und nach dem Wiener Kongress den Markgrafen von Baden, erfüllt mich mit großer Freude.

Nach dem Tode seiner ersten Frau, Caroline Luise Prinzessin von Hessen-Darmstadt, heiratete Großherzog Karl Friedrich von Baden die Tochter des Freiherrn Ludwig Heinrich Geyer von Geyersberg, Luise Caroline Freiin Geyer von Geyersberg, und hatte mit ihr drei Söhne und eine Tochter. Sie bekamen den Namen Graf bzw. Gräfin von Hochberg.

Als der Großherzog die Burg 1808 für seine Kinder aus der nicht standesgemäßen Ehe kaufte, ahnte er nicht, dass sein ältester Sohn aus dieser Verbindung einmal Großherzog werden sollte.

Die Nachkommen aus seiner ersten Ehe starben in der männlichen Linie aus. Somit ging das Erbe an seinen ältesten Sohn Graf Leopold von Hochberg, später Großherzog Leopold, über.

Erst nach den napoleonischen Kriegen konnten sich die Markgrafen verstärkt um die Erneuerung und Erhaltung von Burg und Herrschaft Zwingenberg kümmern und die notwendigen Maßnahmen in Angriff nehmen. Sowohl das Schloss als auch der Wald waren nach all diesen schweren Jahren in einem recht desolaten Zustand.

Erst durch die vielen Gespräche und die Arbeit von Dr. Lenz wurde mir wieder so wirklich bewusst, mit wie viel Elan und Kraftaufwand, auch finanzieller Art, sich die Markgrafen dieser Aufgabe stellten.

Sie unternahmen weite Ritte, nicht nur um zu jagen (auch die Jagd musste wieder aufgebaut werden), sondern auch, um den Zustand des Waldes zu erkunden. Jedes Revier erhielt eine eigene Pflanzschule, um die sich die Markgrafen eigenhändig kümmerten.

Auch am Haus musste viel renoviert werden, das man unter anderem an den von uns genannten „WuM“-Steinen mit Jahreszahlen erkennen kann (**W**ilhelm **u**nd **M**aximillian, **M**arkgrafen **v**on **B**aden).

Nun möchte ich mich noch ganz herzlich bei Herrn Landrat Dr. Brötel bedanken, der durch sein Interesse an meiner Familie und Schloss Zwingenberg den Anstoß zu diesem Buch gab.

Mein besonderer Dank gilt Herrn Dr. Lenz, dem Archivleiter des Kommunalen Verbundarchives Eberbach, der mit großer Geduld und Akribie (und vielen einsamen und staubigen Stunden in unserem Archiv) diese große Arbeit geleistet hat.

Ich wünsche dem Buch viel Erfolg und den Lesern viel Freude.

Ludwig Prinz von Baden
Zwingenberg, im Juli 2015

# Vorbemerkung des Autors

Über die feudale Vergangenheit von Burg, Schloss und Herrschaft Zwingenberg vor 1808, die in dieser Arbeit nur summarisch gestreift werden soll, gibt es sowohl ältere wie auch jüngere Untersuchungen, die sich auf archivalische wie gedruckte Quellennachweise stützen. Für die jüngste Vergangenheit von Burg und Schloss Zwingenberg, die sich seit 1808 im Besitz der Hochberger Linie des Hauses Baden, der Markgrafen von Baden, befanden und dann in den Privatbesitz des großherzoglichen Hauses übergingen, fehlte bisher in der Forschung eine durch handschriftliche Überlieferungen abgesicherte Untersuchung. Der hier zugrunde gelegte Begriff „Haus Baden“ orientiert sich an den Regelungen des badischen Hausgesetzes vom Oktober 1817. Die oben genannte Forschungslücke zu schließen, ist eine wichtige Zielsetzung der vorliegenden Publikation, die eine Anregung des Landrats Dr. Achim Brötel aufgreift und im Auftrag des Neckar-Odenwald-Kreises verfasst wurde.

Dabei kam es dem Autor nicht ausschließlich darauf an, die geschichtliche Entwicklung von Burg und Schloss Zwingenberg seit 1808 zu erforschen und fortzuschreiben, sondern darüber hinaus einen Beitrag zur besonderen Rolle der Herrschaft Zwingenberg im 19. Jahrhundert zu leisten, war doch diese im eindrucksvollen Neckartal gelegene Burg nicht nur Wohnsitz einer hochadligen Familie, sondern auch gleichzeitig eine Standesherrschaft im Großherzogtum Baden. Damit wird zugleich ein Stück bisher unbekannter badischer Gesamtgeschichte aufgeworfen. Die Politik der Großherzöge von Baden gab den vielen standesgleichen, aber durch die Napoleonische „Flurbereinigung“ ihrer ursprünglichen Hoheitsrechte entkleideten hochadligen Familien – wie etwa den Fürsten von Leiningen, von Wertheim oder den Fürsten zu Fürstenberg – den mehr oder weniger restriktiv empfundenen Rahmen, noch einige, aber deutlich der Staatsgewalt des Großherzogs untergeordnete Hoheitsrechte auszuüben. Zu dieser Reihe hochadliger Familien zählten auch die Markgrafen von Baden, die aber gleichzeitig Angehörige des großherzoglichen Hauses waren und mit Großherzog Leopold 1830 die Nachfolge in Baden antraten.

Nach dem Tode des Markgrafen Maximilian von Baden wurde Zwingenberg 1882 Privatbesitz des Großherzogs Friedrich I., der zusammen mit seiner Familie und seinem Sohn und Nachfolger Friedrich II. zwar nicht ständig in Burg und Schloss Zwingenberg lebte, aber doch sein Besitztum zu bestimmten Anlässen aufsuchte und nutzte. Noch heute sind bei manch älteren Menschen Begegnungen mit der großherzoglichen Familie lebendig geblieben.

Auf Schloss Zwingenberg ist zudem ein Stück badischer Geschichte während der Revolutionszeit 1918 geschrieben worden. In Zwingenberg akzeptierte der aus Karlsruhe geflüchtete Großherzog Friedrich II. den gewünschten Verzicht auf alle Regierungsbefugnisse als bisheriges Staatsoberhaupt, der formelle Thronverzicht folgte erst wenige Wochen später auf Schloss Langenstein.

Weit über den Bereich der Landesgeschichte hinaus reicht das Kapitel über den Prinzen Max von Baden, den Vetter des Großherzogs Friedrich II., der seine Nachfolge angetreten hätte, wenn die monarchistische Regierungsform in Deutschland 1918 erhalten geblieben wäre. Obwohl selbst nicht auf Zwingenberg nachweisbar, soll die Tätigkeit des Prinzen Max als letzter kaiserlicher Reichskanzler – korrelierend zu den Revolutionsereignissen in Baden – geschildert werden, wobei es dem Autor nicht um eine biografische Skizze seiner Person ging, sondern um eine hart an den zeitnahen Quellen orientierte Analyse seiner Handlungsweise – unabhängig von wissenschaftlichen Kontroversen der jüngsten Zeit. Prinz Max gelang es, aus der verfahrenen militärischen Situation des Hochsommers 1918 die politischen Konsequenzen zu ziehen, um den Ersten Weltkrieg aus deutscher Sicht zu beenden. Dieses Kapitel mit seinem Perspektivwechsel von der landesgeschichtlichen zur nationalgeschichtlichen Ebene bietet einen besonderen Reiz der Arbeit.

Heute ist Burg und Schloss Zwingenberg Wohnsitz von Prinz Ludwig und Prinzessin Marianne von Baden und gleichzeitig ein Mittelpunkt im kulturellen Angebot des Neckar-Odenwald-Kreises. Die Zwingenberger Schlossfestspiele und ihr hochkarätiges Angebot wie ebenso der alljährlich stattfindende Garten- und Pflanzenmarkt sind nicht nur in der Region geschätzt und wohlbekannt.

Die vorliegende Publikation hätte ohne die Hilfe aus den einschlägigen Archiven, wie etwa dem Generallandesarchiv Karlsruhe, einem Bestandteil des Landesarchivs Baden-Württemberg, nicht geschrieben werden können. Dort werden auch die entsprechenden handschriftlichen Unterlagen zu den Eigentümern von Burg und Schloss Zwingenberg vor wie nach 1808 aufbewahrt, wozu auch die Hinterlegungen des (Gesamt-) Hauses Baden zählen. Für die Nutzung dieser Bestände hat der Autor verbindlichst zu danken.

Ganz besonderen Dank schuldet der Autor dem mehr als freundlichen Entgegenkommen und der Unterstützung der hier vorgelegten Arbeit durch Prinz Ludwig und Prinzessin Marianne von Baden. Der Autor durfte das für jegliche Form der Benutzung nicht zugängliche Privatarchiv einsehen. Ohne diese Unterstützung hätten weite Teile der Arbeit, besonders über das Leben der Markgrafen auf Zwingenberg, nicht geschrieben werden können. Wegen dieser besonderen Situation sind die handschriftlichen Belege aus dem Privatarchiv entgegen wissenschaftlichem Brauch in dem vorliegenden Buch nicht offengelegt, aber vermerkt und bei und mit Zustimmung des Hauses Baden verifizierbar.

Herrn Landrat Dr. Achim Brötel und dem Leiter des Kreisarchivs Herrn Alexander Rantasa M.A. gilt mein herzlicher Dank als Autor für ihr stets wohlwollendes Interesse und für manche Ratschläge, die zum Gelingen der vorliegenden Arbeit beitrugen.

Ganz zuletzt ist es guter Brauch, allen Leserinnen und Lesern bei der Lektüre angenehme Stunden mit interessanten Einblicken und Erkenntnissen zu wünschen.

Rüdiger Lenz
Schwarzach, im März 2015

# Inhalt

# Einführung

Wer am Neckar lebt oder auf dem Fluss eine Fahrt unternimmt, kommt an der Schönheit und Ausstrahlung von Burg und Schloss Zwingenberg nicht vorbei. Die herrliche Lage hoch oben über dem Neckar auf einem Bergsporn und der Charakter einer seit dem frühen 15. Jahrhundert unzerstörten und seitdem bewohnten Burg ziehen jeden Besucher in einen magischen Bann. Trotz des starken Verkehrslärms im ruhe- und rastlos erscheinenden Neckartal strahlt die Burg eine Ruhe und Abgeschiedenheit aus, die jeden Besucher innerlich berührt. Neben der Burg zieht sich die „berühmte" Wolfsschlucht in das Mittelgebirge des Odenwalds hinein, und die „Zwingenberger Schlossfestspiele" sind seit Jahrzehnten eine feste Größe im Kulturleben des Neckar-Odenwald-Kreises, zu dem Burg und Dorf Zwingenberg gehören. Über die Geschichte der Burg Zwingenberg bis in das 19. Jahrhundert hinein gibt es eine Reihe von Veröffentlichungen, teils in eigenständiger Form, teils in den Ortschroniken der ehemals ihr gehörenden Dörfer im Odenwald. Die Burg ist seit dem Jahr 1967 Wohnsitz von Prinz Ludwig und Prinzessin Marianne von Baden und ihrer Familie.

Weit weniger bekannt ist die jüngste Geschichte von Burg und Schloss Zwingenberg, die sich seit 1808 im Eigentum der Grafen von Hochberg bzw. der Markgrafen von Baden befinden, die in rechtlicher Hinsicht in den Kauf des Großherzogs Karl Friedrich (1728–1811) eingetreten sind. Erst durch testamentarische Verfügung des Markgrafen Maximilian von Baden sind Schloss und Burg im Jahr 1882 zum Privateigentum des Großherzogs Friedrich I. von Baden geworden. Die

Abb. 1: Blick auf Schloss Zwingenberg von Lindach aus.

ehemalige Funktion der Burg als Sitz einer Standesherrschaft blieb in der Forschung bisher so gut wie unberücksichtigt. Ihre hoheitlichen Befugnisse endeten bereits 1813, die Markgrafen verzichteten im Jahr 1824 auf ihre Vorrechte, die sie wieder hätten ergreifen können. Die letzten Reste, die den Markgrafen von Baden an oder über Wohnplätze wie den Rest von Unterferdinandsdorf im Reisenbacher Grund und über die bewohnten Teile des heutigen Eberbacher Stadtteils Gaimühle verblieben waren, sind seit dem späten 19. Jahrhundert gleichfalls verschwunden.

Das Gebiet der früheren Standesherrschaft Zwingenberg liegt heute zum größten Teil im Neckar-Odenwald-Kreis, zu einem kleinen Teil ist ganz im Nordwesten auch der Rhein-Neckar-Kreis tangiert. Schon ein kurzer Blick in eine aktuelle Wanderkarte zeigt einige typische Namen, die auf das Haus Baden verweisen: den Markgrafenwald (bei Mülben), der durch die Aufsiedlung von Ferdinandsdorf einen nicht unerheblichen Zuwachs erfuhr, die Max-Wilhelmshöhe oder den Wilhelmsstand, ferner auf dem linken Neckarufer der Karl-Friedrich-Rain. Für jedermann bietet noch heute der Turm auf dem Katzenbuckel, errichtet 1820/21 von den drei Markgrafen Leopold, Wilhelm und Maximilian (genannt: Max) einen herrlichen Blick über den Odenwald in die Ferne. Das Denkmal für die von einem Blitz getroffene Musikerfamilie Dehner, das zwischen Neckargerach und Zwingenberg steht, wurde auf Anweisung der Markgrafen Wilhelm und Maximilian 1848 errichtet. Innerhalb der 1925 aufgehobenen Waldgemarkung Zwingenberg finden sich an vielen Stellen „Steinerne Tische" oder Jagdhütten, welche die Markgrafen aufstellen ließen.

Die erste große Gesamtdarstellung der Geschichte der *Veste Zwingenberg* aus dem Jahr 1843 ist dem Interesse der Markgrafen Wilhelm und Maximilian von Baden an *historischen Forschungen* zu verdanken. Markgraf Wilhelm, der trotz

Abb. 2: Jagdhaus Max-Wilhelmshöhe.

Abb. 3: Wilhelmsstand.

seiner Rolle als „Botschafter“ seines Halbbruders, des Großherzogs Ludwig, und als Ratgeber seines Bruders, des Großherzogs Leopold, sich – soweit feststellbar – im frühen 19. Jahrhundert am häufigsten auf Zwingenberg aufhielt, begann *mit Mühe und Ausdauer, Urkunden und Quellen* zur Geschichte Zwingenbergs zu sammeln[1]. Seit September 1821 beschäftigte sich der Stadtpfarrer Herr aus Kuppenheim im Auftrag der Markgrafen *mit geschichtlichen Untersuchungen der zum Schloss Zwingenberg und seiner Umgebung gehörigen Gegenständten*[2]. Markgraf Wilhelm verfasste sogar „Lebenserinnerungen“, die er zur Mitte des 19. Jahrhunderts aufgrund von Tagebüchern noch selbst ausarbeitete und „Denkwürdigkeiten“ nannte. Den ersten Lebensabschnitt des Markgrafen zwischen 1792 und 1818 gab Karl Obser im Auftrag der Badischen Historischen Kommission im Jahr 1906 heraus. Die anderen noch ungedruckten Teile der „Denkwürdigkeiten“ werden im Hausarchiv verwahrt[3].

Die **Herrschaft Zwingenberg** der Markgrafen zählte zu einer Reihe von badischen Standesherrschaften, denen hochadlige Familien vorstanden und die ehemals als Fürsten im alten Deutschen Reich Hoheitsrechte besessen und ausgeübt hatten. Durch die von Frankreich (Napoleon) angestoßene und verfügte Eingliederung in das im Jahr 1806 neugebildete Großherzogtum Baden hatten sie ihre Vorrechte verloren. Zu den Standesherren zählten etwa die Fürsten von Löwenstein-Wertheim oder von Fürstenberg, in unserem Raum betraf es die Fürsten von Leiningen, die aus der heutigen linksrheinischen Pfalz in den Odenwald verpflanzt wurden und in Amorbach ihr (neues) Zentrum schufen. Ihr Herrschaftsgebiet reichte etwa vom Main bis an den Neckar, berührte also im Westen die Standesherrschaft der Markgrafen. Die Großherzöge aus dem Haus Baden versuchten, die Ansprüche und Bedürfnisse der Standesherren möglichst schonend in den neuen Staat einzubauen, ein wechselseitiger Prozess, der sich bis zur Mitte des 19. Jahrhunderts hinzog und durch den eruptiven Ausbruch der Revolution von 1848/49 seinen zwangsweisen Abschluss fand. Die Standesherrschaft Zwingenberg, die seit dem Jahr 1778 dem Fürsten von Bretzenheim gehört hatte, fiel 1808 an die Söhne aus der zweiten Ehe des Großherzogs Karl Friedrich, die sich zunächst Grafen von Hochberg nannten. Erst mit dem badischen Hausgesetz von 1817 wurden sie erbfolgeberechtigt und nannten sich nun Markgrafen von Baden. Diese Standesherrschaft unterschied sich von den anderen Standesherrschaften durch zweierlei Punkte: Sie gehörte einer Linie des regierenden Herrscherhauses an, des Großherzogs von Baden. Die Markgrafen hatten aber 1824 auf alle mit der Standesherrschaft zusammenhängenden hoheitlichen Befugnisse (vorläufig) verzichtet und sich mit einem Rent- und Forstamt, die für die Verwaltung des Wald- und Grundbesitzes sowie der Naturalgefälle zuständig waren, begnügt. Durch den Verzicht auf die Ausübung der hoheitlichen Rechte unterschieden sie sich sehr deutlich von anderen Standesherrschaften im Großherzogtum Baden. Andererseits trat die Hochberger Linie mit Markgraf Leopold im Jahr 1830 die Nachfolge als Großherzöge an.

Die **Standesherrschaft Zwingenberg** erstreckte sich von einem Geländestreifen, der auf dem linken Neckarufer Richtung Neunkirchen liegt, über Dorf und Schloss Zwingenberg auf die Winterhauchhochfläche und über das Katzenbuckelmassiv bis an den Reisenbacher Grund, wo sich die Grenzen des Rhein-Neckar-Kreises und des Neckar-Odenwald-Kreises sowie die Gemarkungsgrenzen von Eberbach, Waldbrunn und Mudau treffen. Zu ihren Untertanen zählten alle Dörfer, die seit dem Mittelalter Zubehör der Herrschaft Zwingenberg gewesen waren. Der Burg und dem Schloss Zwingenberg waren unterstellt das gleichnamige Dorf zu ihren Füßen, ferner Oberdielbach, Waldkatzenbach, Mülben, Strümpfelbrunn und Weisbach, daneben die jüngeren Neugründungen Friedrichsdorf und den nach 1850 aufgelösten Doppelweiler Ferdinandsdorf. Hinzu kamen grundherrliche Anteile an den Dörfern Balsbach, Wagenschwend und Robern. Der Waldbesitz der Standesherrschaft gehörte keiner Gemarkung an, sondern bildete die sog. Waldgemarkung Zwingenberg, die infolge der neuen badischen Gemeindeordnung 1925 aufgelöst wurde. Im Markgrafenwald liegt nur (noch) das im Jahr 1844 erbaute Forsthaus Max-Wilhelmshöhe, an seinem Rand befanden sich bis zur ihrer Eingliederung in angrenzende Gemeinden die Kleinsiedlung Reisenbacher Grund, der als Rest des aufgelösten Weilers Unterferdinandsdorf stehen blieb, sowie die Gaimühle.

# Kapitel 1
# Kurze Geschichte von Burg und Herrschaft Zwingenberg bis zum Übergang an das Haus Baden

Als das Haus Baden im Sommer 1808 die Burg Zwingenberg übernahm, hatte diese schon eine wechselhafte Geschichte hinter sich. Die Ursprünge der Burg gehen auf das niederadlige Geschlecht von Zwingenberg zurück, von dem erstmals im Januar 1253 ein Wilhelm von Zwingenberg (*Wilhelm de Tuinginberc*) erwähnt wird. Dieser war ein Neffe von *Wilhelmus advocatus Wimpinensis,* des Wimpfener Reichsvogtes[4]. Die Burg („castrum“ *Tuinginberc*) selbst wird im Juni 1257 erstmals urkundlich genannt[5]. Den unteren Teil ihres (heutigen) Bergfrieds ordnet man hinsichtlich seiner Bautypologie diesem Geschlecht zu.

Die Herren von Zwingenberg gehörten zum Umfeld der staufisch geprägten Reichsministerialität, die in Wimpfen einen hö-

## Abstammung der Herren von Zwingenberg

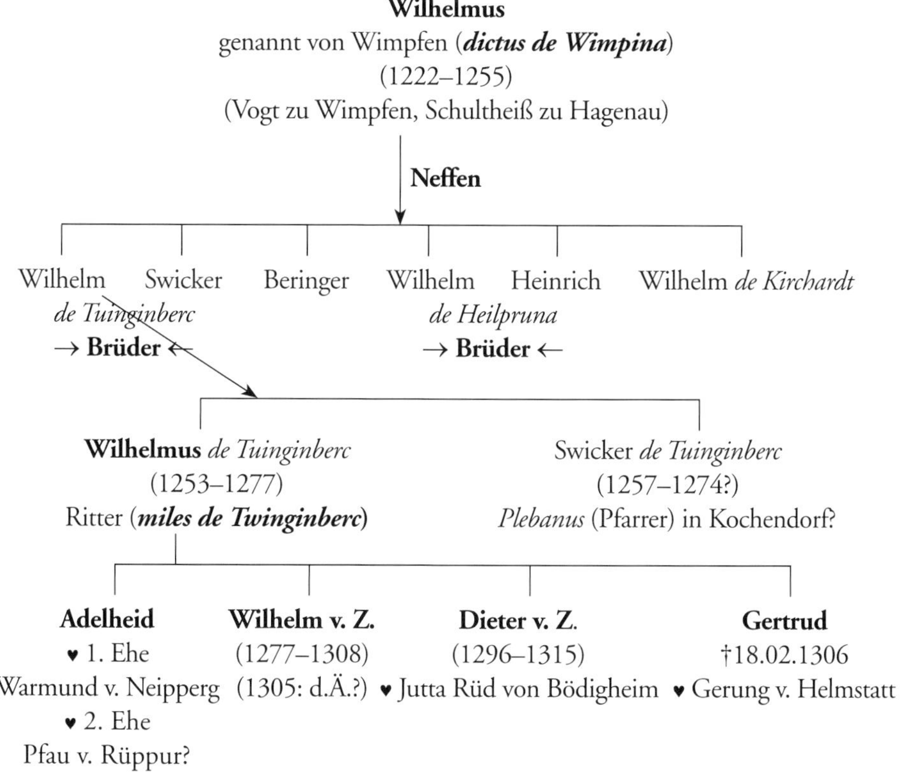

fischen und administrativen Mittelpunkt hatte[6]. Gegen Ende des 13. Jahrhunderts sind die Herren von Zwingenberg im Umfeld der Allodialerben der Grafen von Lauffen belegt, des Grafen Ludwig von [Wall-] Dürn[7]. Sie zählten nicht zu den hochadligen Grundherren der Region, sondern standen in Diensten des Reiches. Vermutlich dadurch gelang es ihnen, einen Herrschaftsbereich zwischen dem Kleinen Odenwald links des Neckars und dem Hohen Odenwald aufzubauen. Darüber hinaus reichten ihre Besitzungen und Besitzrechte in das Bauland sowie beiderseits des Neckars bei Eberbach.

Während die Herren von Zwingenberg die Ränder dieses Bezirks nicht vollkommen mit ihren Herrschaftsrechten durchdringen konnten, war der Winterhauch mit etlichen Dörfern um Strümpfelbrunn, Oberdielbach und Waldkatzenbach ihnen vollkommen unterstellt[8]. Ob die Abgaben ihrer Untertanen – hauptsächlich von denen auf dem Winterhauch – für den eigenen Unterhalt ausreichend gewesen waren, mag dahingestellt bleiben. Deshalb wird den Herren von Zwingenberg in den jüngeren, allerdings nicht unmittelbar zeitgenössischen archivalischen Quellen und in der Literatur Raubrittertum unterstellt. Im Jahr 1404 wird die zerstörte Burg ausdrücklich *rauphusz* bezeichnet [9]. So sollen die Herren von Zwingenberg ungerechtfertigte Zölle von den am Fuß ihres Burgberges vorüberziehenden Neckarschiffen und den auf der Straße vorbeiziehenden Kaufleuten erhoben haben[10]. Eine Straße durch das Neckartal gab es allerdings erst im 19. Jahrhundert. Tatsache bleibt, dass die Herren von Zwingenberg schon im ausgehenden 13. Jahrhundert in Konflikt mit dem aus östlicher Richtung an den Neckar drängenden Erzbistum Mainz geraten sind[11]. Im 14. Jahrhundert ist gleichfalls ein scharfer Gegensatz zu der aufstrebenden Kurpfalz, die 1214 an das hochadlige (bayrische) Geschlecht der Wittelsbacher gefallen war, zu beobachten. So hatte der Erzbischof in Zwingenberg vor 1339 die Gegenburg „Fürstenstein" errichtet, die er wenige Jahre später schleifen musste[12]. Fürstenstein hatte oberhalb des Zwingenberger Bahnhofs auf einem Höhenzug gestanden, der zur Wolfsschlucht und zum Neckar abfällt.

Zwar hatten die Herren von Zwingenberg schon im frühen 14. Jahrhundert Öffnungsrechte an ihrer Burg den beiden Reichsfürsten eingeräumt, die (seit der Goldenen Bulle von 1356 reichsrechtlich fixiert) zu den allein berechtigten Kurfürsten und „Wählern" des römisch-deutschen Königs gehörten. Dennoch waren die Herren von Zwingenberg mit ihrem Verhalten und auch vermutlich wegen der strategischen Lage ihrer Burg, die bereits eine Ganerbenburg (Burg in gemeinschaftlichem Besitz von Adligen) war, zu einem Störfaktor für Kurpfalz und Kurmainz geworden. Die beiden Kurfürsten nutzten die günstige Konstellation und schalteten Burg Zwingenberg mit königlicher Billigung als kleines örtliches Machtzentrum aus. Pfalzgraf Ruprecht I. schloss sich allerdings erst im September 1363 den Verbündeten im Schwäbischen Städtebund gegen Wolf und Fürderer von Waldeck und dessen Verbündete aus Zwingenberg an[13]. Mit Unterstützung des Schwäbischen Städtebundes unter Führung der Reichsstadt Augsburg brach ein großes Heer von Augsburg aus an den Neckar auf. Das Heer umfasste 500 Bürger und 62 Kriegswägen, die im Herbst 1362 Burg Zwingenberg belagerten, einnahmen *unnd auff den Grundt* schleiften[14]. Doch blieb der Stumpf des Bergfrieds offenbar als Rest der Anlage stehen. Ihn niederzureißen wäre angesichts der topographischen Situation töricht gewesen. Sein Grund liegt auf massivem Felsen, der sogar den Burghof überragt[15].

Die beiden Kurfürsten regelten im Oktober 1364 *uff dem velde* vor Zwingenberg die zukünftige Entwicklung der Burg, die sie nun mit Billigung des Königs in gemeinsamen Besitz nahmen. Sie legten einen genauen Burgbezirk fest, der vom Neckar bei Zwingenberg bis Lindach und über Schollbrunn in den Winterhauch reichte[16]. Seine urkundliche Festlegung „bescherte" etlichen Dörfern (z.B. Schollbrunn, Lindach) ihre Ersterwähnung. Die anderen Besitzungen des Geschlechts Zwingenberg blieben unangetastet, das jedoch schrittweise verarmte und nach und nach seine Güter und Rechte verkaufen musste. Mit Hans von Zwingenberg starb die männliche Linie im späten 15. Jahrhundert aus[17].

Der Platz der Burg (sog. „Burgstall") blieb etwa 40 Jahre unbebaut. Erst im frühen 15. Jahrhundert überließen Kurpfalz und Kurmainz den Wiederaufbau der Burg den Brüdern Hans und Eberhard vom Hirschhorn, die schon vorher ihr Interesse an Zwingenberg bekundet und Güter aufgekauft hatten. Sie zählten zu dem bedeutenden niederadligen und gleichnamigen Geschlecht, das seine Stammburg über dem Städtchen Hirschhorn am Neckar hatte. Etwa zur gleichen Zeit erhob der Heilbronner Bürger Fritz Clemm Ansprüche auf Zwingenberg, die aus der Zeit König Ruprechts stammten[18]. Mit dem Wiederaufbau des Palas der Burg wurde der Steinmetz Heinrich Isenmenger aus Wimpfen betraut[19].

Durch die pfälzische Landesteilung von 1410 fielen die pfälzischen Lehenrechte an Zwingenberg an die Seitenlinie Pfalz-Mosbach. Pfalzgraf Otto II. von Pfalz-Mosbach erwarb im Oktober 1474 die Herrschaft Zwingenberg von den Herren vom Hirschhorn. Bis zum Jahr 1504 verblieb Zwingenberg im Besitz der Nebenlinie Pfalz-Mosbach, deren Territorium nach dem Tode des Pfalzgrafen Otto II. im Jahr 1499 an die Heidelberger Pfalzgrafen und Kurfürsten fiel. Die Niederlage der Kurpfalz im Bayrischen Erbfolgekrieg und der dadurch verursachte erhebliche Schuldenstand veranlassten den Pfalzgrafen Philipp, Zwingenberg im September 1504 in Form eines Erblehens an seinen Rat Hans VIII. vom Hirschhorn zu veräußern, der erst 1474 zusammen mit seinen drei Brüdern Zwingenberg an Pfalzgraf Otto II. verkauft hatte. Kurmainz hatte bereits 1491 seine Lehenrechte aufgegeben[20]. Die Herren vom Hirschhorn blieben danach Inhaber von Schloss und Herrschaft Zwingenberg und nannten sich **Herren vom Hirschhorn zu Zwingenberg**. Ihr Wappenzeichen war ein Hirschgeweih oder, in vereinfachter Form, eine Hirschstange. Mit dem Tod von Friedrich vom Hirschhorn, der seine Kinder selbst überlebt hatte, starb das Geschlecht im September 1632 aus[21].

Sein Tod löste unter seinen Nachkommen einen Streit um den Besitz Zwingenbergs aus, der ebenfalls die Dörfer auf dem Winterhauch betraf. Nach den Lehenbriefen durfte die gesamte Herrschaft auch auf die weibliche Nachkommenschaft übergehen. Friedrich vom Hirschhorn hatte in seinem Testament seiner Halbschwester Maria von Hatzfeld, die mit Hans Georg von Sternenfels verheiratet war, und deren ehelichen Kindern den Allodialbesitz und die Erblehen vermacht[22]. Diese Verfügung widersprach dem Heiratsvertrag von 1546 zwischen Bernhard Göler von Ravensburg und Maria vom Hirschhorn, der Tante Friedrichs vom Hirschhorn. Darin war das Erbrecht und die Lehenfolge der Göler von

Ravensburg vereinbart worden, falls das Haus Hirschhorn im Mannesstamm erlöschen sollte[23]. Engelhard Göler von Ravensburg, der Sohn Marias vom Hirschhorn, erhob daher Erbansprüche auf Zwingenberg, ebenso die Nachkommen Ludwigs II. vom Hirschhorn, dessen Tochter Maria Elisabeth vom Hirschhorn und deren Tochter Eva Ursula von Eltz. Ludwig II. vom Hirschhorn, Vetter Friedrichs vom Hirschhorn, war bis zu seinem Tod Mitinhaber Zwingenbergs gewesen. Zudem wurde nicht nur von der vertriebenen kurfürstlichen Linie, sondern auch von der bayrischen Besatzungsmacht Zwingenberg als erledigtes Lehen betrachtet und entsprechend behandelt.

## Erben Friedrichs vom Hirschhorn

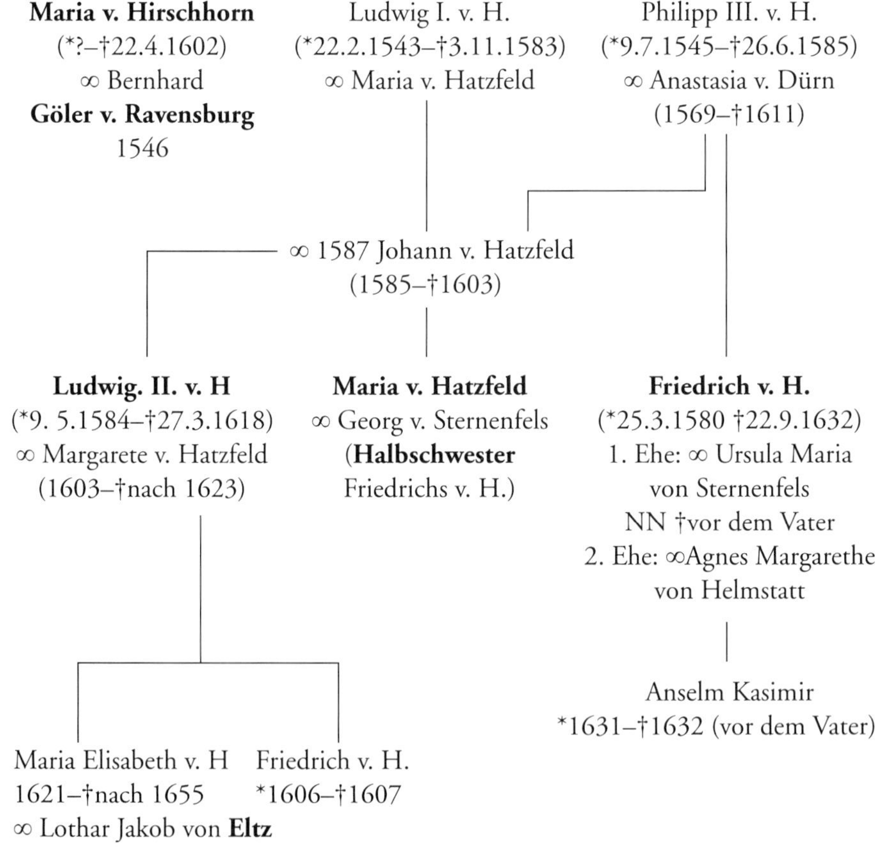

Engelhard Göler von Ravensburg konnte zwar Anfang April 1633 mit Hilfe der schwedischen Besatzung die Huldigung der Untertanen, nicht aber eine rechtsgültige Belehnung mit der Herrschaft Zwingenberg durch den pfälzischen Administrator Ludwig Philipp, den Bruder des verstorbenen Pfalzgrafen Friedrich V., erwirken[24]. Alle Anstrengungen und Eingaben Engelhard Gölers von Ravensburg blieben jahrelang erfolglos, wurden verschleppt oder durch die Erbansprüche von Eva Ursula von Eltz behindert. Gegen Kriegsende, im Juli 1647, bemühte sich Engelhard Göler intensiv um die Übereignung Zwingenbergs beim bayrischen Pfalzgrafen Maximilian[25]. Beinahe hätte er im Februar 1649 sein Ziel erreicht, doch verhinderten die Forderungen Eva Ursulas von Eltz und der seit September des gleichen Jahres beim Reichskammergericht anhängige Rechtsstreit eine schnelle Belehnung[26]. Die mit dem Westfälischen Frieden wieder errichtete Kurpfalz verhängte wegen der Erbansprüche der Göler von Ravensburg und der Herren von Eltz eine Sequestration (= Zwangsverwaltung) über Zwingenberg. Einen kaiserlichen Entscheid vom Februar 1651 zugunsten von Engelhard Göler von Ravensburg ignorierte der Pfalzgraf. Bis zur Entscheidung des Streits sollte Zwingenberg unter kurpfälzischer Verwaltung bleiben. In der Burg etablierte der Pfalzgraf ein Unteramt (Kellerei), das zeitweise die Keller zu Eberbach in Personalunion führten[27].

Der nun fortdauernde Erbstreit, in den Quellen nach seinen Urhebern, den Gölern von Ravensburg, benannt, dauerte über 100 Jahre. Erst Mitte des 18. Jahrhunderts konnte er beigelegt werden. Im Januar 1696 erhielt der kurfürstliche Hofkanzler und geheime Rat Franz Melchior Freiherr von Wiser (*1651–†23.11.1702) vom Pfalzgrafen die Herrschaft Zwingenberg als Mannlehen[28]. Er war bereits zwei Jahre zuvor, 1694, in den Freiherrenstand erhoben worden. Die Belehnung mit Zwingenberg hing mit der Politik der seit 1685 regierenden katholischen Pfalzgrafen zusammen, verdiente höhere Beamte der gleichen Konfession in die Lehen einzusetzen. Die katholischen Freiherren von Wiser nahmen führende Stellungen am kurfürstlichen Hofe ein. Die Standeserhöhung für Franz Melchior von Wiser in den Reichsfreiherren- und Reichsgrafenstand folgte 1702. Franz Melchior von Wiser trat mit ausdrücklicher Ermächtigung des Pfalzgrafen 1699 die Nachfolge in den übrigen Hirschhorner Lehen an, darunter auch in den Besitzungen in der linksrheinischen Pfalz[29]. Ihm gelang es, die Ansprüche einiger Allodial-Erben Marias von Hatzfeld, der Halbschwester Friedrichs vom Hirschhorn, auf Zwingenberg abzufinden. Im Oktober 1697 überließ ihm Reinhard Friedrich Schertel von Burtenbach alle erworbenen Rechte gegen eine finanzielle Entschädigung. Das Mannlehen Zwingenberg wurde im Januar 1718 seinem Sohn, dem Grafen Ferdinand Andreas von Wiser (*28.01.1677–†30.1.1751), der in Leutershausen seinen Sitz hatte und ebenfalls in kurfürstlichen Diensten stand, sogar in ein Erblehen umgewandelt[30]. Dieser erweiterte den Kranz der Zwingenberger Dörfer durch eine Neugründung. Er legte in den herrschaftlichen Wäldern auf der Höhe, der sog. „Ebung", die kleine Siedlung (Ober-) Ferdinandsdorf an, der er seinen Namen gab. Das genaue Gründungsdatum ist nicht genau ermittelbar, die Angaben schwanken zwischen 1712 und 1716[31].

Trotz der Belehnung der Grafen Wiser gab Friedrich Jakob Göler von Ravensburg seine Rechtsansprüche auf Zwingenberg

Abb. 4: Graf Carl August von Bretzenheim.

nicht auf, immerhin wirkte die Burg hinsichtlich ihrer Größe und ihrer Ausstattung äußerst repräsentativ. Da seine Eingaben und Vorstellungen weder beim Grafen Wiser noch beim Pfalzgrafen fruchteten, erhob er Klage beim Reichshofrat. Nach seinem Tod im Dezember 1717 führten seine Töchter und deren Ehemänner den Prozess vor den verschiedenen Reichsinstitutionen fort. Klagende Partei und Erben waren Friderica Salome Horneck von Hornberg, Christine Dorothee von Gemmingen und Maria Regina Göler von Ravensburg, alle geborene Göler von Ravensburg, sowie ihre Ehemänner Wilhelm Friedrich Horneck von Hornberg, Pleickhardt Dietrich von Gemmingen und Eberhardt Friedrich Göler von Ravensburg. Die Bemühungen der Erben beim Pfalzgrafen Karl Philipp hatten keinen Erfolg, da die Ansprüche des Lehenträgers diesen entgegenstanden. Allenfalls hätte er einen Vergleich akzeptiert. Im April 1725 sprach der Reichshofrat in Wien die Herrschaft Zwingenberg den Erben endlich zu, doch versuchte die Kurpfalz nun, den Vollzug mit Einsprüchen formal-rechtlicher Art zu hintergehen und zu verzögern. Ihr Vorgehen brachte einen kleinen zeitlichen Aufschub. Im November/Dezember 1728 erhielten die Nachkommen Friedrich Jakob Gölers von Ravensburg endlich Zwingenberg zugewiesen und nahmen die Huldigung der Untertanen ab. Sie ernannten Jacob Salomo Clemm, der aus der Gölerschen Besitzung Sulzfeld stammte, zu ihrem Amtsvogt in Zwingenberg. Die Streitigkeiten zwischen den Göler von Ravensburg und der Kurpfalz gingen wegen der ungeklärten Entschädigungsfrage für die jahrzehntelang vorenthaltenen Einkünfte der Herrschaft und wegen der aufgelaufenen Prozesskosten weiter. Zudem spielte die Frage der Abgrenzung der Hoheitsrechte zur kurpfälzischen Zent Eberbach eine Rolle, zu der die Zwingenberger Dörfer gehörten. Nach den vorausgegangenen Verhandlungen, die in einem Vergleich mündeten, den sogar Friedrich II., König von Preußen, mit bewirkt hatte, wurden die Gölerschen Erben am 8. Februar 1746 formal endgültig in den Besitz der Herrschaft Zwingenberg eingesetzt. Schon einen Tag später veräußerten sie Zwingenberg für 400.000 Gulden und für 1.000 Gulden Schlüsselgeld an den Pfalzgrafen. Ansprüche des fränkischen Ritterkantons auf die Steuerverbindlichkeiten der Göler von Ravensburg löste die Kurpfalz 1751 ebenfalls ab[33].

Die unmittelbare Herrschaft der Kurpfalz dauerte nur wenige Jahrzehnte. Im Februar 1778 übertrug Kurfürst Karl Theodor Zwingenberg als Erblehen seinem unehelichen Sohn, dem Reichsgrafen Carl August von Bretzenheim[34]. Durch den Erwerb der Grafschaft Bretzenheim, die an der Nahe lag, erhielt Carl August den Grafentitel und nannte sich Graf von Bretzenheim. Die Herrschaft Zwingenberg ließ der neue Eigentümer genau vermessen, einsteinen und kartographieren. Hinsichtlich der Kosten ging er keineswegs sparsam vor. Insgesamt wurden über 500 Grenzsteine angefertigt, mit fortlaufenden Nummern aufgestellt und das Ganze in einer Karte festgehalten. Diese Karte befindet sich noch heute im Schloss Zwingenberg. Viele dieser Steine sind erhalten geblieben[35].

Ob sich der Graf und spätere Fürst von Bretzenheim besonders um seine Untertanen auf dem Winterhauch gekümmert hat, darf – was man über ihn weiß – bezweifelt werden. Schloss Zwingenberg machte einen abgenutzten Eindruck auf die Grafen von Hochberg. Wahrscheinlich hatten schon die Erben Bernhard Gölers von Ravensburg das Schloss nicht fürsorglich bewohnt. Nach der Auflösung der Kurpfalz durch den auf Druck Napoleons initiierten Reichsdeputationshauptschluss, der eine Neuordnung des zersplitterten deutschen Südwestens brachte, lebte Graf Bretzenheim in München, wohin sein Vater wegen der bayrischen Erbschaft der Wittelsbacher bereits 1777 übergesiedelt war. Nach dessen Tod zog er nach Wien, später nach Ungarn, wo er bis zu seinem Lebensende wohnen blieb[36].

# Kapitel 2
# Baugeschichte der Burg Zwingenberg

## Etappen der Baugeschichte

Die jetzige Burg Zwingenberg mit ihren Gebäuden und ihrem Bering geht auf die Herren vom Hirschhorn zurück, die seit der zweiten Hälfte des 14. und seit dem frühen 15. Jahrhundert die Herren von Zwingenberg sowohl in territorialer wie in herrschaftsgeschichtlicher Hinsicht beerbt hatten und die sich in den Besitz der Stammburg Zwingenberg setzen konnten. Die topographische Lage der ehemaligen Burg Zwingenberg blieb beim Wiederaufbau stilbildend, da der östliche Teil der Kernburg auf Felsen sitzt. Der Unterteil des Bergfrieds in der Kernburg stammt, wie Fritz Arens dank oder mit Hilfe der vorhandenen Buckelquader, Steinmetzzeichen und Zangenlöcher herausgearbeitet hat, aus der Mitte des 13. Jahrhunderts, also aus der Zeit, als das der Burg den Namen gebende Geschlecht von Zwingenberg zum ersten Mal urkundlich fassbar wird. Wahrscheinlich wurde die Schildmauer, die den Bergfried beiderseits flankiert, in diese Bauphase mit einbezogen[37]. Burg Zwingenberg war schon im 14. Jahrhundert ein gemeinschaftliches Besitztum verschiedener Zweige der Herren von Zwingenberg und anderer Adliger. Ihr Wohnkomfort war beachtlich. In der Hauptburg stand ein *steinen hus*, das nur noch zu einem Viertel den Brüdern Hans, Wilhelm, Wiprecht und Beringer von Zwingenberg, gen. von Berlichingen, und ihrem Vetter Berchtold von Zwingenberg, dem Sohn Dietrichs von Zwingenberg, gehörte. Ob das „steinerne Haus" ein Wohnturm war und die anderen Gebäude in der Hauptburg nur aus Fachwerk bestanden, lässt sich nach den vorhandenen Quellen nicht beantworten.

Zu Berchtolds von Zwingenberg Anteil zählte die *kuchen* (= Burgküche). Wahrscheinlich blieb ein Teil des (noch heute vorhandenen) Felsens beim Bau der Burg stehen, wodurch der Zugang zum Haupttor zweimal umgelenkt wurde und damit beherrschbar war. Der erste Zugang blockierte die Rampe zur Hauptburg, das alte Torgebäude mit der Felsenwand an der nördlichen und östlichen Seite (heute: Wiser'scher Anbau) bewachte die Kernburg. Diese kluge Absperrung erklärt den gewaltigen Aufwand, der bei der Belagerung im Jahr 1362 erbracht werden musste. Zwingenberg muss eine räumlich große Anlage gewesen sein. Vor der Burg lag bereits ein *vorhof* (Vorburg), worin sich Hofstätten von Untertanen (= kleinere Anwesen) befanden. Die Vorburg war ebenfalls aufgeteilt, den Herren von Zwingenberg gehörte daran noch ein Viertel sowie eine halbe Hofstätte.

Konnte ein aus der Reichsministerialität stammendes Geschlecht eine solche Burg erbauen? Wurde die Burg deshalb in Ganerbengemeinschaft gehalten und bewohnt? Diese uns brennenden Fragen lassen sich leider mit der vorhandenen handschriftlichen Überlieferung nicht beantworten. Unterhalb des Bergs lag die gleichnamige *gemeynde*, die nach der Zahl der Hofstätten zu urteilen, ein Weiler war[38].

Abb. 5: Blick vom Bergfried in den Schlosshof.

Die heutigen Gebäude Zwingenbergs sind jüngeren Datums, denn die Burg der Herren von Zwingenberg wurde im Herbst 1362 mit Billigung des deutschen Kaisers und des Reiches durch Kurpfalz und Kurmainz zerstört und der Burgplatz von den neuen Besitzern, den Herren vom Hirschhorn, wieder bebaut. Die Hirschhorner ließen übrigens parallel zum (Wieder-) Aufbau Zwingenbergs die ihnen zusammen mit der Stadt Eberbach verpfändeten und inzwischen als nutzlos oder sogar als störend empfundenen Burgen, die auf der sog. *Burghälde* südöstlich Eberbachs lagen, schleifen[39]. Bei der Errichtung der Burg Zwingenberg orientierten sich die Herren vom Hirschhorn an den topographischen Bedingungen und bezogen den zerstörten Bergfried in ihre bauliche Konzeption mit ein. Nur Krieg von Hochfelden glaubte in seiner Abhandlung über Zwingenberg, dass der Wiederaufbau Zwingenbergs noch von Pfalz und Mainz gemeinsam eingeleitet worden und erst später ins Stocken geraten sei; die gewaltigen Mauerwerke der Burg zog er als Beweis heran[40]. Seine Ansicht muss als sehr hypothetisch eingeschätzt werden. Allenfalls käme der zwischen beiden Territorialfürsten im Burgfrieden von 1364 vereinbarte gemeinsame Amtmann als Indiz für eine solche Vermutung in Frage.

Die neue Burg Zwingenberg, die hinsichtlich der Form ihrer Anlage wie andere Burgen am Neckar ein Produkt des 15. Jahrhunderts ist, erstreckt sich wie ihr Vorgänger auf einem Bergvorsprung, einem Ausläufer des Odenwalds, auf halber Höhe über dem Neckartal. Sie ist gegen Norden

Abb. 6: Grundriss Burg Zwingenberg.

von einer scharf eingeschnittenen Talklinge, der *Wolfsschlucht* (früher: Schlossklinge) begrenzt, die in der romantischen Oper *Der Freischütz* von Carl Maria von Weber eine Rolle spielt. Zwingenberg zählt zum Typus der Höhenburgen und ist durch einen breiten, künstlich angelegten Halsgraben vom Bergmassiv getrennt.

Die Burg zerfällt in eine ***obere Burg*** oder ***Hauptburg***, auch Kernburg bezeichnet, und in die in westlicher Richtung vorgeschobene ***untere Burg*** oder ***Vorburg***, die einen trapezförmigen Grundriss hat. Die Hauptburg, der ältere Kern, bildet ein unregelmäßiges Fünfeck. In ihr erhebt sich auf der Ostseite der quadratisch geformte Bergfried, der, über Eck gestellt und aus der Schildmauer vorspringend, zusammen mit der beiderseits zweiflügelig sich anschließenden Schildmauer gegen die vom Bergrücken drohende Angriffsfläche Deckung bot[41]. Der Bergfried sitzt auf dem höchsten Punkt des Burgplatzes direkt auf dem Felsen. Wahrscheinlich steht er auf

Abb. 7: Obere Burg oder Hauptburg im Winter.

geschichtsträchtigem Boden, denn hier wurden im späten 19. Jahrhundert Reste römischer Gebrauchsgegenstände gefunden. Die Funde deuten auf eine von den Römern errichtete Station im Neckartal hin, so wie dies in ähnlicher Weise bei der Minneburg gegenüber von Neckargerach zu vermuten ist. Der Stumpf des Bergfrieds besticht durch seine gleichmäßig zusammengefügten Buckelquader des 13. Jahrhunderts. Das Oberteil seines Mauerwerks ist erneuert. Es wurde im frühen 15. Jahrhundert aufgemauert und weist Quaderschichten mit Lücken aus Bruchsteinen auf[42].

Diesen ältesten Teil der Burg kann man der **ersten Bauperiode** zuordnen. Die Einteilung der Bauphasen der Burg stammen von Fritz Arens, der auf den Vorarbeiten von Adolf von Oechelhaeuser aufbaut[43]. Alle übrigen Bauwerke der heutigen Burg Zwingenberg stammen von den Herren vom Hirschhorn oder von deren Nachfolgern, den Grafen von Wiser, und sind durch eine Reihe von Jahreszahlen, Schlusssteinen, Wappen oder Urkunden leichter datierbar. Arens setzt die **zweite Bauperiode** für die urkundlich datierbare Zeit zwischen 1364 und 1424 an[44]. Nach der Zerstörung der Burg vor 1364 blieb ihr Platz etliche Jahrzehnte unbebaut. Seit 1403 hatten die Herren Hans V. und Eberhard II. vom Hirschhorn die Erlaubnis, *auf dem burgstadell eine vesten und behusůnge zu bauen*[45]. Der Mainzer Erzbischof wie der Pfalzgraf hatten im Oktober 1364 in ihrem Lager *vor Twingenberg uff dem velde* vereinbart, die zerstörte Burg wieder aufzubauen und diese mit *torne, mentel, pforten unde waz buwes da geschiht* zu versehen. Damit waren die drei wichtigsten Merkmale bereits fixiert: Türme, Mantelmauer und Torzugang (Pforte), wozu der Zwinger

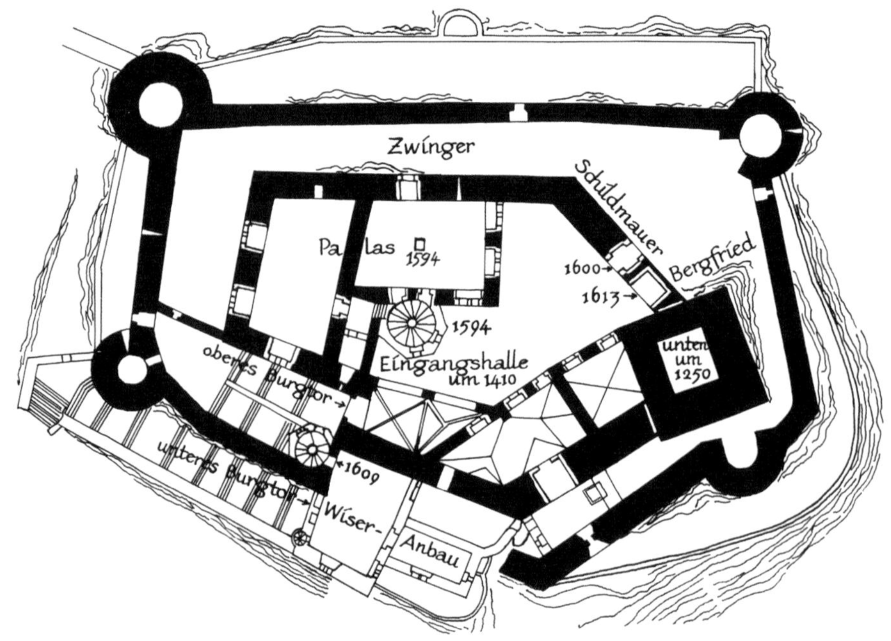


Abb. 8: Grundriss der Burg nach Arens.

mit den halbrund geöffneten, vorgelagerten Türmen zu rechnen ist. Unmittelbar darauf setzte der Wiederaufbau ein, für den der Wimpfener Steinmetz Heinrich Isenmenger und sein Schwiegersohn Syfrit verantwortlich waren[46].

Um 1410 war dort (wieder) ein *gros steinen Haus* entstanden, aber noch nicht ganz fertiggestellt worden. Die Frage, ob dieses noch im Rohbau stand oder ob sogar die Fundamente des schon im 14. Jahrhundert erwähnten Vorgängerbaus, gleichfalls ein „steinernes Haus“, miteinbezogen wurden, ist nicht zu beantworten. Nimmt man das in der Urkunde genannte Größenmerkmal als Kriterium hinzu, scheint der Neubau über das frühere Gebäude hinausgegangen zu sein. Jedenfalls blieben der Steinmetz und sein Schwiegersohn beim Wiederaufbau 55 Gulden, 16 Malter Korn und 6 Malter Korn schuldig[47]. Das Gebäude wird von Oechelhaeuser mit dem gotisch geprägten Hauptbau, dem Palas, identifiziert[48]. Aus der Formulierung der Urkunde kann man schließen, dass andere Gebäude noch Holzkonstruktionen (Fachwerk) besaßen. Das dürfte zumindest auf die Wirtschaftsgebäude der Vorburg zutreffen. Der Steinmetz Isenmenger verpflichtete sich, den begonnenen Bau zu vollenden und die kommenden vier Jahre seinen Auftraggebern, den Brüdern Hans V. und Eberhard II. vom Hirschhorn, zu dienen bzw. mit seinem Vermögen für seine Schulden einzustehen[49]. Die Wappen der beiden Auftraggeber und ihrer Ehefrauen, Eberhard II. und Demut Kämmerer von Worms bzw. Hans V. und Yland, Rheingräfin von Stein, finden sich in der Halle hinter dem Zwingenberger Burgtor und in der bis 1424 ausgestalteten Burgkapelle im ersten Stock des *steinen hauses* (Palas). Für diese hatte Hans V. vom Hirschhorn vom Würzburger Bischof, zu dessen Diözese Zwingenberg zählte, 1424 eine Weiheerlaubnis erwirkt[50]. Die Burgkapelle, die auf der Südseite liegt, wurde vor 1424 mit Heiligenmalereien ausgeschmückt. Die Gemälde stammen von einem unbekannten Meister, welcher der „Ulmer Schule“ zugeordnet wird[51].

Offenbar war bei der Belagerung 1362 nur die Hauptburg, nicht aber die Vorburg zerstört worden. Bereits 1415 wird ein *husz... in dem vorhoffe* erwähnt, das Heinrich von Schweinheim, ein Adliger, der in Diensten der Herren vom Hirschhorn stand, besessen hatte und das nun wieder als Lehen in seinem Besitz war. Neben der Burg lag zudem ein kleiner *kelre* [Keller?][52]. Wie Zwingenberg hatte auch die Burg Stolzeneck (bei Rockenau) eine geräumige Vorburg, worin zur Mitte des 15. Jahrhun-

Abb. 9: Heiligenmalereien in der Burgkapelle.

derts Untertanen wohnten[53]. Die bereits erwähnten Häuser in der Zwingenberger Vorburg lassen darauf schließen, dass diese bereits ummauert und befestigt war. Das noch vorhandene spitzbogige Tor sitzt an der militärisch günstigsten Lage – zwischen gewachsenem Felsen, der durch den Halsgraben zum Berg unterbrochen wurde, und zum Abhang Richtung Neckar. Den Zugang zur Hauptburg sperrte ein zweites Tor ab, von dem noch eines der Gewänder steht. Hier findet sich ein Inschriftstein von 1521, der von der Minneburg stammt und 1835 hierher versetzt wurde. Der früher befahrbare Weg führt unmittelbar zu einem breiten spitzbogigen Tor[54].

Der Palas, der Oberteil des Bergfrieds und die Schildmauer sowie das Untergeschoss des (späteren) *Wiser'schen Baus*, der von außen an die Halle anstößt, stammen aus dem frühen 15. Jahrhundert. Dafür sprechen die Mauertechnik mit Bruchsteinen im Oberteil der Schildmauer und besonders die breiten Mörtelfugen. Die sog. untere Torhalle, der hallenartige Raum hinter dem Torbogen, dessen Wand teilweise aus behauenem Felsen besteht, dürfte der Rest eines Torgebäudes sein, auf dem heute der Wiser'sche Anbau sitzt[55].

Abb. 10: Allianzwappen Wiser/Leiningen am Wiser'schen Bau.

Palas, Bergfried und die Schildmauer besitzen außerdem einen künstlerisch verbindenden Bogenfries. An Bergfried und Halle finden sich dieselben Steinmetzzeichen. Die Struktur des Kellergewölbes im Palas und der Tonnengewölbe im Innern des Bergfrieds sind von gleicher Art[56].

Die **dritte Bauperiode** ordnet Arens den in der Burg fassbaren und ablesbaren Jahreszahlen und Steinmetzzeichen zu, die hauptsächlich – wie der Treppenturm – aus dem späten 16. oder frühen 17. Jahrhundert, also aus der Zeit der Herren vom Hirschhorn, stammen. Auf dem Weg in die innere Burg befindet sich eine Pforte, die zu einem Turm führt, der die Jahreszahl 1575 trägt. Einer der Türme auf der Burg weist das Wappen der Herren vom Hirschhorn mit der Jahreszahl 1584 auf[57]. Dieses dürfte noch zur Zeit Philipps III. vom Hirschhorn angebracht worden sein, der 1585 verstarb. Vermutlich wegen der bis 1598 noch unmündigen Vettern Friedrich und Ludwig II. vom Hirschhorn muss ein Teil der Baumaßnahmen von der Vormundschaft ausgeführt oder vollendet worden sein. Nach dem Lehenbrief vom März 1585 erhielten Eberhard Wambold von Umstatt, Georg von Hatzfeld von Wildenburg d. Ä. und Hans Christoph von Venningen als verordnete Vormünder die Pfälzer Lehen für Ludwig und Friedrich. 1593 bekamen Georg von Hatzfeld von Wildenburg d. Ä., Hans Christoph von Venningen, Philipp Wambold von Umstatt, und Friedrich Landschad von Steinach als Vormünder die

Abb. 11: Bauinschrift der Markgrafen von 1839 mit Inschrift 1600 Hirschhorn-Sternenfels an der Schildmauer.

Lehen für die beiden Hirschhorner Vettern. Seit 1602 sind Friedrich und Ludwig II. vom Hirschhorn als Lehenträger urkundlich nachweisbar[58]. Am Bergfried finden sich verschiedene Inschriften und Wappen, darunter die Jahreszahlen 1414, 1609 (mit dem Rosenberg'schen Wappen), an der Eingangshalle zum oberen Burghof finden sich im Schlussstein die Jahreszahl 1572 mit den Allianzwappen Hirschhorn und Sternenfels, die Schildmauer ist von einem Tor unterbrochen, das zwei Wappenschilder Hirschhorn und Sternenfels aus dem Jahr 1600 aufweist. Der Schlussstein besitzt die Inschrift F V H V V M G S (= Friedrich von Hirschhorn Maria geb. Sternenfels).

Der Vorbau zum Palas mit den vier übereinander gesetzten Lauben stammt aus dem späten 16. Jahrhundert, über dem Türsturz des Portals zur Wendeltreppe befinden sich die Jahreszahl 1594, das Hirschhorner Wappen und die Aufschrift „Friedrich von und zum Hirschhorn zu Zwingenberg a[nno] 1595“.

Die Eingangstür des Treppenturms am Wiser'schen Anbau zeigt das Allianzwappen Wiser und Dalberg[59]. Von Graf Ferdinand Andreas von Wiser stammt der obere Teil des kleinen Anbaus beim Burgtor, der sog.

Abb. 12: Bauinschrift von 1594/1595 am Treppenturm.

Wiser'sche Bau, der zur Kernburg führt. Er wurde im Jahr 1711 im Auftrag des Grafen von dem Baumeister Johann Jakob Rischer errichtet, der seit 1710 auch das Schloss in Leutershausen erstellte. Der Anbau sollte die Gebäudeflügel, die sich entlang der Ringmauer hinzogen, funktional miteinander verbinden[60]. Über dem Torbogen des älteren Treppenturms, der 1609 errichtet wurde, finden sich die Wappen des Grafen Ferdinand Andreas von Wiser und seiner Ehefrau Maria Charlotte Amalia Gräfin von Leiningen-Westerburg. Beide hatten 1701 geheiratet[61]. Das Dach des Bergfrieds soll ebenfalls von den Grafen von Wiser stammen. Seine Spitze führt eine Wetterfahne mit den Initialen W. u. M. M. v. B. (Wilhelm und Maximilian, Markgrafen von Baden)[62]. Nach dem Inventarverzeichnis von 1905 hatte der *Glockenturm* (auch Uhrenturm genannt) zwei Glocken, die größere datiert aus dem Jahr 1733. Ein Türsturz durch den Zwinger besitzt die Jahreszahl 1514[63]. Die Glocke stifteten die Gölerschen Erben. Die Inschrift auf der Glocke nennt *Wilhelm Fridrich Horneck von Hornberg, Pleikhardt Dieterich von Gemmingen* und *Eberhardt Fridrich Göler von Ravenspurg, Herrn zu Zwingenberg*[64]. Unter Pfalzgraf Karl Theodor wurde ein Teil des alten Wohngebäudes zur Kapelle umgewidmet. In ihr befindet sich das Epitaph der 1771 verstorbenen Gräfin Josepha von Heydeck, der Mutter des Fürsten Karl August von Bretzenheim[65].

## Baumaßnahmen des Hauses Baden auf Zwingenberg

Unmittelbar nach der Übernahme der Burg Zwingenberg durch die Grafen von Hochberg wurde mit einer gründlichen Inspektion begonnen. Im September 1882 wurde im sog. Verlies des Bergfrieds ein Plakat gefunden, das auf eine ältere Untersuchung vom 10. September 1808 verwies. Damals hatte sich der Gräflich Hochbergsche Amtsvogt Alexander Freiherr von Schweickardt in Begleitung des bayrischen Oberleutnants Josef Ruff und des gleichnamigen Amtsaktuars Joseph Ruff auf den Boden des Verlieses abseilen lassen. Der erhoffte Zugang zu einem vermuteten und erhofften unterirdischen Gang wurde 1882 nicht gefunden[66]. Eine weitere Untersuchung des Bergfrieds fand Anfang November 1816 statt[67]. Insgesamt befand sich das Schloss Zwingenberg im frühen 19. Jahrhundert in einem desolaten Zustand, so dass viele Reparaturen anstanden. Seit 1810 sind erste Reparaturen am Schloss nachweisbar. Zunächst wurde nur die Wiederherstellung des Daches am sog. Gefängnisturm genehmigt, da Zwingenberg zu dieser Zeit als eigenes Amt ein Gefängnis benötigte. Die Arbeiten wurden an den billigsten Anbieter, Georg Staudenmeyer von Weisbach, vergeben[68]. Allerdings blieb das Gefängnis im Schloss Zwingenberg im schlechten Zustand. Der Räuber Philipp Friedrich Schütz, genannt „Mannefriedrich", der zu den Odenwälder Räubern zählte, entwich Anfang Mai 1811 in der Nacht und trotz geschlossenen Tors aus dem Zwingenberger Gefängnis. Erst nach diesem spektakulären Ausbruch wurden 1812 zwei *bürgerliche* und zwei *Criminal-Gefängnisse* im Schloss hergerichtet, für die letzteren sollten noch Öfen erworben werden. Fortan musste der angestellte Schlosswächter neben dem Amtsdiener den Dienst als Gefängniswärter versehen[69]. Um das Schloss in einen bewohnbaren Zustand zu versetzen, der den Ansprüchen der Markgrafen entsprach, wurden Brustmauern wiederhergestellt oder ausgebessert, die Wohnräume sowohl

Abb. 13: Inschrift von 1814 an der unteren Torhalle. Rechts Abb. 14: Obere Durchgangshalle mit Wappen 1817.

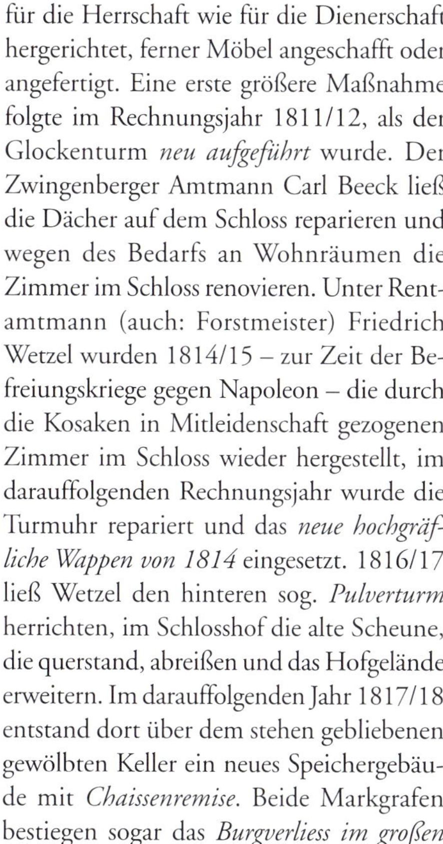

für die Herrschaft wie für die Dienerschaft hergerichtet, ferner Möbel angeschafft oder angefertigt. Eine erste größere Maßnahme folgte im Rechnungsjahr 1811/12, als der Glockenturm *neu aufgeführt* wurde. Der Zwingenberger Amtmann Carl Beeck ließ die Dächer auf dem Schloss reparieren und wegen des Bedarfs an Wohnräumen die Zimmer im Schloss renovieren. Unter Rentamtmann (auch: Forstmeister) Friedrich Wetzel wurden 1814/15 – zur Zeit der Befreiungskriege gegen Napoleon – die durch die Kosaken in Mitleidenschaft gezogenen Zimmer im Schloss wieder hergestellt, im darauffolgenden Rechnungsjahr wurde die Turmuhr repariert und das *neue hochgräfliche Wappen von 1814* eingesetzt. 1816/17 ließ Wetzel den hinteren sog. *Pulverturm* herrichten, im Schlosshof die alte Scheune, die querstand, abreißen und das Hofgelände erweitern. Im darauffolgenden Jahr 1817/18 entstand dort über dem stehen gebliebenen gewölbten Keller ein neues Speichergebäude mit *Chaissenremise*. Beide Markgrafen bestiegen sogar das *Burgverliess im großen Thurm*, um es zu untersuchen. Den darin liegenden Schutthaufen mussten die Maurer heraufschaffen, um Klarheit zu gewinnen *wegen einem* [dort vermuteten] *allenfallss noch unbekannten weiteren Gewölbe* – das es allerdings nicht gab[70].

Unter dem Wiser'schen Anbau befindet sich das spitzbogige Portal, das durch die untere Torhalle in das Innere der Hauptburg führt. Über seiner Tür, die aus Eichenholz besteht und sehr alt ist, befindet sich eine Wappentafel aus dem Jahr 1814, die auf die neuen Besitzer der Burg verweist, auf die Markgrafen Leopold, Wilhelm und Maximilian, die sich damals noch Grafen von Hochberg nannten[71]. Über der oberen Torhalle brachten die Markgrafen 1817 ihre neue Titulatur an: „Leopold, Wilhelm und Maximilian Markgrafen von Baden, Herr[e]n zu Zwingenberg."

Markgraf Wilhelm beauftragte im April 1820 den Architekten und Baumeister Conrad Hengst aus Karlsruhe mit der *Aufnahme des Schlosses.* Im September 1820 hielt sich Hengst wieder auf Zwingenberg auf. Vermutlich stammt von ihm die im Jahr 1820 angefertigte erste bekannte Zeichnung des Schlosses Zwingenberg, die er wegen der Blitzableiter zeichnete. Der Architekt erhielt weiter den Auftrag, den Bau des Turms auf dem Katzenbuckel zu planen[72]. In den folgenden Jahren wurde im Schloss weiter renoviert und die Zimmer in wohnbaren Zustand versetzt. Im Sommer 1830 ließen die Markgrafen nach einer Aufstellung des Forstmeisters Wetzel erstmals neben dem *Eßsaal* die Zimmer ihrer sie begleitenden Adjutanten Wippermann, Meyer und Seldeneck tapezieren[73]. Wie den Schlägen in den Wäldern gaben die Markgrafen Teilen des Schlosses Vornamen aus ihrer Familie. Nachdem beim Bergfried ein Teil des Zwingers aufgeräumt worden war, wurde der Platz nach der Markgräfin Sophie, der Ehefrau von Markgraf Leopold, mit „Sophiens Ruhe" benannt[74]. Mehrere Bauinschriften aus dem Jahr 1839 sind erhalten, etwa an der Schildmauer oder über dem äußeren Burgtor.

Zur Mitte des 19. Jahrhunderts erfuhr das Schloss größere bauliche Verbesserungen. Der Dachstuhl des *alten Baues* (Palas) mit dem Gebälk wurde 1844 abgebrochen, das oberste Stockwerk ausgebaut (Bauinschrift von 1844) sowie der Rittersaal in einzelne Zimmer unterteilt und diese tapeziert. Für den neuen Dachstuhl des Palas wurde das Gebälk wieder verwendet, 1845 waren die Baumaßnahmen abgeschlossen. Bereits ein Jahr später, 1846/47, ließen die Markgrafen den Dachstuhl des Wiser'schen Baus erneuern. Im Jahr 1849 wurde im Schlosshof die alte Scheune und Wagenremise durch einen wesentlich größeren Bau ersetzt[75].

Im äußeren Burghof, der sog. Vorburg, standen die Gefängnisse des Zwingenberger Justizamtes, in denen Philipp Friedrich Schütz, genannt „Mannefriedrich", ein Spießgeselle des Hölzerlips, Anfang Mai 1811 eine Nacht einsaß, bevor er flüchten konnte[76]. Hier befanden sich Stallungen und Remisen, auch der Förster hatte dort

Abb.15: Farbige Grafik mit früheren Gebäuden im unteren Burghof.

seine Wohnung. In den vorhandenen Stichen vor dem Jahr 1840, die von Krieg von Hochfelden verwendet wurden, sind diese Wirtschaftsgebäude noch abgebildet[77]. Deren Platz nimmt heute das in den Jahren 1886–1887 im neugotischen Stil errichtete Verwaltungs- und Wohngebäude ein, das ganz aus rotem Odenwälder Sandstein besteht. Zum Zeitpunkt des Umbaus befand sich Zwingenberg im Privatbesitz des Großherzogs Friedrich I. Ursprünglich hatte sich die Kanzlei des Forst- und Rentbeamten im Palas befunden, seine Wohnung im Wiser'schen Anbau. Die Genehmigung für das neue große Verwaltungsgebäude im Schlosshof erteilte im Jahr 1886 das *Hofbauamt*, eine Abteilung der *General-Intendanz der Großherzoglichen Civilliste*, die im Jahr 1880 gebildet worden war. Die Pläne und Aufträge kamen direkt vom *Großherzoglichen Hofbauamt*. Die Bauleitung erhielt der Architekt Gustav Hafner aus Zwingenberg. Der ausführende Maurermeister war Gustav Trunzer aus Mosbach, daneben werden Handwerker aus Neckargerach (Maurermeister Tomasetti), Zwingenberg oder Eberbach erwähnt. Der Neubau sitzt zum Teil auf der *Fundamentmauer des alten jetzt* [1887] *abgebrochenen Oekonomiegebäudes*. In den Neubau wurden das großherzogliche Rentamt und das Forstamt verlegt, es erhielt zudem Dienstwohnungen für die Beamten. Im ersten Stock befand sich das Büro sowie die Wohnung des Gehilfen, im zweiten Stock die Wohnung des Vorstands des Rentamts[78].

Abb. 16: Bauinschrift von 1844 am Palas.

Abb. 17: Unterer Schlosshof und Verwaltungsgebäude (rechts).

# Kapitel 3
# Schloss Zwingenberg im Besitz des Hauses Baden

## Dynastische Abkunft der Grafen von Hochberg

Die beiden auf Seite 41/42 folgenden Stammtafeln stellen die Nachkommen des Markgrafen bzw. Kurfürsten und späteren Großherzogs Karl Friedrich von Baden (1728–1811) zusammen, die seinen beiden Ehen entstammten. Aus seiner ersten Ehe mit Carolina Louisa Landgräfin von Hessen-Darmstadt folgte ihm sein Enkel Karl (*8.6.1786–†8.2.1818) in der Thronfolge. Der älteste Sohn des Großherzogs Karl Friedrich, Karl Ludwig (*14.2.1755–†16.12.1801), war bereits im Dezember 1801 verstorben. Nach dem Tode des Großherzogs Karl wurde Ludwig I. (*9.2.1763–†30.3.1830), Karl Friedrichs jüngerer Sohn, sein Nachfolger. Da Ludwig I. kinderlos im März 1830 verstarb, traten die Angehörigen des Hauses Baden aus der Hochberger Linie mit Leopold I. die Nachfolge als Großherzöge von Baden an. Sie entstammten der zweiten morganatischen Ehe Karl Friedrichs mit der Hofdame Luise Karoline Geyer von Geyersberg (1768–1820). Seit 1796 führte diese den Titel Reichsgräfin von Hochberg. Zuvor mussten die innerfamiliären Widerstände, die sich in der Person der Erbprinzessin bzw. Markgräfin Amalie, einer geborenen Landgräfin von Hessen-Darmstadt (*20.06.1754–†22.07.1832), zumindest nach 1804 verdichteten, überwunden werden[79].

Zudem war Luise Karoline Geyer von Geyersberg, die spätere Reichsgräfin von Hochberg, eine Hofdame der Erbprinzessin Amalie gewesen. Amalie war seit 1774 mit dem älteren und erbberechtigten Sohn Karl Ludwig von Baden (*14.02.1755–†16.12.1801) verheiratet, der durch einen Unfall bereits 1801 verstorben war. Ihre 1779 in Karlsruhe geborene Tochter Luise (russifiziert Jelisaweta Aleksejewna = Elisabeth) hatte 1793 den (späteren) russischen Zaren Alexander geheiratet. Die rechtliche Legitimation der Nachkommen des Großherzogs Karl Friedrich aus der Hochberger Linie beruhte schließlich auf einem Hausgesetz, das Großherzog Karl

Abb. 18: Reichsgräfin Luise Karoline von Hochberg.

Abb. 19: Großherzog Karl Friedrich.

Abb. 20: Großherzog Leopold.

(*08.06.1786–†08.12.1818) im Oktober 1817 erlassen hatte[80]. Darin legte er die Gleichberechtigung und die Erbfolge der bisherigen Grafen Leopold, Wilhelm und Maximilian von Hochberg fest und verlieh ihnen die Würde und Stellung von *Großherzogliche*[n] *Prinzen und Markgrafen zu Baden mit dem Prädicat „Hoheit"*. Die Grafen von Hochberg erhielten damit die seit September 1806 den nachgeborenen Prinzen vorbehaltene Titulatur des bisher üblichen Stammtitels der „Markgrafen" von Baden[81]. Markgraf Leopold von Baden trat im Jahr 1830 die Nachfolge als Großherzog von Baden an. Das Hausgesetz und die Thronfolgeregelung wurden von Bayern wegen dessen Ansprüche auf die ehemals wittelsbachische Kurpfalz (zunächst) nicht anerkannt. Schließlich bestätigten die europäischen Großmächte, darunter die beiden deutschen Großmächte Österreich und Preußen sowie der russische Zar, im Jahr 1819 die badische Thronfolgeregelung[82]. Doch blieben die Ansprüche der bayrischen Wittelsbacher in der Diskussion. Sie erhielten durch die Affäre um den Findling Kaspar Hauser neuen Auftrieb. Kaspar Hauser, geboren um 1812 und verstorben Ende 1833, tauchte im Jahr 1828 in Nürnberg auf. Er wurde in der zeitgenössischen Publizistik und selbst von Angehörigen des bayrischen Herrscherhauses als „legitimer" Sohn des Großherzogs Karl (von der alten Zähringer Linie) gesehen. Nach dem zugrunde liegenden Gerücht soll er durch eine Intrige der Reichsgräfin Luise von Hochberg, die eine Erbfolge ihrer Kinder sichern wollte, im Kindbett durch ein todkrankes Kleinkind ausgetauscht und jahrelang in einem Keller gefangen gehalten worden sein. Inzwischen ist die Haltlosigkeit dieser Behauptungen wissenschaftlich nachgewiesen[83].

## Stammtafel des Hauses Baden (Erbfolge der Zähringer Linie)

**Karl Friedrich von Baden**
(*22.11.1728–†10.6.1811)
1771 Markgraf von Baden, 1803 Kurfürst, seit 1806 **Großherzog**
**1. Ehe:** ∞ Carolina Louisa Landgräfin von Hessen-Darmstadt (*1723–†1783)

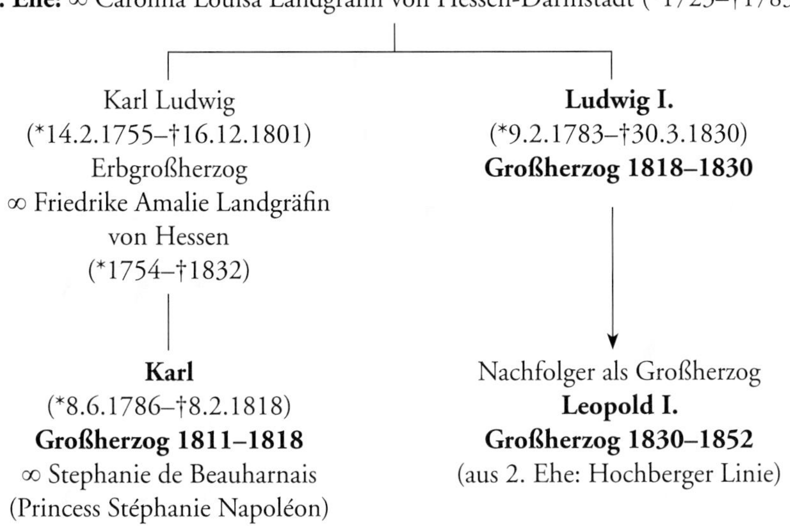


## Entstehung des Großherzogtums Baden im deutschen Südwesten

Nach der erzwungenen Auflösung des alten Deutschen Reiches entstand mit französischer Hilfe das Großherzogtum Baden. Dieses wurde in den französisch beherrschten und geführten Rheinbund, einem Bündnis west- und süddeutscher Fürsten, eingebunden und sein Staatsgebiet durch die Einverleibung anderer hoch- oder niederadliger beherrschter deutscher Gebiete erweitert. Der seit 1803 Kurfürstentum Baden genannte Staat reichte seit 1806 vom Bodensee entlang des Rheins bis an Tauber und Main. Seine weit ausholenden territorialen Flanken im Süden und Norden wurden durch eine sehr schmale Mitte (um die Hauptstadt Karlsruhe) verbunden. Großherzog Karl Friedrich verfügte mit Edikt vom 12./13. August 1806, dass … *durch den rheinischen Bundesvertrag* (= Rheinbundakte) … *Uns nicht nur … die völlig unbeschränkte Souveränität* [vom deutschen Reich] *garantirt worden* [ist], *sondern es ist Uns auch … die Ausübung der Oberhoheit über … das Fürstenthum Leiningen, die Besitzungen der Fürsten und Grafen von Löwenstein-Wertheim links des Maynstroms … zugewiesen worden … Diesem gemäß erklären Wir … und nehmen desfalls, mit Beyseitsetzung der Kurfürstenwürde, den Titel eines Großherzogs … mit allen der Königlichen Würde anhängigen Rechten, Ehren und Vorzügen an …*[84]. Zur

## Stammtafel des Hauses Baden im 19. Jahrhundert

Die folgende Stammtafel zeigt nicht nur die nationale Bedeutung, sondern auch die verwandtschaftlichen Verflechtungen des Hauses Baden aus der Hochberger Linie mit Familien des europäischen Hochadels.

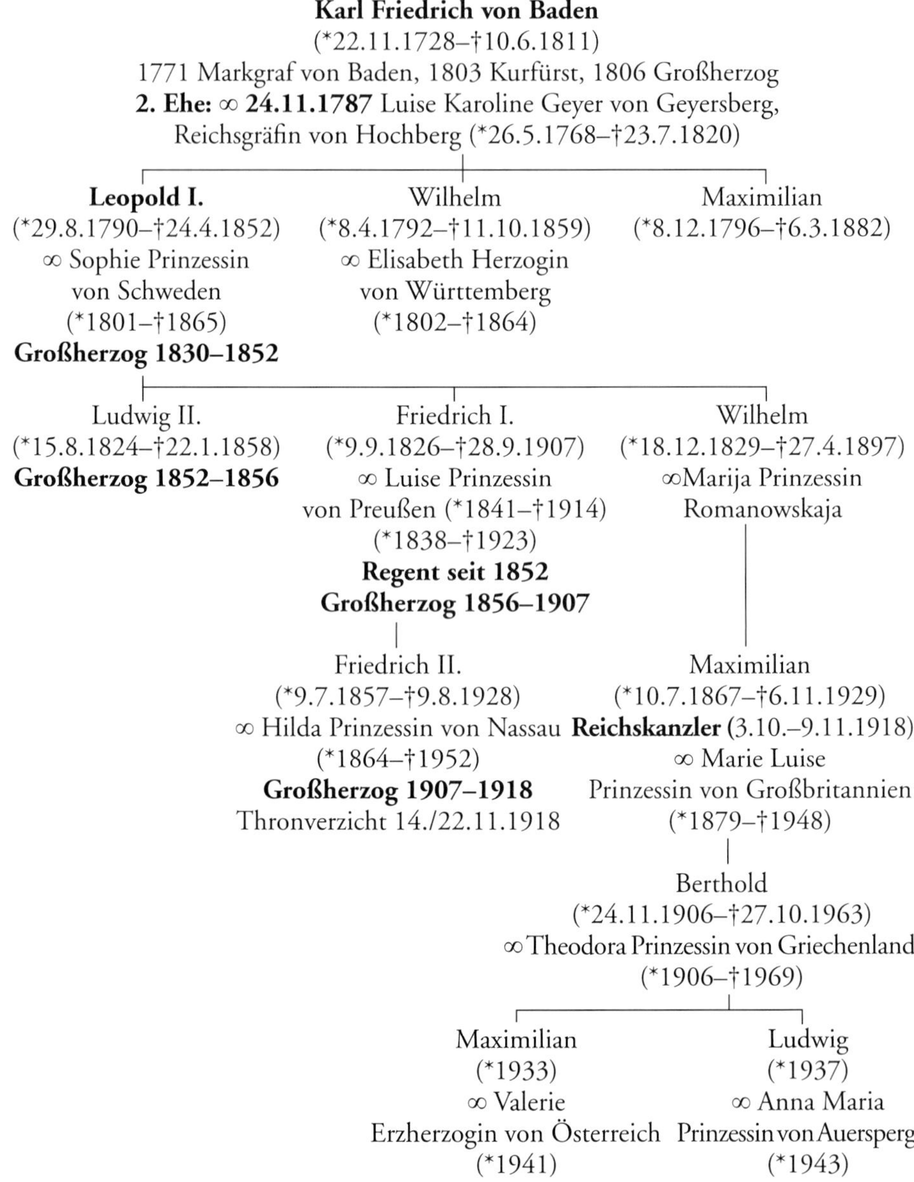

Landeshoheit zählten … *die Gesetzgebung, die Obergerichtsbarkeit, die Oberpoliczey, die Militär-Hoheit und das Recht der Auflagen mit bestimmten für die Eigenthums-Herren und seitherige Regenten dieser Lande* [= bisherige Landesherren] *noch zu berichtigenden Modificationen* sowie das Steuerrecht. Den benachbarten Fürsten von Leiningen und den anderen ehemaligen Landesherren, die nunmehr „Standesherren" genannt wurden, verblieben nach § 27 der Rheinbundakte eine Reihe „untergeordneter" Hoheitsrechte, darunter *die Rechte der mittlern und niedern Civil- und Kriminalgerichtsbarkeit, die Forstjurisdiction und Polizei* sowie die Regalien (etwa Forst-, Bergbau und Zehntrechte) und die Verfügung über ihre Domänen[85].

Das heutige nördliche Baden ist ein Produkt dieser territorialen Umgestaltung. An das Kurfürstentum Baden fiel 1803 der größte Teil der rechtsrheinischen Kurpfalz, die jahrhundertelang ein wichtiges Territorium des alten Deutschen Reiches gewesen war. Daneben wurden die **Fürsten von Leiningen**, die ihre linksrheinischen Besitzungen um Leiningen, [Bad] Dürkheim und Dagsburg verloren hatten, mit Gebieten im Odenwald und Bauland entschädigt. Das neue Fürstentum, das sein Zentrum in Amorbach fand, umfasste neben kurpfälzischen verschiedene mainzische und würzburgische Gebietsteile. Die Landeshoheit und die Zentrechte über die Herrschaft Zwingenberg fielen zusammen mit Eberbach und dem übrigen Oberamt Mosbach an den Fürsten Carl Friedrich Wilhelm zu Leiningen. Das Fürstentum Leiningen hatte jedoch nur drei Jahre Bestand und wurde nach der Gründung des Rheinbundes unter französischer Vorherrschaft 1806 mediatisiert. Sein Gebiet kam an Baden, das nun Großherzogtum genannt wurde[86].

## Erwerb der Herrschaft Zwingenberg durch die Grafen von Hochberg 1808

Selbst nach der (Neu-) Bildung des Fürstentums Leiningen im rechtsrheinischen Deutschland blieb die Herrschaft Zwingenberg ein Fremdkörper am unteren Neckar. Ihr Rechtsstatus beruhte auf einem Erblehen aus der Zeit der aufgelösten Kurpfalz. Die „schützende Hand" des Kurfürsten war jedoch weggefallen und die politische Situation hinsichtlich der Absichten der Fürsten zu Leiningen nicht einschätzbar. Zudem wurden die alten feudalen Rechtsansprüche im Zuge der durch Reformen bewirkten Rechtsüberleitung zunehmend obsolet. Karl August von Bretzenheim, der in Wien lebte und sich dann auf seine ungarischen Güter zurückzog, schloss daher am 9. August 1804 einen Kaufvertrag mit den neuen Landesherren, den Fürsten zu Leiningen. Für 500.000 Gulden und 1.000 Louisdor verkaufte er seine Besitzung Zwingenberg dem Fürsten zu Leiningen, der an einer Verdichtung seiner Herrschaftsrechte interessiert war[87]. Zwar hatte Graf Karl August von Bretzenheim für seine Herrschaft Zwingenberg die Anerkennung als Standesherrschaft erhalten, und ihm war die Führung einer Kanzlei gestattet worden[88]. Doch waren die finanziellen Möglichkeiten des Fürstentums Leiningen sehr beschränkt, dieses konnte den hohen Kaufpreis für Zwingenberg nicht aufbringen.

Seit dem Jahr 1807, kurz nach der Eingliederung des Fürstentums Leiningen in das Großherzogtum Baden, wurde zwischen dem Großherzog und dem Fürsten von Leiningen über einen Kauf verhandelt, der sich am Wert und Ertrag der Wälder der Herrschaft, aber auch an den darauf liegenden Schulden orientieren sollte.

Abb. 21: Markgraf Maximilian.

Abb. 22: Markgraf Wilhelm.

Beide Seiten einigten sich relativ rasch. Am 11. Januar 1808 erwarb Großherzog **Karl Friedrich von Baden** die Herrschaftsrechte für den nun ermäßigten Kaufpreis von 300.000 Gulden, da sich kein anderer Käufer mehr anbot. Die Hälfte der Summe war im Mai 1808 fällig, der Rest in Jahresraten. Von Anfang an hatte der Großherzog *nicht daran gedacht,* die Domäne Zwingenberg *für sich zu behalten, sondern* seine Söhne *2ter Ehe in diesen Kauf einstehen zu lassen.* Dadurch sollte die Staatskasse von Belastungen freigehalten werden. Mit großherzoglicher Genehmigung übernahm die Gräflich Hochbergsche *Curatel* die Domäne zum vereinbarten Kaufpreis, der durch aufzunehmende Kapitalien bzw. durch die überschriebenen Besitzungen der Grafen gedeckt wurde. Am 29. März 1808 übertrug der Großherzog seinen Söhnen aus zweiter Ehe, den Markgrafen Leopold, Wilhelm und Maximilian, die Herrschaft Zwingenberg. Gleichzeitig erhob er Zwingenberg zu einer Standesherrschaft und wies sämtliche Dienststellen an, den Grafen von Hochberg alle die im *Edikt bestimmten Rechte und Vorzüge zu gestatten*[89]. Schon ein halbes Jahr vor dem Kauf Zwingenbergs, am 21. Oktober 1807, hatte der Großherzog seinen *Durchlauchtigsten nachgebohrenen Herren Söhnen,…* [den] *Herren Hoheiten* die *StandesHerrlichkeitsVersetzung* zugebilligt[90].

Am 25. März 1808 reisten die Markgrafen Leopold und Wilhelm mit ihren Vormündern zum ersten Mal nach Zwingenberg. Markgraf Wilhelm beschrieb seine Eindrücke: *Die Gegend gefiel uns sehr, das Schloß war aber so schadhaft, daß der Regen durch drei Stockwerke drang*[91]. Nach der Zahlung der ersten Rate des Kaufbetrags übergaben Vertreter des Fürsten von Bretzenheim am 8. Juni 1808, dem Mittwoch nach Pfingsten, auf Zwingenberg die Herrschaft Zwingenberg an die Beauftragten der Grafen von Hochberg und des Großherzogs. Der Fürst von Bretzenheim hatte als seinen Bevollmächtigten seinen Mannheimer Kanzleidirektor Joh[ann] Nep[omuk] Ziwny entsandt, der Großherzog wurde durch den Hofrat Hennemann und durch den Sekretär Stutzmann von der zuständigen Landvogtei Mosbach vertreten, die Grafen von Hochberg durch den Freiherrn Alexander von Schweickhardt, ihren Amtsvogtei-Verwalter.

Dieser hatte sich schon seit Mai auf Schloss Zwingenberg aufgehalten. Alle Bediensteten versammelten sich dort am 8. Juni 1808. Neben Schweickhardt leisteten von der Dienerschaft der Strümpfelbrunner Förster Franz Brummer, der Zwingenberger Jäger und *Wolfskreiser* Ignatius Lohner, der Förster Andreas Schmitt und der Amtsbote Peter Konrad ihren Eid. Von allen Dörfern der Herrschaft – es fehlten nur Vertreter aus Balsbach – legten die jeweiligen Schultheißen oder Anwälte zusammen mit Vertretern der Ortsgerichte ihren Eid ab, ebenso die drei zuständigen Pfarrer zu Strümpfelbrunn (katholischer und reformierter Pfarrer) und [Wald-] Katzenbach (lutherischer Pfarrer). Die Huldigung nahmen sowohl der Landesherr, der Großherzog, wie die Standesherrschaft an. Anschließend hielt der Landdechant Thenn einen feierlichen Gottesdienst in der Burgkapelle ab, an dem die verpflichteten Bediensteten und Untertanen teilnahmen[92]. Seit der abgenommenen Huldigung befand sich Schloss Zwingenberg im Besitz der Grafen von Hochberg. Der vertraglich vereinbarte

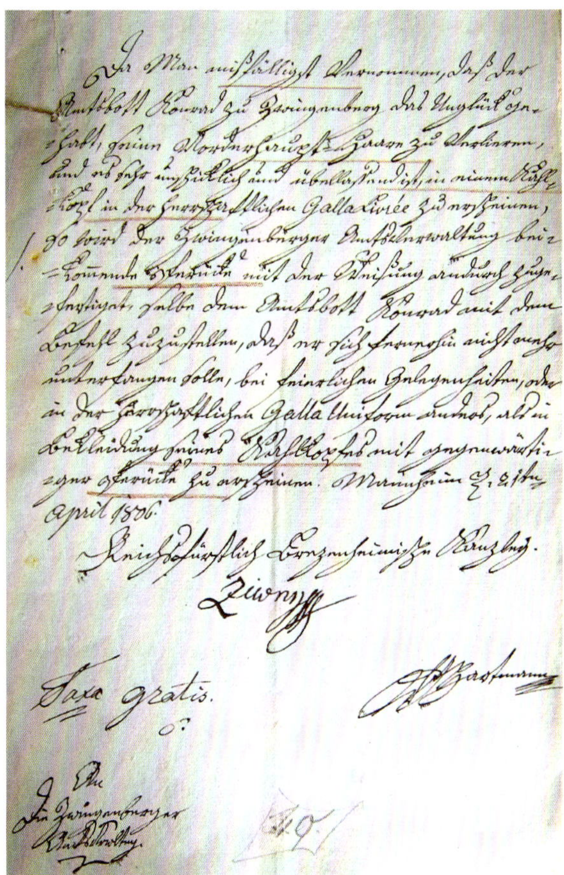

Abb. 23: Schreiben mit der Unterschrift von Kanzleidirektor Johann Nepomuk Ziwny 1806.

Kaufpreis wurde schrittweise abgetragen. Zum 1. Mai 1808 wurde die Hälfte des zu verzinsenden Kaufbetrags gezahlt, ansonsten wurde in mehreren Raten, verteilt über die Jahre 1809 bis 1813, getilgt. Ein kleiner Rest war 1828 noch nicht verbucht, offenbar wegen der Verrechnung des im Jahr 1822 ausgesprochenen Verzichts des Markgrafen Leopold auf seine Rechte[93].

## Erste Maßnahmen der Markgrafen in der Standesherrschaft Zwingenberg

Schon unmittelbar nach der Inbesitznahme Zwingenbergs gab es Bemühungen der Grafen von Hochberg bzw. der Markgrafen, die Lebensbedingungen ihrer Untertanen zu verbessern. Ein besonderes Verdienst der Markgrafen liegt in der Förderung von Baumschulen, die seit Herbst 1816 bekannt sind, auch wegen des großen Waldbesitzes in der Einrichtung von Forstbaumschulen[94]. Bereits in den älteren Reisebeschreibungen des Neckartals, die im ersten Drittel des 19. Jahrhunderts erschienen, wurden die *trefflich gediehenen Baumschule*[n] oder die angelegten *kräftigen Obstbäume* gerühmt[95]. Als der Grundstein für den projektierten Turm auf dem Katzenbuckel im August 1820 gelegt wurde, verlas ein Sekretär der Markgrafen bereits eine Erklärung über ihre

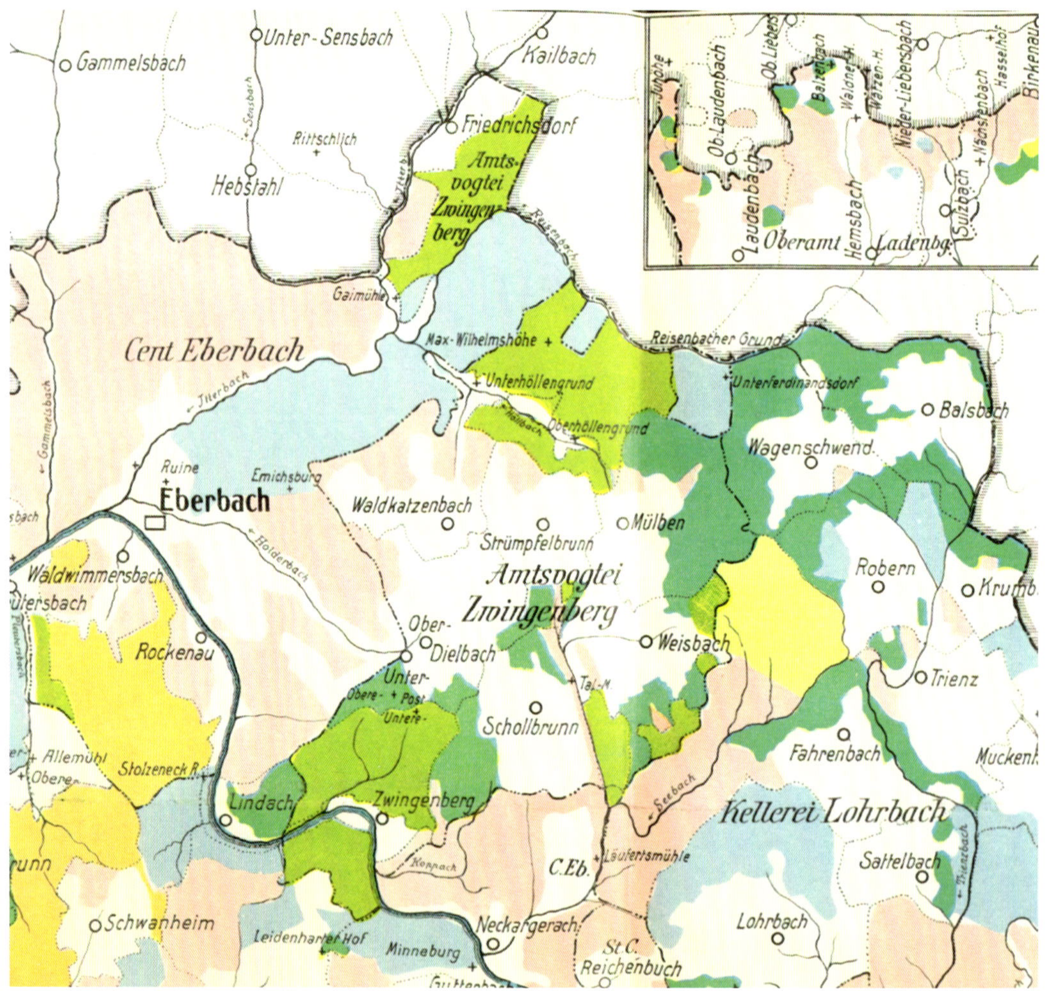


Abb. 24: Zwingenberger Wälder (hellgrün), kurfürstlicher Kameralwald (blau), Gemeindewald (rosa), bäuerlicher Privatwald (dunkelgrün), um 1790.

Aufbauarbeit für *Feld- und Wald Cultur*, für die *Einführung der Obstbaumbepflanzung, Freigebung des davon bisher bestandenen Zehendens* oder der *Vorschuß-Verabreichung der gemangelten Saatfrüchten* an die Untertanen. Gleichzeitig galt die Aufmerksamkeit der Markgrafen einem *besseren Schulzustande,* wofür sie Zustiftungen den ihnen unterstellten Gemeinden (besonders für das Dorf Zwingenberg) bewilligten. Natürlich darf man die Jagdleidenschaft der Markgrafen, die sie bei ihren Besuchen in Zwingenberg ausübten, nicht außer Betrachtung lassen. Auf dem Rückweg von der feierlich begangenen Grundsteinlegung machten sie Jagd auf Feldhühner[96]. Schon 1817 hatten sie einen steinernen Tisch auf dem Katzenbuckel aufstellen lassen[97]. Neben den Baumschulen wurde 1817 ein *Thiergarten* bei der Schlossklinge angelegt[98]. Die Grafen von Hochberg bzw. die Markgrafen leisteten ihren Untertanen Hilfe, indem sie Aussaat v. a. für Gerste und Kartoffeln verteilen ließen[99]. Auch die leidige Frage nach einer ausreichenden Wasserversorgung der Dörfer bemühten sich die Markgrafen zu lösen[100]. Daneben galten ihre Obsorge und ihr Augenmerk den angelegten *Culturen* in ihren Walddistrikten, speziell den Baumschulen oder den Schlossgärten. Im Schlossgarten pflanzten sie Feigenbäume. Bei einem Acker, der nach Ablauf der Pacht als Erbbestand frei geworden war, ordnete Markgraf Wilhelm die Pflanzung von Nussbäumen an. Seine Sorge galt ebenso den Fischweihern am Koppenbach[101]. Planmäßig begannen die Markgrafen nicht nur Walddistrikte zu erwerben, sondern sie nach Angehörigen des Hauses Baden umzubenennen. Im April 1819 wurde ein Privatwald, der Adam Schüßler gehörte und 100 Morgen umfasste, durch die Markgrafen angekauft und in „Markgrafenwald“ (bei Mülben) umbenannt. Die Bezeichnung „Markgrafenwald“ war seitdem im Sprachgebrauch üblich[102]. Benannt wurde nach lebenden Personen des fürstlichen Hauses. Zu Ehren ihrer Schwester Amalia, Fürstin von Fürstenberg, erhielt ein Waldstück neben dem Markgrafenwald den Namen „Amalienschlag“. In den folgenden Jahren gaben sie Teilen des Waldes (sog. Schlägen) die Namen von Bediensteten, hohen und niederen Beamten, speziell Jägern und Förstern. So tauchen Namen auf wie „Wetzels Wald“, „Saacke Schlag“ oder „Wippermanns Schlag“, benannt nach Rentamtmann Wetzel, Gärtner Saacke oder Stallmeister Wippermann[103]. Ein neu angekauftes Stück Feld beim Schloss wurde schon im September 1817 nach dem Markgrafen Leopold benannt (*Leopoldi Berg*). Dort wurden bei der Rodung im April 1818 vier *starck verrostete Pfeile* gefunden[104].

# Kapitel 4
# Der Turm auf dem Katzenbuckel und die badische Landesvermessung

Eine touristische Sehenswürdigkeit ist der Katzenbuckel, der höchste Berg des Odenwalds, und sein darauf stehender Turm. Der Katzenbuckel erreicht eine Höhe von 626 m. Nach dem „prägenden" Katzenbuckel nannte sich seit 1926 eine kleine Beilage der „Eberbacher Zeitung", die als „Heimatblatt" bis in die 30er-Jahre des 20. Jahrhunderts erschien und von verschiedenen Personen, vor allem von Lehrern, mit geschichtlichen oder kulturellen Beiträgen bedacht wurde. Ihr Titelbild zierten Strichzeichnungen des Katzenbuckels, der Minneburg und der Burg Zwingenberg[105].

Der Turm auf dem Katzenbuckel hat darüber hinaus eine besondere Bedeutung. Ihn verdanken wir den Markgrafen Leopold, Wilhelm und Maximilian von Baden. Den Plan erstellten der bedeutende Karlsruher Baumeister und *Oberbaudirektor* Friedrich Weinbrenner sowie der bekannte Ingenieur und *Obrist Lieutenant* Johann Gottfried Tulla (*1770–†1828).

Bereits Anfang des 19. Jahrhunderts hatte Großherzog Karl Friedrich von Baden den Ingenieur Tulla, der mit den Arbeiten zur Rheinregulierung betraut war, beauftragt, das neu entstandene Großherzogtum Baden zu vermessen. Die systematischen Arbeiten begannen im Jahr 1820 und zogen sich bis 1841 hin. Dabei wurden ca. 4300 Signalpunkte eingemessen. Über drei Signalpunkte, die jeweils ein Dreieck bildeten, wurde durch eine Winkelberechnung die Fläche ermittelt. Als natürlicher Signalpunkt zählte dabei der Katzenbuckel

Abb. 25: Turm auf dem Katzenbuckel (um 1930).

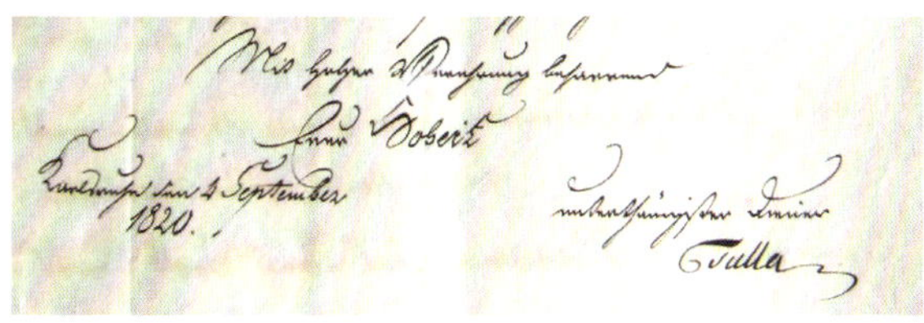

1820.

Tulla

Abb. 26: Unterschrift von Ingenieur Johann Gottfried Tulla von 1820.

zu dem Netz I. Ordnung. Dazu gehörten in unserer Gegend neben diesem der Königstuhl bei Heidelberg, die Sternwarte Mannheim und der Steinsberg im Kraichgau. Dieses aus festen Bezugspunkten bestehende Hauptdreiecksnetz wurde zur Berechnung durch weitere unter- oder zugeordnete Netzpunkte (etwa Kirch- oder sonstige Türme) ergänzt[106].

Die Durchführung des Turmbaus auf dem Katzenbuckel übertrugen die Markgrafen dem jungen Architekten Conrad Hengst aus Karlsruhe. Der Bau war das erste große Projekt der Markgrafen, das in der Umgebung auf hohes Interesse stieß. Da der Turm zur anstehenden Triangulierung des Großherzogtums Baden genutzt werden sollte, erhielten die Markgrafen von der *Wasser- und Strasenbau-Direction* einen Zuschuss von 580 Gulden. Den Bau des Turms begann der Maurermeister Michael Büttner von Neckargerach, wobei die Gemeinden der Umgebung *die nöthigen Beyfuhren* leisteten. Offenbar hatte Büttner nicht sorgfältig die anfallenden Arbeiten eingeschätzt, denn am 20. September 1820 übernahm der Maurermeister Franz Karl aus Mülben die weitere Ausführung des Baus. Maurermeister Karl, der von den Markgrafen in den folgenden Jahren immer wieder mit Aufträgen bedacht wurde, errechnete die Kosten für Steinhauer und Maurer mit 850 Gulden. Das Rentamt Zwingenberg schloss darauf im Dezember 1820 einen *Accord* (Vertrag) mit ihm ab. Der Architekt Hengst erstellte den ausführenden Plan, da der neue Turm ca. 60 Schuh hoch (1 Schuh = ca. 30 cm) sein sollte. Sein Fundament musste aus dem Felsen ausgehauen werden. Geplant war zunächst, seinen Grundstein am 29. August 1820, dem 30. Geburtstag des Markgrafen Leopold, zu legen. Diese Absicht musste dann auf den 17. September verschoben werden, einem Sonntag bei schönem Wetter. Der Baumeister Hengst hatte den Grundstein bereits einige Tage zuvor, am 12. September 1820, auf den Katzenbuckel verbringen lassen, wozu wegen seines Gewichts sechs Ochsen als Zugtiere benötigt wurden. Die Grundsteinlegung erfolgte in feierlicher Form. Die beiden Markgrafen Leopold und Wilhelm schlossen den Vorgang mit einem dreimaligen Hammerschlag ab. In der Nacht vom 25. auf den 26. Oktober 1820 wurde der Grundstein aufgebrochen und ausgeraubt, die Täter konnten allerdings nicht gefasst werden. Bis zu diesem Zeitpunkt hatte der Turm fünf Fuß Höhe erreicht[107].

Sein eigentlicher Bau fiel dann in das Jahr 1821. Im Januar 1821 wurde der Auftrag für die Lieferung der Bausteine öffentlich versteigert. Den Zuschlag erhielt Georg Michael Eichelser von Oberhöllgrund, nur der oberste Teil von 10 Fuß war darin nicht miteingerechnet worden. Im Sommer 1821 war der Turm fast vollendet, er stand jetzt bei 55 Fuß Höhe. Nach einer Berechnung des Baumeisters Hengst vom Dezember 1821 waren bereits Kosten von über 1.820 Gulden entstanden[108]. Am 6. September 1821 besuchten die Markgrafen Wilhelm und Maximilian zum ersten Mal den inzwischen fertiggestellten Turm. Ohne die Eingangsstufen hatte der Turm *90 Treppen*, die von beiden Markgrafen selbst bestiegen wurden. Bei der Einweihung postierten sich auf seiner Plattform Musikanten aus dem badischen „Oberland“ (heutiges Südbaden)[109].

Wie der Zwingenberger Rentamtmann Friedrich Wetzel im September 1821 ausführte, wurde auf Anordnung der drei Markgrafen im Laufe des Jahres 1820 auf dem *höchsten Gebirgsgipfel* des Odenwalds, dem Katzenbuckel, zu *sehr wichtigen und nützlichen Zwecken und zu nicht minderem Vortheil der neben Gegend Bewohner ein Signal- und Wartthurm erbaut, welcher nunmehr seine gänzliche Vollendung erreicht hat.* Die Pläne der Markgrafen gingen aber jetzt bereits weiter, wie Wetzel schrieb: *Zur Verschönerung der nächsten Umgebungen sowie um jeden diesen merkwurdigen Gebirgsgippfel besuchenden Fremden und Geschäfte besorgenden Personen den Aufenthalt daselbst möglichst angenehm und bequem zu machen*, wollten die Markgrafen den unmittelbaren Umkreis um den Turm von der Gemeinde Waldkatzenbach erwerben[110]. Der Waldkatzenbacher Ortsvogt Münch bewertete im April 1822 die gewünschte Fläche als *beinahe beste Waldung* der Gemeinde. Nach einem im August 1823 vom Lohrbacher Revierförster Ludwig Louis ausgemessenen und vom zuständigen Oberförster Klump abgezeichneten Plan maß die zu erwerbende Fläche etwas über 4 Morgen, erstreckte sich rund um den Gipfelbereich und umschloss den gesamten Bereich zwischen dem sog. *Steinernen Tisch* bis etwa zum *Wartthurm*. Schließlich gab die Gemeinde Waldkatzenbach ihren Widerstand auf, und die Markgrafen Leopold, Wilhelm und Maximilian erwarben noch 1823 den Gipfelbereich des Katzenbuckels für etwas über 600 fl. [= Gulden], die von der Gemeinde zur Schuldendeckung genutzt wurden[111].

Abb. 27: Der Katzenbuckelturm (um 1980).

Die begehbare Plattform des rund 18 m hohen, runden Turms, die man nach ca. 100 Stufen erreicht, bietet einen wundervollen Ausblick über den Odenwald hinweg bis in weite Teile Frankens und des Kraichgaus. Bei entsprechendem Wetter reicht der Blick im Norden bis zum Taunus und Spessart, im Osten bis in das Bauland, im Süden über Odenwald und Neckartal hinweg bis zum Kraichgau, der Schwäbischen Alb und dem Schwarzwald und im Westen sogar in Richtung Rheinebene. Auf der Plattform ist das badische Wappen eingemeißelt zusammen mit der Jahreszahl 1821.

Der Turm auf dem Katzenbuckel besteht aus Odenwälder Buntsandstein, er gründet sich auf einem achteckigen Sockel. In auffälliger Erinnerung an die Bauweise von Burgen des Neckartals weist er in seinem unteren Teil Seitenstreben auf, oben besitzt er den ebenfalls üblichen Bogenfries. Er ist von einem zinnenartigen Abschluss gekrönt. Den Turmeingang ziert eine schon stark verwitterte Steinplatte, die über die Erbauer berichtet und das Baujahr nennt.

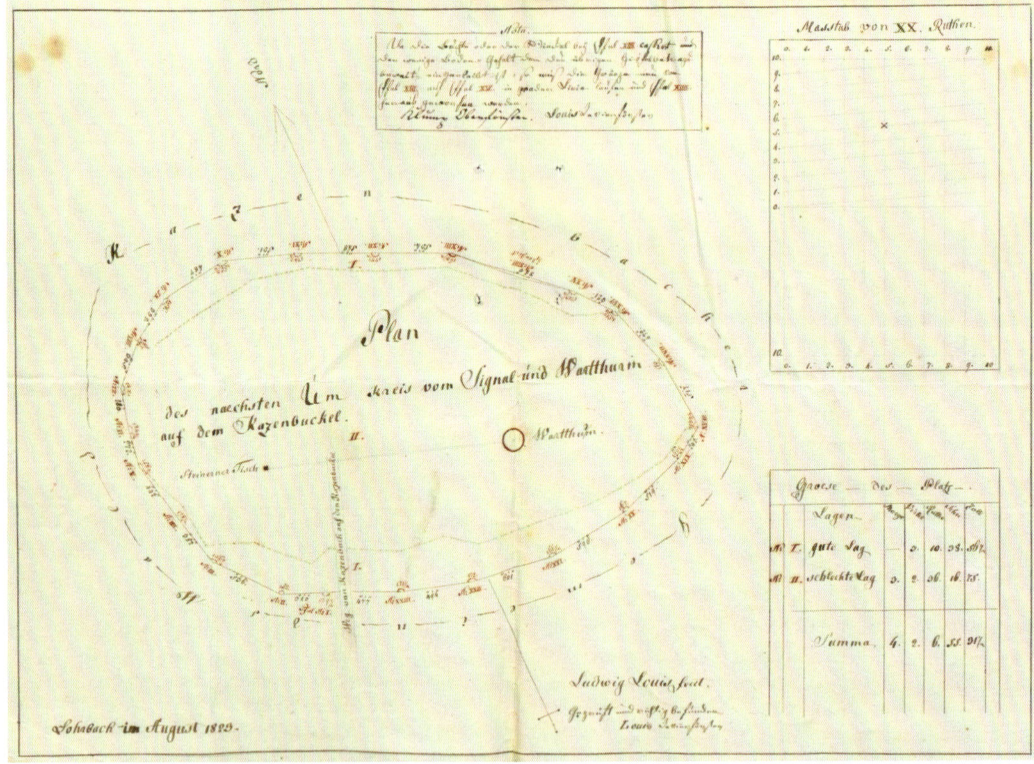


Abb. 28: Umgebungsplan des Katzenbuckels von 1823.

Ihre Inschrift verweist auf die ersten Inhaber der Standesherrschaft Zwingenberg:

LEOPOLD, WILHELM UND
MAXIMILIAN MARKGRAFEN
ZU BADEN HERREN ZU ZWIN-
GENBERG
1820

Über der Inschrift ist das großherzoglich badische Wappen mit der Krone darüber zu sehen.

Weitere steinerne Zeugnisse der Markgrafen findet man unterhalb des Berggipfels. Die Fläche des Bergs und der Grund und Boden um den Turm wurden 1823 mit Marksteinen in fortlaufender Nummerierung abgegrenzt. Die Innenseite der Marksteine, die zum Berggipfel zeigen, tragen das badische Wappen, die Jahreszahl 1823 und verweisen auf die Eigentümer und Erbauer des Turms in abgekürzter Form: W u M M z B. Die Buchstaben sind mit **Wilhelm** und **Maximilian Markgrafen zu Baden** aufzulösen[112]. Diese Kürzel finden sich auf vielen Grenzsteinen.

Die Fläche um den Turm umfasst 1,68 Hektar. Bis zum Jahr 1954 blieben der Turm und seine Fläche im Eigentum des Hauses Baden. Am 28. April 1954 erhielt die damals selbständige Gemeinde Waldkatzenbach auf dem Tauschweg den Gipfel des Katzenbuckels, wobei der darauf stehende Turm als Geschenk des Hauses

Baden dazu zählte. Der Eigentumsübergang wurde sogar am 1. Mai 1954 mit einem Fest auf dem Katzenbuckel gebührend gefeiert[113].

Ob auf dem Katzenbuckel einst eine Burg, ein Schloss oder sonst ein Bauwerk in Form eines Turmes gestanden hat, lässt sich nur im Bereich örtlicher Sagen festmachen. Sogar von einem unterirdischen Gang von diesem Schloss in das nahegelegene Dorf Waldkatzenbach oder von Schätzen wird darin erzählt[114]. In der im Jahr 1786 aufgrund offizieller Materialen veröffentlichten „Geographischen Beschreibung" der damals noch bestehenden Kurpfalz wird berichtet, dass man oben auf dem Berg noch *Spuren eines alten Gebäudes* finde, *welches ein Wachthurm gewesen seyn soll*[115]. Denkbar sind natürlich Befestigungsreste der Römer, die sicher zum Bau ihres um das Jahr 100 n. Chr. errichteten Limes, der vom Main durch den Odenwald zwischen Schloßau, Robern und Neckarburken nach Wimpfen am Neckar verlief, den Katzenbuckel als höchste Erhebung des Odenwaldes gekannt haben müssen.

# Kapitel 5
# Die innere Gestaltung des Großherzogtums Baden

Die Verschmelzung der territorialen Zuwächse mit den altbadischen Gebieten und die inneren Reformen waren im frühen 19. Jahrhundert die naheliegenden Aufgaben des Großherzogtums, standen doch die Untertanen noch in feudaler Abhängigkeit unterschiedlicher Ausprägung. Gleichzeitig saugte das Imperium Napoleons die Kräfte seiner kleinen, von ihm abhängigen Bundesgenossen auf. Die von Napoleon geforderten und in der Rheinbundakte festgelegten Kontingente an Truppen, die Durchmärsche und die Kriegsdienste für die ständigen Feldzüge bis zum Jahr 1813 (Völkerschlacht bei Leipzig), der endgültigen Niederlage Frankreichs gegen eine gesamteuropäische Koalition unter Beteiligung der beiden deutschen Großmächte Preußen und Österreich, sowie die Kriegsschulden lassen die Belastungen für die noch unmündig gehaltenen Untertanen erahnen[116]. Der Untergang Napoleons fegte zwar das französisch dominierte Rheinbundsystem hinweg, stellte aber den Umfang des Großherzogtums Baden trotz des 1813 rechtzeitig vollzogenen Lagerwechsels in Frage, meldete doch der bayrische König aus dem Haus Wittelsbach Ansprüche auf die 1802/03 selbst aufgegebenen kurpfälzischen Gebiete an. Die Abmachungen des Wiener Kongresses (1814/15) sicherten die badische Integrität, wobei die dynastischen Bindungen der großherzoglichen Familie zum russischen Hof für eine nicht unerhebliche Stabilität sorgten. Das zuvor von Napoleon gebrochene, aus dem Mittelalter stammende „Prinzip der (monarchischen) Legitimität" wurde weiter missachtet und der alte Zustand vor 1806, wie er vor der erzwungenen Auflösung der deutschen Reichseinheit gewesen war, nicht mehr wiederhergestellt[117].

Die stürmische Entwicklung der Rechtsverhältnisse im Großherzogtum Baden, vor allem die Ablösung der aus dem Mittelalter hergebrachten feudalen Gefälle, stellten die Markgrafen vor die gleichen Probleme wie alle Standesherren, die badischer Souveränität unterstanden. Die *Verfassungs-Urkunde* für das Großherzogtum Baden vom 22. August 1818, die zum ersten Mal Schutzrechte der Untertanen gegen Eingriffe in Freiheit und Eigentum gewährte, sicherte den Standesherren in der ersten Kammer der Ständeversammlung einen erblichen Sitz zu. Zu ihren ständigen Mitgliedern zählten die *Prinzen des Großherzoglichen Hauses*[118].

Parallel zur Schaffung einer leistungsfähigen Verwaltung begann die staatlich initiierte Vereinheitlichung der Rechtsnormen, die letztendlich auf die Überwindung der Sonderrechte der hochadligen Standesherren wie der niederadligen Grundherren zielte. Mehrere großherzogliche Edikte und Verordnungen der Jahre 1807 bis 1812 ebneten den Weg zu den heute selbstverständlichen rechtsstaatlichen Normen[119]. Die zunächst beschränkt liberale, aber in den Grundzügen antifeudal ausgerichtete Gesetzgebung des badischen Staates gewährte Städten und Gemeinden verfassungsrechtlich verankerte Rechte, allerdings noch unter starker staatlicher Vormundschaft[120]. Die Gesetzgebung leitete gleichzeitig das Ende der althergebrachten Lasten der Untertanen ein. „Echte" Selbstverwaltungsrechte der Städte und Dörfer ließ aber erst die älteste badische Gemeindeordnung von 1831 zu[121].

Die Reformpolitik fixierte Rechte der Untertanen[122], darunter das sog. Staatsbürgerrecht, und sie definierte die Stellung und die Befugnisse der Standes- und Grundherren im Staat, die allerdings nicht gleichberechtigt waren. Neben bestimmten Ehrenrechten, die althergebrachter höfischer Tradition entsprachen, besaßen die Standesherren weiterhin einen Kranz hoheitlicher Rechte, die aber im Jahr 1809 schon wieder eingeschränkt wurden[123]. Diese „rückläufig wirkende Zwischenetappe" endete endgültig 1813, als der Staat ungeachtet der vertraglich fixierten Bestimmungen aus der Rheinbundakte die patrimonialen Befugnisse der Standesherren, die *Criminal- und Civil-, auch Rechts- und gemeine Polizey-* wie *Regierungs-Sachen*, aufhob[124].

Die Ablösung althergebrachter feudaler Lasten der Untertanen begann sich abzuzeichnen. Schrittweise wurden gesetzliche Regelungen erlassen, die seit dem Jahr 1820 zum Abbau feudaler Abhängigkeiten führten. Dazu zählte die „von oben" verordnete Aufhebung der Leibeigenschaft in ganz Baden, so wie diese im fortschrittlichen Sinn schon in den altbadischen Gebieten vor 1803 vollzogen worden war. Die davon betroffenen Standes- und Grundherren wurden aus der Staatskasse entschädigt. Gleichzeitig wurden die Modalitäten für die finanzielle Ablösung der Rechte an Frondiensten und Abgaben (Zinsen und Grundgülten) gesetzlich geregelt. Sie erfolgte in Form des finanziellen „Abkaufs"[125]. Die Markgrafen wie das Haus Baden waren sich ihrer sozialen Verpflichtung gegenüber den Untertanen in der Standesherrschaft jederzeit bewusst. Im Bereich der Herrschaft Zwingenberg hoben sie bereits am 10. September 1818 die Leibeigenschaft auf, nachdem der jüngste Bruder, Markgraf Max, volljährig geworden war. Markgraf Wilhelm bezeichnete zwar die Leibeigenschaft als *nicht drückend, denn die Leibeigenen konnten sich aufhalten, wo sie wollten.* Als Hochadliger sah er dennoch ihren sozial diskriminierenden Charakter, besonders für die Kinder der Untertanen. Damit wurde für Zwingenberg der Zustand erreicht, der bereits seit dem späten 18. Jahrhundert für die altbadischen Gebiete galt[126]. Schrittweise verloren weitere Abgaben, etwa die, welche der Jagd- und Forsthoheit entsprangen und die an die Waldeigentümer (wie z.B. an die Markgrafen) fielen, ihre Gültigkeit. Im Jahr 1831 wurden Frohnden, etwa für den Straßenbau, ein besonders belastendes und daher strittiges Thema, aufgehoben[127].

Noch war die Stellung der Standes- und Grundherren nicht endgültig geklärt. Nach Art. 14 der Bundesakte des Deutschen Bundes besaßen die Standesherren, alles ehemals regierende Fürsten und Fürstenhäuser und damit den neuen souveränen Fürsten „ebenbürtig", das Recht, dass ihre staatsrechtliche und gesellschaftliche Stellung und ihre hoheitlichen Befugnisse geregelt werden. Ein erster Versuch in Baden war das Edikt des Großherzogs Ludwig von Baden 1819 gewesen, das den Standesherren wie Grundherren bestimmte hoheitliche Rechte zubilligte[128]. Dieses Edikt scheiterte jedoch.

Gleichzeitig zehrte der Prozess der Auflösung feudaler Rechte die Substanz standesherrlicher Einkünfte und Befugnisse aus, gerade in der doch recht kleinen Standesherrschaft Zwingenberg. Ein weiterer wichtiger Schritt war die bereits erwähnte älteste badische Gemeindeordnung von 1831, die ein modernes Bürgerrecht begründete und die den Gemeinden erstmals eigene Organe (Bürgermeister, Gemeinderat, Bürgerausschuss und Gemeindeversammlung) und eigene Kompetenzen einräumte. Zwar erhielten die Gemeinden nun das Recht, die *Ortspolizei* innerhalb ihres Ortes und Gemarkung auszuüben, jedoch galt diese Befugnis (zunächst) nicht für die *Schlösser* und *Wohnungen* und *Zubehörde* der Standes- und Grundherren[129]. In dem wichtigen Bereich innerer Reformen, die zur endgültigen Abkehr vom Feudalwesen führten, sollte sich das im zunehmenden Sinne liberal, nach den Gedanken der Aufklärung organisierte Staatswesen mit den Interessen seiner Untertanen treffen, wenn auch der endgültige Durchbruch erst bis zur Mitte des 19. Jahrhunderts erreicht wurde[130].

Galmühle
Max-Wilhelmshöhe
Reisen
rbach
Unterhöllengrund
Höllbach
Oberhöllengrund
Emichsburg
bach
Waldkatzenbach
Mülben
Strümpfelbrunn
Amtsvogtei
Zwingenberg
Ober-
Dielbach
Weis
Unter-
Obere-
Post
Untere-
Schollbrunn
Lindach
Zwingenberg
Seebach
Laufertsmühle
C. Eb.
Neckargerach
Leidenharter Hof
Minneburg
St. G.
Reichenbuch

# Kapitel 6
# Die Sonderrolle der Standesherrschaft Zwingenberg

## Regelung der Rechtsverhältnisse

Das Besitztum Zwingenberg war durch das Reskript des Großherzogs Karl Friedrich vom 29. März 1808 mit insgesamt 10 Gemeinden zu einer Standesherrschaft der Grafen von Hochberg erklärt worden[131]. Eine klare Regelung ihrer Rechtsverhältnisse erfolgte durch Großherzog Ludwig, den Halbbruder der Markgrafen Leopold, Wilhelm und Maximilian. Eine Untersuchung über die Standesherrschaft Zwingenberg der Grafen von Hochberg bzw. der Markgrafen von Baden fehlt bisher. Die Standesherrschaft Zwingenberg war eine rechtliche Besonderheit, gehörte sie doch nicht einer der ehemals regierenden Familien, die jetzt als Standesherrschaften bezeichnet wurden, sondern einer Linie eines weiterhin regierenden und durch die Verfassung des aufgelösten alten Deutschen Reiches nicht mehr behinderten souveränen Fürsten, des Großherzogs von Baden. Gleichwohl ist ihre Eingliederung in den staatlichen Aufbau des Großherzogtums Baden vor dem Hintergrund der Auseinandersetzungen mit den anderen Standesherren zu sehen[132]. Zunächst schied der älteste der drei Brüder, Markgraf Leopold, der spätere Großherzog, als Miteigentümer an Zwingenberg aus. Er verzichtete bereits am 23. April 1822 zugunsten seiner Brüder Wilhelm und Maximilian auf seinen Anteil an der Herrschaft Zwingenberg, sowohl an den *Mobiliaren im Schloß* als auch an *unbeweglichen Gütern*[133]. Für seinen Anteil erhielt er nach der Vereinbarung vom 30. Mai 1822 von seinen Brüdern 120.000 Gulden[134].

Großherzog Ludwig legte dann die Rechtsverhältnisse der Standesherrschaft Zwingenberg in einer Verordnung vom 1. Juli 1824 nieder[135]. Ausgangspunkt der rechtlichen Regelung waren die Vereinbarungen des Großherzogs mit dem Haus Fürstenberg, sie wurden bereits am 11. November 1823 abgeschlossen. Das Haus Fürstenberg zählte zu den größeren und bedeutenden Standesherren im Großherzogtum. Dessen standesherrliche Gebiete lagen bei Donaueschingen und nördlich von Konstanz. Das Haus Fürstenberg bekam dynastische Privilegien und Vorrechte zugesprochen. Es durfte bestimmte Kompetenzen der *bürgerlichen und peinlichen Gerechtigkeitspflege* ausüben und besaß *Polizey-* und *Kirchen-Gewalt* sowie die *Forstgerichtsbarkeit*. Der Standesherrschaft Fürstenberg verblieben ihre Gefälle von den Untertanen, und sie hatte das Recht, für die ihr zugebilligten Befugnisse entsprechendes Amtspersonal (genannt: *Diener*) anzustellen[136]. Dieser von Seiten des Großherzogs Ludwig als sehr großzügig zu bewertenden *Feststellung der staatsrechtlichen Verhältnisse* mit dem Hause Fürstenberg traten seine *vielgeliebten Herrn Brüder, die Markgrafen Wilhelm und Maximilian von Baden, Hoheiten und Liebden, als Besitzer der Standesherrschaft Zwingenberg* bei. Die enge verwandtschaftliche Bindung der Markgrafen (und damit letztlich des großherzoglichen Hauses) zum Haus Fürstenberg mag dabei eine nicht zu unterschätzende Rolle gespielt haben, denn ihre Schwester Amalia, Markgräfin von Baden, war mit Carl Egon Fürst zu Fürstenberg verheiratet. Zusammen mit ihrem Mann hatte sie zwischen 7. und 11. September 1820 ihre Brüder in Zwingenberg besucht. Aufgrund der Erklärung der Markgrafen verfügte der Großherzog die Gültigkeit dieser Absprachen für die *standesherrlichen Besitzungen Unserer gedachten Herrn Brüder, Hoheiten und Liebden* in Zwingenberg. Die anders gelagerten individuellen Verhältnisse der Fürstlichen Standesherrschaft Fürstenberg fanden allerdings auf Wunsch der Markgrafen zwei Modifikationen. Das für das Selbstbewusstsein der Standesherren, einst regierende Fürsten des alten Deutschen Reiches, wichtige Ernennungsrecht *für Justiz-, Policey- und SanitätsBeamten* galt zwar prinzipiell genauso für die Standesherrschaft Zwingenberg. Doch sollte die Regelung ruhen, solange … *diese Besitzungen in ihrem dermaligen Zustande mit landesherrlichen Aemtern vereinigt bleiben und nicht zu Besorgung dieser Geschäftszweige eigene Beamte von der Standesherrschaft aufgestellt werden.* Andererseits galt die Regelung über die Entschädigung der Reichsritterschaft, die sie für das *aufgehobene Judenschutz- und Hintersaßengeld* aus der Staatskasse erhielt, ebenfalls in der Standesherrschaft Zwingenberg, so wie dies in § 24 der Verordnung vom 22. April 1824 festgelegt war[137]. Damit brauchten die Markgrafen keine Lasten für die Wahrnehmung der standesherrlichen Hoheitsrechte übernehmen und sicherten sich gleichzeitig einen finanziellen Vorteil. In ihrer Erklärung vom 24. Juni 1824 gegenüber dem Staatsministerium bekräftigten die Markgrafen Wilhelm und Maximilian von Baden ihren Willen, von der *Jurisdiction* weder in der *ersten* noch in der *zweiten Instanz* Gebrauch zu machen, sondern diese als *ruhend* zu betrachten. Natürlich sollten diese vereinbarten Einschränkungen entfallen, falls irgendwann eine Eingliederung der Dörfer der Standesherrschaft Zwingenberg in die (benachbarte) Leininger Verwaltungsorganisation beabsichtigt war. Mit dieser Regelung blieb die standesherrliche Würde der Markgrafen gegenüber den (gleichrangigen) Fürsten von Leiningen gewahrt. Eine Vereinbarung des Großherzogs mit den Fürsten von Leiningen war zu diesem Zeitpunkt allerdings noch nicht zustande gekommen[138].

Als Folge der „Fürstenberger Vereinbarung" erließ Großherzog Ludwig gesetzliche Regelungen für die Verwaltung seiner eigenen Besitzungen als Standesherr. Dies betraf die Grafschaften Salem und Petershausen, die Herrschaften Gondelsheim, Stetten am kalten Markt und das Stammgut Langenstein. Später kam noch die erworbene Grundherrschaft Heilsberg hinzu. Sie lagen fast alle im südlichen Baden, mit Ausnahme von Gondelsheim (bei Karlsruhe)[139].

## Amtsorganisation der Fürsten zu Leiningen

Die vereinbarten Modifikationen für die Standesherrschaft Zwingenberg war zur Abgrenzung gegenüber der im nordöstlichen Baden bereits bestehenden Verwaltungsorganisation der Fürsten von Leiningen gedacht, die nach 1806 zu Standesherren geworden waren[140]. Die Leininger hatten bereits 1804 (noch als „souveräne Fürsten") einen eigenen Verwaltungsapparat aufgebaut. In Eberbach, dem Sitz des früheren pfälzischen Unteramts, war eines ihrer

Justiz- und Rentämter entstanden, das bis in den Winterhauch reichte, also an das Gebiet der Standesherrschaft Zwingenberg grenzte. Das Leininger Amt bestand nach 1806 in allerdings wechselndem Umfang weiter. Seit Juli 1807 umfasste es neben der Stadt Eberbach und den nahe gelegenen Dörfern die gesamten Zwingenberger Besitzungen wie [Ober-] Dielbach, Friedrichsdorf, Ferdinandsdorf, Waldkatzenbach, Strümpfelbrunn, Weisbach und den Ort Zwingenberg sowie weitere angrenzende Dörfer im Bauland[141]. Der hektische staatliche Reformeifer dieser Zeit brachte nur wenige Monate später eine erneute Änderung. Jetzt wurden vom Fürsten aus den bisher acht Leininger Ämtern 17 kleinere Justizämter geschaffen. Seit Dezember 1807 gehörten zum Justizamt Eberbach neben der Stadt lediglich noch wenige Dörfer beiderseits des Neckars. Der Rest kam an die neu gebildeten Ämter Lohrbach und Zwingenberg. Zum *Fürstlich Bretzenheimischen Amt* Zwingenberg gehörten Dorf Zwingenberg, (Ober-) Dielbach, (Wald-) Katzenbach, Strümpfelbrunn, Weisbach, Mülben, Friedrichsdorf und Ferdinandsdorf[142]. Offenbar änderte sich an dieser Verwaltungsgliederung nach der Inbesitznahme des Besitztums Zwingenberg durch die Grafen von Hochberg nichts. Erst nach der 1813 erfolgten Beseitigung der (bisher gewährten) standesherrlichen Sonderrechte in Justiz-, Kriminal- und Verwaltungsangelegenheiten durch den Großherzog wurden die bestehenden Ämter reduziert und umgruppiert. Das bestehende ***JustizAmt Zwingenberg**, welches eingeht,* kam zum *BezirksAmt Eberbach*, das um die Dörfer Balsbach, Robern und Wagenschwend vergrößert wurde, die zuvor zum aufgelösten Amt Lohrbach gehört hatten. Das Bezirksamt Eberbach bestand in dieser Form und Ausdehnung bis zum Jahr 1840[143]. Die als Reform gedachte, seit 1832 bestehende Einteilung des Großherzogtums in nur noch vier *Kreise* als *mittlere Verwaltungsstellen* brachte für das Bezirksamt Eberbach keine Auswirkung[144]. Die Markgrafen, deren Erbfolgerecht im Großherzogtum erst nach dem Hausgesetz von 1817 gesichert war, beließen es bei dem geschaffenen Zustand, zumal – wie in der Verordnung vom 1. Juli 1824 festgehalten – ihre … *Besitzungen in ihrem dermaligen Zustande mit landesherrlichen Aemtern* (seit 1813) *vereinigt* waren. Auch später haben sie diese ihnen zugebilligten Rechte nie ausgeübt. Wie in den Orten der anderen Standesherren vollzogen sich die Wahlen der Bürgermeister in den Dörfern der Standesherrschaft Zwingenberg nach den Bestimmungen der badischen Gemeindeordnung, wobei die Markgrafen für den gewählten Kandidaten ein Bestätigungsrecht hatten[145].

Ähnlich wie das Haus Fürstenberg erhielten die Fürsten von Leiningen im Jahr 1833 durch eine Verordnung des Großherzogs Leopold eine Regelung ihrer standesherrlichen Verhältnisse, die ihnen bestimmte Privilegien und Befugnisse zubilligte[146]. Im Jahr 1840 vereinbarte der Großherzog mit den Fürsten von Leiningen eine *Regulirung der staatsrechtlichen Verhältnisse*[147]. Wieder kam es zu einer Veränderung in der Zusammensetzung der landesherrlichen Ämter. Seitdem bestand in Eberbach das gemeinsame *großherzoglich fürstlich leiningensche* genannte *Amt Eberbach*, das neben der Stadt die Dörfer Unterdielbach, die *Höfe* (Dielbach Post), Balsbach, Wagenschwend, Neckargerach, Igelsbach, Lindach, Pleutersbach, Rockenau, Schollbrunn und Neckarwimmersbach umfasste. Die Dörfer der Standesherrschaft Zwingenberg wurden wegen der markgräflichen Vorbehaltsrechte dem rein landesherrlichen *Amt Neudenau in Mosbach* zugewiesen, das neben einem *großherzoglich fürstlich leiningensche Amt Mosbach* (in Mosbach) bestand. Ausdrücklich aufgezählt unter den Dörfern des *Amtes Neudenau*, die zu einem großen Teil im Raum Mosbach lagen, wurden Oberdielbach, der *markgräfliche Antheil* von (Ober- und Unter-) Ferdinandsdorf, Friedrichsdorf, (Wald-) Katzenbach, Mülben, Strümpfelbrunn, Weisbach, Zwingenberg und *der markgräfliche Antheil an Robern*. Selbst der fürstlich leiningensche Anteil an Robern und (Unter-) Ferdinandsdorf wurden dem Amt Neudenau zugewiesen[148].

Nach dem Verzicht der Fürsten von Fürstenberg und von Leiningen auf ihre Kompetenzen bei der Gerichtsbarkeit, der Polizei- und Patronatsrechte[149], die eine Folge der Revolution von 1848/49 war, kam es im Jahr 1849 zu einer erneuten Änderung der Amtsbezirke. Zum badischen (Bezirks-) Amt Eberbach traten jetzt die Zwingenberger Orte Oberdielbach, Ferdinandsdorf, Friedrichsdorf, Waldkatzenbach, Mülben, Robern, Strümpfelbrunn, Weisbach und Dorf Zwingenberg hinzu[150].

HIER RUHT

Christian Friederich

WETZEL

Markgräflicher Rentamtmañ

und

Forstmeister.

Geboren zu ECKARTSWEIER den 15 Merz 1790

Gestorben am 14. September 1852.

# Kapitel 7
# Markgräfliche Amtsorganisation auf Zwingenberg

## Justizamt Zwingenberg

Für die Standesherrschaft Zwingenberg der minderjährigen Grafen Leopold, Wilhelm und Maximilian von Hochberg hatte ihre *Curatel* aus Kostengründen weder *eine Justiz- noch Dominial-Kanzley eingerichtet*, wie diese nach dem III. badischen Konstitutionsedikt vorgeschrieben war, sondern die *mittlere Gerichtsbarkeit dem Provinz-Hofgericht der* [Badischen] *Pfalzgrafschaft* in Mannheim überlassen. Stattdessen übten sie nach § 7 des III. Konstitutionsedikts nur die *mittlere* (untergeordnete) *Policey Gewalt* aus[151]. Das Konstitutionsedikt legte den Standesherren auf, die ihnen zugebilligten administrativen Befugnisse unter Aufsicht der staatlichen Kreisdirektorien auszuüben. Nach dem Prinzip der sich durchsetzenden modernen „Gewaltenteilung", die das mittelalterliche Prinzip einer „einheitlichen" Hoheitsgewalt zerlegte, durften die standesherrlichen Justizkanzleien sich nur mit Justizangelegenheiten beschäftigen[152].

Als Vertreter der Grafen von Hochberg bzw. deren „Curatel" organisierte der bereits erwähnte Freiherr Alexander von Schweickhardt seit 1808 die Organisation der Standesherrschaft Zwingenberg. Zur Erfüllung seiner Aufgabe hielt er sich zwischen Mai 1808 und April 1810 selbst auf dem Schloss auf[153]. Die Vormundschaft der Grafen von Hochberg übernahm das 1807 eingerichtete Bretzenheimsche Justizamt Zwingenberg, das seit Sommer 1808 *Grosherzoglich Gräfliches von Hochbergisches Amt* genannt wurde. Als eine der ersten Aufgaben galt es, eine einvernehmliche Trennung der *Souverainitäts-Gefälle* zu vereinbaren, die entweder dem Großherzog oder der Standesherrschaft zustanden. Die Trennung der Gefälle hatte bereits im Sommer 1807 auf Anweisung der Bretzenheimschen Kanzlei in den Büchern des Zwingenberger Amtes begonnen. Die Grafen von Hochberg hatten keine besonders ertragreiche Herrschaft übernommen. Das höchste Kapital für

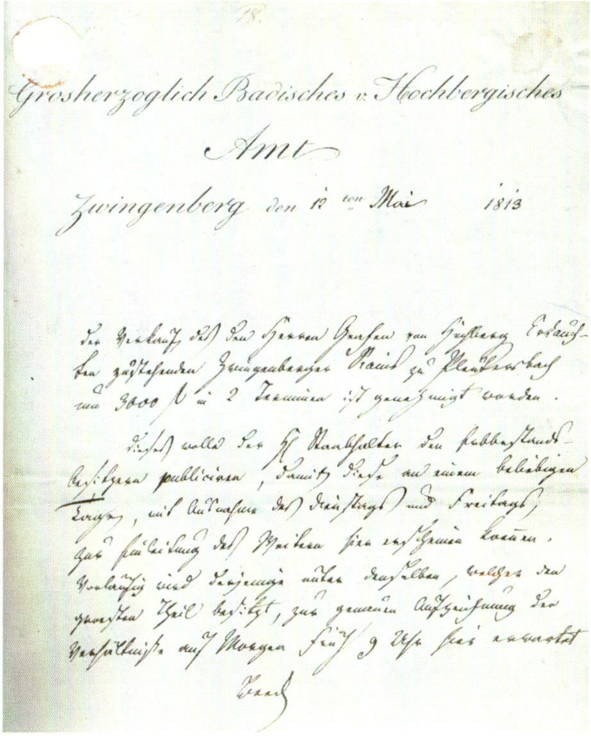

Abb. 29: Schreiben und Unterschrift von Amtmann Carl August Beeck 1813.

die jährlich anfallende Schatzung von den Dörfern wies im Jahr 1808 noch Oberdielbach auf, gefolgt von Waldkatzenbach und Strümpfelbrunn. Die Schlusslichter bildeten die Doppelsiedlung Ferdinandsdorf und das Dorf Zwingenberg, alle anderen Orte (Friedrichsdorf, Weisbach, Mülben und die Anteile zu Wagenschwend, Balsbach und Robern) lagen im Mittelfeld[154].

Als Nachfolger des Freiherrn von Schweickhardt wurde der Advokat und Rastatter Garnisonsauditor Carl August Beeck eingestellt. Dieser war offiziell zwischen 1810 und 1813 Justiz- und Rentamtmann in Zwingenberg. Erst Mitte Januar 1811 trat Beeck seinen Dienst beim *Grosherzoglich Badischen von Hochbergischen Amt* an. Neben dem Amtmann waren noch ein Amtsdiener und ein Schlosswächter angestellt.

Als Amtmann ist Carl Beeck noch Ende März 1814 auf Zwingenberg nachweisbar, als mit den standesherrlichen Sonderrechten in Baden das Justizamt Zwingenberg seine Tätigkeit einstellte. Beecks Tätigkeit erlosch mit der Neuorganisation des Gerichtswesens, die mit der landesweit angeordneten Aufhebung der sog. Zentkassen verbunden war. Aus ihnen wurden bis zu diesem Zeitpunkt die Kosten für die höhere Gerichtsbarkeit bestritten. Über die Zenten war in kurpfälzischer Zeit die höhere Gerichtsbarkeit abgewickelt worden. Beeck wurde als Justiz-Amtmann nach Eberbach versetzt. Dort blieb er Amtsvorstand bis 1819[155]. Das badische Siegel führte der Amtmann nicht. In seinem erhaltenen Dienstsiegel ist ein Dreiecksschild mit darüber gesetzter neunzackiger Krone zu sehen, die Umschrift lautet von links nach rechts) G V H A Z (= **G**rafen **v**on **H**ochberg **a**uf **Z**wingenberg). Die Buchstaben G V H stehen links der Krone, die beiden anderen A Z rechts der Krone[156].

## Der Amtmann auf Zwingenberg und die Räuber im Odenwald

Ein besonderes Problem der Staatsgewalt und ihrer neu geschaffenen Ämter waren im frühen 19. Jahrhundert die Verbrechen und Vergehen der Räuberbanden, die auch im Odenwald fassbar sind. Deren Raubzüge, Überfälle und Einbrüche traten gerade in den Jahren vor und nach dem Erwerb der Herrschaft Zwingenberg durch den Großherzog besonders auf. Die soziale Entwurzelung hing in dieser Übergangszeit mit der territorialpolitischen Umgestaltung im deutschen Südwesten zusammen, dem Untergang vertrauter Strukturen und Kompetenzen und dem Entstehen neuer Zuständigkeiten. Weder waren die Organisation der Behörden noch ihre Zusammenarbeit über ihre Amtsgrenzen oder sogar über die badisch-hessische Ländergrenze hinweg ausgereift. Zudem boten waldreiche, dünnbesiedelte Gebiete wie der Odenwald, der zu einem Teil in der Standesherrschaft Zwingenberg lag, und dessen unzureichende Erschließung einen ausgezeichneten „Rückzugs- oder Ruheraum“ für Räuber. In den verarmten und abgelegenen Kleinsiedlungen und Dörfern wie dem Höllgrund oder in Ferdinandsdorf, deren Bewohner am Rande des Existenzminimums leben mussten, fanden die Räuber die sie unterstützende „Logistik“ der Hehler und „offenen Häuser“. Zu den bekannten Figuren zählten Georg Philipp Lang (*1770–†1812), genannt Hölzerlips, oder Friedrich Philipp Schütz (= Mannefriedrich, *?–†1812).

Das sog. Felsenhaus, etwa auf halber Strecke zwischen Mülben und Max-Wilhelmhöhe gelegen, war den Odenwälder Räubern als unwegsames Gelände und Unterschlupf

Abb. 30: Kopf des Hölzerlips.

Abb. 31: Kopf des Mannefriedrich.

bekannt. Es ist eine beeindruckende Felsformation mit mächtigen Blöcken, die Hohlräume aufweisen. Das Felsenhaus liegt etwa 500 m vom Reisenbacher Grund und dem besonders armen (später aufgesiedelten) Weiler (Unter-) Ferdinandsdorf entfernt. Am Abend des 28. April 1811 saß eine Gruppe von Räubern und Kleinkriminellen um Veith Krämer und dem „Mannefriedrich“ *bei Milden* [verschrieben für: Mülben] *unweit Strümpfelbrunn im Odenwald an einem gemeinschaftlichen Feuer.* „Mannefriedrich“ nannte bei den Verhören als Lagerstätte den „Reisenbacher Grund“. Andere Versionen gehen vom „Steinernen Tisch“ oder vom Krappengrund im oberen Höllgrund aus. Nach und nach trafen weitere Räuber am Lagerplatz ein, zuletzt, als es bereits stockfinster war, Hölzerlips mit seiner Geliebten und seinem Kind. Nach langen Diskussionen beschloss man, eine „Chaise“ (Kutsche) an der Bergstraße zu überfallen. Dieser besonders schwere und auffällige Überfall zwischen Laudenbach und Hemsbach, der einem Schweizer Handelsmann das Leben kostete, war der Anfang vom Ende der Bande. Nun wurden die Räuber von den Behörden energisch verfolgt. Die unorganisierte Form der Zusammenkunft und der Planung von Verbrechen, die nur wenige Personen umfassenden Gruppen sowie das Fehlen jeglicher Führungsleute (auch Hölzerlips war nicht ständiger Hauptmann) sind kennzeichnend für die Räuber im Odenwald. Alle Pläne und Vergehen wurden alkoholisch „begleitet“, sowohl vor wie nach der Tat. Bei dem beschlossenen Überfall wurde ebenfalls noch *ein Schoppen Brandwein … in einem Wirthshäuschen im nahen Höllengrund geholt,* bevor sechs der Odenwälder Räuber *durch die steilsten und unwegsamsten Gebürge des Odenwaldes* an die Bergstraße zogen. Zu der kleinen Gruppe gehörten neben dem „Mannefriedrich“ der Hölzerlips und Veith Krämer. In der Nacht auf den 1. Mai 1811 verübten sie den genannten Überfall und Raubmord zwischen Hemsbach und Laudenbach. Anschließend wichen die Räuber wieder in den Odenwald aus, in die Gegend zwischen Strümpfelbrunn und Eberbach. Schwere Verbrechen wie der beschriebene Raubmord, der im Wald bei Mülben geplant worden war, waren bei den Odenwälder Räubern eher „untypisch". Doch erregte der Raubmord großes Aufsehen und verursachte entsprechende Maßnahmen der Behörden, die Patrouillen in den Grenzgebieten zwischen Baden und Hessen, vor allem im Odenwald, einsetzten. Dabei wurden einige an der Tat beteiligte Räuber am 2. Mai 1811 von streifenden Bauern in einem Wirtshaus im Höllgrund, einem abgelegenen Waldtal, aufgestöbert und die Beute sichergestellt. Von den Räubern wurde allerdings nur der betrunkene „Mannefriedrich", nicht aber der ebenfalls überprüfte Hölzerlips gefasst und in das Amtsgefängnis nach Zwingenberg verbracht[157].

Ausgerechnet den zur Haft überstellten „Mannefriedrich" schätzte das Zwingenberger Amtspersonal trotz bestehender Zweifel als *Vaganten* (= nicht sesshafter Wohnsitzloser) ein. Dieser entwich schon kurz darauf, vermutlich bereits in der Nacht des folgenden Tages über die Mauer und trotz geschlossenen Tors aus dem Gefängnis. Offenbar hatte er mit einem Meißel das Türschloss aufgebrochen und dabei eine Nachlässigkeit des Amtsdieners Peter Conrad ausgenutzt, gegen den eine Untersuchung wegen *doloser Befreiung* eingeleitet wurde. An der Untersuchung des Ausbruchs war der bekannte großherzogliche Stadtdirektor Ludwig Pfister aus Heidelberg (~1769–†1829) beteiligt, der den Hemsbacher Überfall untersucht und den Prozess gegen die Räuber und ihre Verurteilung sehr „öffentlichkeitswirksam" geführt hat. Seine Veröffentlichung hat erst die Räuber um den „Hölzerlips" bekannt gemacht[158]. Dem Verdächtigten „Mannefriedrich" waren keine Fesseln angelegt worden, die nach Angaben des Zwingenberger Amtmanns Carl Beeck überhaupt nicht vorhanden waren. Eine *Verfolgung* nach dem *2ten May* [1811] betrachtete Beeck als sinnlos, da ihm, wie er vorgab, der Raubmord nicht bekannt gewesen und der Odenwald „unerschlossen" sei. Beeck *hielt eine Verfolgung auf dem Fuß für fruchtlos, da die ungemessene Größe und die Dichtheit der Wälder dem schlechten Gesindel einen erwünschten Zufluchtsort darbietet.* Nach dieser Erklärung wusste Beeck, wo Odenwälder Gauner sich aufhalten konnten. Für seine Nachlässigkeit erhielt der Amtmann eine offizielle *Zurechtweisung*. Am 17. Februar 1812 verwarf das *Directorium des Neckarkreises*, der nach dem Konstitutionsedikt dem Justizamt Zwingenberg übergeordnet war, Beecks vorgebrachte Unkenntnis als nicht *befriedigend* und legte ihm auf, *daß man von ihm künftig eine bessere Besorgung seiner Amtsobliegenheit erwarte.* Ausgerechnet zu diesem Zeitpunkt, als die Grafen von Hochberg als Standesherren ein Justizamt auf Zwingenberg unterhielten, entkam ihrem Amtmann mit dem „Mannefriedrich" ein Mitglied der Odenwälder Räuber, der zu Recht der Teilnahme des bei Laudenbach begangenen Raubmordes verdächtigt wurde und der sich zuletzt in Waldkatzenbach aufgehalten hatte[159].

Wenn die Räuber die Gegend bei Unterferdinandsdorf und dem Höllgrund als „Rückzugsraum" benutzten, dann erklärt sich, weshalb aus den Dörfern des Winterhauchs nur wenige Überfälle, Einbrüche oder Diebstahlvergehen dokumentiert sind. Die Vergehen der Odenwälder Räuber bewegten sich zumeist im Bereich des Mundraubs oder der Kleinkriminalität. Im Oktober 1809 wurde ein Jude aus Kleineicholzheim, der auf dem Weg zum Markt nach Strümpfelbrunn war, auf Gemarkung Laudenberg ausgeraubt. Im Winter 1810 ist ein Einbruch in [Wald-] Katzenbach erwähnt. Daneben spielte die Hehlerei für die Räuber eine wichtige Rolle. Im November 1810 wurden gestohlene Schaffelle an einen (namentlich nicht genannten) Juden aus Strümpfelbrunnn verkauft, im Februar 1811 hatte dieser Diebesgut, das aus einem Einbruch aus Neunkirchen (im Kleinen Odenwald) stammte, weiter verkauft. An einem Einbruch in Kailbach im Frühjahr 1811 war Philipp Friedrich Schütz, genannt „Mannefriedrich", beteiligt, der als inhaftierter Räuber Anfang Mai des gleichen Jahres aus dem Gefängnis der Burg Zwingenberg entwich. Zum Zeitpunkt des Einbruchs hielt sich die Frau von „Mannefriedrich" in einer Scheune in Waldkatzenbach auf, um einen Knaben zu gebären. Kurz darauf wurde „Mannefriedrich" erneut gefasst. Bei einem Verhör Anfang Juni in Heidelberg leugnete er in unverschämter Weise, aus dem Gefängnis in Zwingenberg ausgebrochen zu sein. Selbst eine Gegenüberstellung, wozu der Zwingenberger Amtmann Carl Beeck und Einwohner von Waldkatzenbach anreisen mussten, ließ ihn ungerührt. Um die Räuber wirksam zu bekämpfen, gingen die Behörden seit Sommer 1811 nun energisch gegen den strukturellen Unterbau der Räuber vor, vor allem gegen die *Diebshehler* und „Baldowerer" (Kundschafter), die entweder verhaftet oder zumindest vernommen wurden. Sowohl in *Strümpfelbrunn* wie in *Milden* [Mülben] wurden Hehler ermittelt. Nach einem ordentlichen Prozess, der von Stadtdirektor Ludwig Pfister gut dokumentiert ist, wurden Veith Krämer, „Mannefriedrich" und Hölzerlips am 31. Juli 1812 in Heidelberg hingerichtet[160].

## Das Markgräfliche Rentamt bzw. Forstamt Zwingenberg

Nach dem Ausscheiden des Amtmanns Beeck 1814 richtete die Vormundschaft der Markgrafen im Schloss das *Rent-Amt Zwingenberg* ein[161]. In Karlsruhe befand sich die übergeordnete *Kanzley*[162]. An ihrer Entscheidung, aus finanziellen Gründen auf die Errichtung eines Justizamtes zu verzichten, hielten die Markgrafen selbst im April 1818 fest, als der Großherzog allen Standesherren die Gerichtsbarkeit zurückgegeben hatte[163].

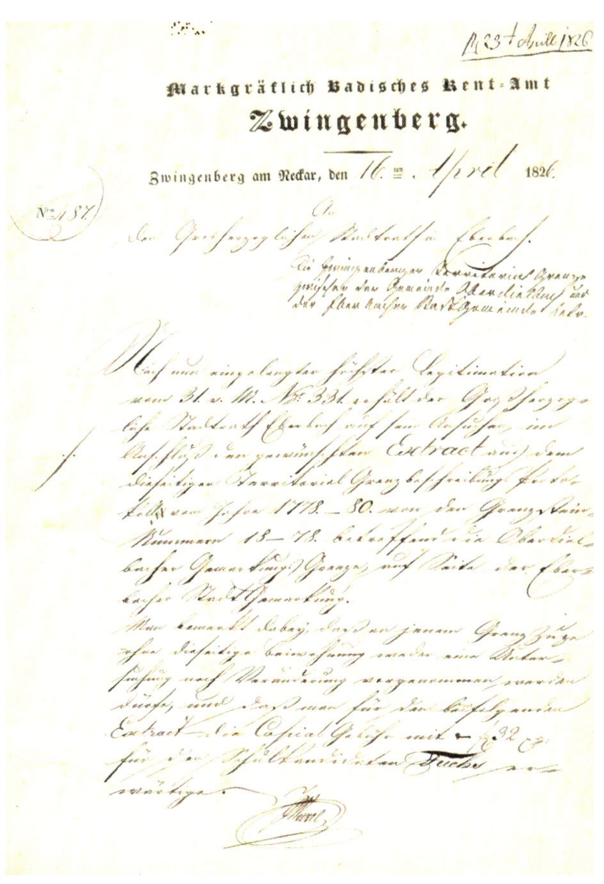

Markgräflich Badisches Rent-Amt
Zwingenberg.

Zwingenberg am Neckar, den 16. April 1826.

Abb. 32: Titulatur des Rentamts Zwingenberg.

Im November 1813 übernahm in Zwingenberg der *Forst Practicant* Friedrich Wetzel als neu ernannter Oberförster die Betreuung des Forstwesens. Die Anstellung als „Forstpraktikant“ – nicht zu verwechseln mit dem heute verwendeten Begriff eines den Beruf näher bringenden Praktikums – war im 19. Jahrhundert üblich. Zum 4. Februar 1815 wurde Wetzel auf Lebenszeit bei den Grafen angestellt. Im gleichen Jahr verheiratete er sich mit Luisa Maria Herf, der Tochter des reformierten Pfarrers Herf zu Eberbach, wozu er die Erlaubnis der Grafen benötigte[164]. Christian Friedrich Wetzel sollte in Zwingenberg seine Lebensstellung finden. Er hinterließ bei der Waldbewirtschaftung, bei der Forsteinrichtung und der Vermessung, auch bei der forstlichen Einteilung der Wälder und beim Wegebau prägende und bleibende Spuren in der Waldgemarkung Zwingenberg. Wetzel wurde am 15. März 1790 in Eckartsweier (Ortenaukreis) geboren. Er blieb bis zu seinem Tode (14. September 1852) Rent- und Forstmeister zu Zwingenberg. An Wetzels Tätigkeit erinnert ein Gedenkstein, der am Diebsweg bei der sog. Weindelspforte aufgestellt wurde. Noch 1905 wurde im Schloss ein Zimmer, das vor dem Zugang zum Bergfried und zum *Burgverlies* lag, *Wetzels Studierzimmer* genannt. Die heute noch gebräuchlichen Wegnamen im Markgrafenwald sind seit dem frühen 19. Jahrhundert belegbar, so etwa der „Diebsweg“ oder „Eselspfad“[165].

Das *Markgräfliche Forstamt* war für den großen Waldbesitz der Standesherrschaft zuständig. Dem Oberförster (oder später: Forstmeister) stand eine Dienstwohnung im Wiser'schen Bau zur Verfügung. Gleichzeitig leitete Wetzel das Rentamt, das anfänglich noch *Grossh*[erzoglich] *Gräflich von Hochbergisches Rentamt* genannt wurde[166]. Den Rentamtmann oder Oberförster Friedrich Wetzel unterstützte in seiner Arbeit lediglich ein *Actuar* (Aktuar = Bediensteter für die Aktenführung und für Schreibarbeiten). Wahrscheinlich bekleidete diese Stelle der jeweilige Zwingenberger Schullehrer[167]. Als Rentamtmann hatte Wetzel nicht nur die grundherrlichen Abgaben und Erträge der Standesherren zu wahren, sondern als „Oberförster“ deren reichlichen Waldbesitz zu verwalten. Eine strikte Aufgabenabgrenzung zwischen Rent- und Forstamt ist aus den Archivalien nicht zu ermitteln und war wohl wegen der ineinander verzahnten oder ähnlichen Funktionskreise nicht erwünscht. Alle Rentamtmänner (oder: Oberrechner) mussten zur Sicherung ihrer Rechnungslegung eine Kaution stellen, für ihre Dienstwohnung mussten sie Miete zahlen. Wetzel wird daher in den Akten auch als „Oberrechner“ zu Zwingenberg geführt.

Von den Zwingenberger Amtsvorständen wurde das Forstamt wohl in funktionaler Hinsicht wie hinsichtlich ihrer eigenen Einschätzung als „edler“ verstanden. Wetzel wurde im April 1826 von den Markgrafen zum Forstmeister ernannt, womit er bereits in jungen Jahren die höchste Dienststellung erreichte. Drei Jahre später, im Dezember 1829, wurde er sogar von der Stellung einer Dienstkaution, die zur Absicherung diente, als Rentamtmann befreit. Mehrere Male bewilligten ihm die Markgrafen Gehaltsaufbesserungen[168]. Als Forstmeister hatte Wetzel ein besonderes Augenmerk auf die Jagdbezirke und den Wildbestand. Er übte aber für die Standesherrschaft keine Forstgerichtsbarkeit aus, sondern forst- und jagdpolizeiliche Funktionen. Als im September 1827 ein „berüchtigter“ Wilderer, Georg Michel Eichelser aus dem Oberhöllgrund, erneut erwischt worden war, reiste Wetzel selbst nach Eberbach, um dort im Amt am Verhör und der Untersuchung teilzunehmen[169]. Der Oberförster bzw. Forstmeister war der höchste Vorgesetzte aller markgräflichen Förster und Forstleute, die innerhalb der Standesherrschaft angestellt waren und in verschiedenen Dörfern (etwa in Strümpfelbrunn (seit 1842 umgesetzt nach Waldkatzenbach) und in Mülben) ihren Dienstsitz hatten. Der Oberförster war der Karlsruher Domänenkanzlei der Markgrafen unterstellt[170]. Daran zeigt sich die aus der feudalen Zeit hergeleitete oder übernommene Zuständigkeit, die modernen Gesichtspunkten der Gewaltenteilung und Funktionszuweisung (noch) nicht entsprach. Nur bei Krankheit des Oberförsters oder Rentamtmanns kam es zu einer zeitweiligen Vertretung. So wird beispielsweise der seit 1820 angestellte Jägerbursche und spätere Förster Karl Friedrich Hecht, der aus Huchenfeld stammte, 1823 *Markgräflich Badischer Verseher* genannt[171].

Der Rentamtmann hatte weiter die Rechte der Standesherrschaft bei Grenzstreitigkeiten zu vertreten. Eine der ersten Aufgaben des neu eingerichteten Rentamts war es, die Grenzen der Standesherrschaft zu begehen, d.h. eine sog. *Grenzaufhauung* vorzunehmen. Betroffen waren alle Nachbarn auf dem linken wie rechten Neckarufer, badische wie Leininger Orte[172]. Am 12. September 1823 unternahmen Markgraf Wilhelm von Baden und Rentamtmann Friedrich Wetzel eine *Wald- und Grenz Bereißung*. Sie ritten über [Ober-] Dielbach, Waldkatzenbach, den Unterhöllgrund durch den Rotensohlwald bis an die Grenze am Molkengrund, von dort hinunter in den Sohlengrund, den Reisenbacher Grund

Abb. 33: Schloss mit unterem Schlosshof – Versammlungsort der Demonstration März 1848.

hinauf in den Baiershüttenwald und durch den Franzenwald bis zur Mühle des Simon und Mathes Ried im Reisenbacher Grund. Die Mühle war markgräflich und gehörte zu [Ober-] Ferdinandsdorf. Nach dem dort eingenommenen Mittagessen ritten sie den Sondernachsgrund hinauf zum Scheidentaler Weg und über die Scheidentaler Gemarkung auf die Buchener Straße, von dort über Balsbach, Wagenschwend über die Buchener Straße, die Kriegsheumatte und [Dielbach] Post zurück in das Schloss Zwingenberg[173]. Damit hatten Markgraf Wilhelm von Baden und Friedrich Wetzel die Herrschaft Zwingenberg umrundet.

In seinem letzten Dienstjahr 1852 konnte Wetzel offenbar wegen schwerer Erkrankungen seinen Dienst nicht uneingeschränkt erfüllen, so dass er im August 1852 pensioniert werden sollte. In der Nacht vom 13. auf 14. September 1852 verstarb Wetzel im *Amalienbad* in Langenbrücken, wo er sich auf *Kur zur Wiederherstellung* seiner *gestörten Gesundheit* befand. Er wurde in Zwingenberg beerdigt. Sein Grabstein steht auf dem Friedhof der Gemeinde.

Abb. 34: Grabstein von Rentamtmann Christian Friedrich Wetzel auf dem Zwingenberger Friedhof.

Die Markgrafen wussten die Lebensleistung Wetzels zu schätzen. Die Kosten für den Grabstein aus rotem Sandstein und für eine Aufschrift aus schwarzer Ölfarbe übernahm die markgräfliche Domänenkanzlei. Die Rückseite des Grabsteins erhielt folgende Inschrift: *Gesetzt von Ihren Großherzoglichen Hoheiten den durchlauchtigsten Markgrafen Wilhelm und Maximilian von Baden*[174].

Bis zur Neubesetzung der Stelle des Rentamtmanns leitete der aus der Karlsruher Domänenkanzlei abgeordnete *Secretär* Friedrich Lichtenfels das Rentamt. Noch stand mit den Kindern des verstorbenen Friedrich Wetzel der Rechnungsabschluss aus. Auf Beschluss der Markgrafen sollte die Bestellung eines neuen Forstmeisters jetzt unterbleiben. Das Rentamt übernahm nun die dienstliche und forsteiliche Aufsicht, nicht aber die Zuständigkeit für die forsteilichen Betriebs- und Wirtschaftspläne. Nachfolger Wetzels als Oberförster wurde Heinrich Braun (1853–1856), der bis Februar 1853 *Revident* bei der Großherzoglichen Oberdirektion des Wasser- und Straßenbaus gewesen war. Braun schied jedoch bereits im Dezember 1855 aus, da er zum großherzoglich badischen Rentamtmann in Herdwangen (bei Pfullendorf) ernannt worden war[175]. Ihm folgte unmittelbar darauf August Roth, der aus Lohrbach stammte. Roth war *Forstpraktikant* und bis Dezember 1855 städtischer Bezirksförster zu Bretten. Er wurde zunächst zum Oberförster und Rentamtmann zu Zwingenberg ernannt, später – wie Wetzel – zum Forstmeister. Er hatte seine Dienstwohnung in der Burg. Nach dem Tode des Försters Krautinger wurde ihm im Oktober 1864 zugleich die Bezirksforstei Zwingenberg übertragen. Die Dienstübergabe von Braun zu Roth im April 1856 übernahm wieder Friedrich Lichtenfels aus Karlsruhe, der jetzt den Rang eines *Domänenassessors* der *Markgräflich Badischen Domainen-Kanzlei* bekleidete[176].

Nach dem Übergang des Schlosses Zwingenberg an den erbberechtigten Großherzog Friedrich I. wurde das Rentamt in *Großherzogliches Rentamt Zwingenberg* umbenannt. Als privater Besitz unterstand Zwingenberg nun der Karlsruher *Generalintendanz der Gr*[oßherzoglichen] *Civilliste – Verwaltung des Privatvermögens Seiner Königlichen Hoheit des Großherzogs Friedrich von Baden.* Die „Generalintendanz" war 1880 geschaffen worden[177]. Roth verstarb am 8. Mai 1889 als großherzoglicher Forstmeister, er wurde in Bretten beerdigt. Großherzog Friedrich I. übermittelte der Witwe Bernhardine Roth telegraphisch seine Anteilnahme und bedauerte den *Verlust des braven Mannes*[178]. Zum 1. August 1889 folgte als Nachfolger der *Forstpraktikant* Hugo Kirchgessner, der zum Oberförster und Vorstand des Rentamts ernannt wurde. Kirchgessner stammte aus Karlsruhe und war bis dahin im Sekretariat der Großherzoglichen Domänendirektion beschäftigt. Er hatte 1883 die *Staatsprüfung für das Forstfach* abgelegt. Als er 1892 zum Forstmeister und Vorstand des Staatlichen Forstamtes Eberbach ernannt wurde, versah er auf Wunsch des Großherzogs das Rentamt Zwingenberg *im Nebenamt.* Wie bei seinen Vorgängern wurde er 1896 zum Forstmeister ernannt. Als er 1924 in den Ruhestand ging, stellte der frühere Großherzog Friedrich II. das eigenständige Rentamt Zwingenberg nicht wieder her, sondern beauftragte mit den Dienstgeschäften Forstmeister Albrecht Freiherr Göler von Ravensburg, den Nachfolger Kirchgessners als Leiter des Staatlichen Forstamts Eberbach[179].

Eine wichtige Aufgabe erwuchs dem Markgräflichen Rentamt Zwingenberg mit der Ausführung der gesetzlichen Regelungen, die zur Aufhebung der aus dem Mittelalter stammenden grundherrlichen Rechte führten[180]. Darunter zählte die im Dezember 1833 geschaffene rechtliche Option, alle *Zehnte*[n] *von land- und forstwirthschaftlichen Erzeugnissen* der Zehntpflichtigen (Untertanen) durch einen Betrag und mit finanzieller Unterstützung der Staatskasse an die Zehntberechtigten (Grundherren) abzulösen[181]. Einen endgültigen Abschluss brachte das Gesetz über die Aufhebung der Feudalrechte von 1848[182]. Die Regelungen umfassten noch bestehende Bannrechte, verbliebene Grundlasten, Herd- und Leibeigenschaftsrechte, Abzugs- sowie Jagd- und Fischereirechte sowie Bürgereinkaufsgelder. Hinzu kamen die Fischereirechte der Standesherrschaft im Bach *Gerach-Weisbach*, der durch die Gemarkungen von Neckargerach, Schollbrunn und Weisbach fließt. Wie bei der Zehntablösung waren der Wert der Jagdrechte, die der Standesherrschaft Zwingenberg gehörten, anhand der zu ermittelnden Feldfläche zu berechnen und mit einem Kapital aus der Staatskasse abzulösen[183]. Ohne Zweifel bedeutete für die Standes- wie Grundherren der Verzicht auf die Reste der Sozialverfassung des Mittelalters sowohl einen ökonomischen wie funktionalen Verlust[184].

Mit der Preisgabe aller grundherrlichen Ansprüche gegenüber den Untertanen der Standesherrschaft büßte das markgräfliche Rentamt seine bisherigen Funktionen ein, jetzt gewann zunehmend das Markgräfliche Forstamt, das noch heute besteht, an Bedeutung. Neben dem jeweiligen Oberförster oder Forstmeister werden standesherrliche Bezirksförster erwähnt, so die Bezirksförster Georg Philipp Krautinger aus Zwingenberg, der offenbar im Schloss wohnte, und der aus Kirnbach stammende Bezirksförster Wilhelm Meel, der seinen Dienstsitz zu Strümpfelbrunn bzw. später in Waldkatzenbach hatte. Die Förster betreuten bestimmte Bezirke innerhalb der standesherrlichen Wälder. Bis zur Umorganisation der Forstbezirke 1842 bestanden die *Bezirksforsteien* Strümpfelbrunn, Waldkatzenbach und Zwingenberg. Zur *Bezirksforstei* Strümpfelbrunn gehörten die Orte Balsbach, Ober- und Unterferdinandsdorf, Mülben mit dem Oberhöllgrund und Weisbach, der *Zigeunerforst*, ferner die *eine eigene Gemarkung bildenden standesherrlichen Walddistrikte.* Zu diesen zählten etliche Walddistrikte, die nach Angehörigen des Hauses Baden benannt waren, wie der *Sophienhain,* der *Leopoldinenhain,* der *Ludwigs- und Friedrichshain* sowie der *Prinzenhain*. Die *Bezirksforstei* Waldkatzenbach bestand aus Oberdielbach, Dielbach Post, Friedrichsdorf, Waldkatzenbach mit dem Unterhöllgrund, Weisbach, Strümpfelbrunn und die *eine eigene Gemarkung bildenden standesherrlichen Walddistrikte* [Waldgemarkung Zwingenberg]. Darin lagen etwa der Katzenbuckel, der Römerreisach, der Hubertushain und Rothersohl. Nach der Neuorganisation bestanden noch die *Bezirksforsteien* Zwingenberg und Waldkatzenbach. Die Gemarkungen der Dörfer, die bisher zum Forstbezirk Strümpfelbrunn gehört hatten, fielen alle an den Forstbezirk Waldkatzenbach, darunter die *Hof- und Waldgemarkung*, die nach Strümpfelbrunn benannt war. Die Gemarkung Oberdielbach kam an den Forstbezirk Zwingenberg[185].

Natürlich strebten die Oberförster nach einer Arrondierung der markgräflichen Wälder. So wollte Oberförster Sick im Jahr 1867 im Tausch oder durch Kauf den Eberbacher Wald *Rothe Fährte*, der bei Friedrichsdorf liegt, erwerben. Das Waldstück maß nach Angaben des Eberbacher Bürgermeisters Johann Georg Bussemer immerhin 193 Morgen und 182 Ruten. Einen Verkauf lehnte Bussemer allerdings ab, ein entsprechendes Äquivalent sah er nirgends, zumal in unmittelbarer Nähe des städtischen Walds Hirschberg bereits Leininger Waldungen (die Bezirke Sand und Klause) lagen[186]. Nur punktuell gelangen Grenzberichtigungen. Im Jahr 1880 fand ein Gemarkungstausch zwischen Waldkatzenbach und der Standesherrschaft Zwingenberg über einige Waldparzellen statt[187].

# Kapitel 8
# Die Waldgemarkung Zwingenberg – Grenzberichtigungen und kleine Wohnplätze

## Der Reisenbacher Grund

Die Waldgemarkung Zwingenberg unterstand im 19. Jahrhundert dem Rent- und Forstamt auf Zwingenberg. Ihre Rechtsgrundlage leitete sich aus den Bestimmungen der ersten badischen Gemeindeordnung von 1831 ab[188]. Die Waldgemarkung hatten Markgraf Wilhelm von Baden und Rentamtmann Friedrich Wetzel bereits Mitte September 1823 umritten. Sie erstreckte sich etwa um einen Bogen zwischen Oberdielbach, Waldkatzenbach, dem Unterhöllgrund, dem Reisenbacher Grund, dem Sondernachsgrund bis Balsbach und Wagenschwend. Innerhalb dieses Bereichs lag der Markgrafenwald[189]. Die Waldgemarkung umfasste demnach in historischer Hinsicht den nördlichen und östlichen Teil eines Jagdbezirks, den Pfalzgraf Philipp im Mai 1505 Hans V. vom Hirschhorn als Inhaber Zwingenbergs eingeräumt hatte. Der zugebilligte Jagdbezirk hatte von Zwingenberg bis zum Seebach bei Neckargerach, dem Dorf Weisbach bis zur Sondernach, dem Höllbach, dem Katzenbuckel, dem Dorf Oberdielbach und dem Lautenbach bei Lindach gereicht[190]. Die Waldgemarkung Zwingenberg wurde 1925 und 1926 zwischen den angrenzenden Gemarkungen Eberbach, Friedrichsdorf, Lindach, Oberdielbach, Schollbrunn, Waldkatzenbach, Weisbach, Zwingenberg, Mülben und Strümpfelbrunn aufgeteilt[191].

Nach dem Verzicht aller feudalen Lasten 1845/46 gegenüber den Dörfern der Herrschaft Zwingenberg war das Rent- und Forstamt für das bewaldete Grundeigentum der Markgrafen zuständig. An den Rändern der Waldgemarkung Zwingenberg lagen kleinere bewohnte, aber keiner Gemeinde zugehörige Siedlungen, die nach den Bestimmungen der Gemeindeordnung von 1831 *Colonie oder Waldcolonie* genannt wurden. Ihre Bewohner konnten der Aufsicht des Bürgermeisters einer benachbarten Gemeinde übertragen werden. Ab einer bestimmten Einwohnerzahl (40 Einwohner) durfte ein Stabhalter als örtlicher Vertreter eingesetzt werden. Der angrenzende Waldeigentümer musste freilich finanzielle Beiträge leisten, besonders zur Unterhaltung der *Vicinalwege* oder zum Schulunterricht der Bewohner[192]. Innerhalb der Waldgemarkung Zwingenberg befand sich das 1844 errichtete Jagdhaus Max-Wilhelmshöhe. Am Rand der Waldgemarkung lagen nach der Aufsiedlung Ferdinandsdorfs nach 1851 dessen kümmerlicher Rest, der lediglich drei Häuser im Reisenbacher Grund umfasste, sowie der heutige Eberbacher Stadtteil Gaimühle.

Im Oktober 1882 wurden die Grenzen der Waldgemarkung Zwingenberg erstmals verändert. Nach längeren Verhandlungen, die 1880 begonnen hatten und einen zweckmäßigen Geländeaustausch zwischen der Standesherrschaft Zwingenberg und der Stadt Eberbach vorsahen, fiel die *Colonie Ferdinandsdorf* mit ihren drei Häusern und etwa 100 Morgen Fläche mit Zustimmung des Großherzogs (30. Oktober 1882) als

Eigentümer Zwingenbergs an die Stadt Eberbach. Die Markgrafen erhielten im Gegenzug den Wald „Römerreissach“, das sog. Kettenwäldchen im Sondernachsgrund, sowie weitere Waldflächen, alles Teile des aufgesiedelten Weilers Unterferdinandsdorf. Der Rest von Ferdinandsdorf lag am linken Ufer des Reisenbachs und gegenüber dem kleinen Weiler **Reisenbacher Grund**, der sich auf dem rechten Bachufer befindet. Für die Stadt Eberbach waren die drei Häuser und das nach dem Tausch übrig gebliebene und jetzt ihr zugewiesene Restgebiet von etwa 3 ha wegen deren Grenzlage zum städtischen Wald Braunklinge von Interesse. Ihre Bewohner, die der Auflösung der „Colonie“ zugestimmt hatten, erhielten das Eberbacher Bürgerrecht[193]. 1893 waren noch zwei Häuser in Ferdinandsdorf bewohnt[194]. Die damals erfolgte verwaltungsrechtliche Abgrenzung der bewohnten Teile war unzweckmäßig: Die Mühle, die direkt am Reisenbach steht, wurde jetzt – wie die Max-Wilhelmshöhe – der polizeilichen Aufsicht des Bürgermeisters von Mülben unterstellt, die beiden anderen Gebäude von Ferdinandsdorf am städtischen Wald Braunklinge gehörten zu Eberbach. Die Mühle, die vormals ebenfalls ein Teil von Ferdinandsdorf gewesen war, wurde 1823 von Simon und Mathes Ried betrieben. Sie war 1845 in der Hand der Familie des Müllers Adam Ried, der aus Robern stammte. 1880 wohnte darin Franz Josef Ried zusammen mit seiner Ehefrau und seiner Tochter Karolina Ried[195]. Die beiden an Eberbach gefallenen Gebäude besaßen 1893 Karl Schneider und Valentin Schnetz – Schnetz war im 19. Jahrhundert ein typischer Familienname im untergegangenen Ferdinandsdorf. Die Stadt Eberbach führte für die beiden Häuser unterschiedliche Straßenbezeichnungen. Zu Beginn des 20. Jahrhunderts bewohnte Karl Schneider ein einstöckiges Wohnhaus mit Stallunterbau, dieses stand an der Straße „Ferdinandsdorf“. Das zweite Gebäude besaß der Kaufmann Franz Koch, es befand sich an der Straße „Reisenbachergrund“. 1941 gehörte das Haus Schneider an der Straße „Ferdinandsdorf“ einer gleichnamigen Erbengemeinschaft, während das einstöckige Gebäude „Reisenbachergrund“ jetzt im Eigentum des Fabrikanten Rudolf Schinz aus Heidelberg war. Im Jahr 1976 wurden neben der Mühle am Reisenbach, die man Mülben zugewiesen hatte, auch der Eberbacher Teil mit seinen zwei Gebäuden aufgrund der kommunalen Gebietsreform und der erfolgten Anhörung der zwei im „Reisenbachergrund 85“ gemeldeten Bewohner (der dritte in „Ferdinandsdorf“ hatte wegen eines anderen Hauptwohnsitzes kein Stimmrecht) in die Gemeinde Mudau umgegliedert, zu der die gesamte Siedlung Reisenbacher Grund mit dem Dorf Reisenbach gelangten. Der städtische Wald Braunklinge, eine Exklave, wurde dem Ortsteil Wagenschwend der Gemeinde Limbach angegliedert. Eberbach erhielt als Ausgleich einen Teil des Gewanns Fahrbach, wodurch die Gemarkungsgrenze des Stadtteils Friedrichsdorf geändert wurde[196].

## Jagdschloss Max-Wilhelmshöhe

Inmitten des Markgrafenwalds und in völliger Einsamkeit steht das Jagdschloss oder Forsthaus **Max-Wilhelmshöhe**, das bewohnt wird. Um das Gehöft befindet sich eine Lichtung mit gerodeten Flächen. Es entstand an einer Kreuzung der Straßen bzw. Waldwege nach Mülben und in den Höllgrund – in unmittelbarer Nähe zum Leininger Gebiet bei Unterferdinandsdorf.

Es ist teilweise von einer Mauer umgeben und umschließt ein Forsthaus und ein Wirtschaftsgebäude. Das zweigeschossige Jagdschloss mit Mittelrisalit wurde auf Anweisung der Markgrafen Wilhelm und Maximilian in den Jahren 1844/45 aus Odenwälder Sandstein erbaut. Die Steine stammen von Häusern des in unmittelbarer Nähe gelegenen und aufgesiedelten Weilers Oberferdinandsdorf. An seinem Giebel sind das Erbauungsjahr „1844“ und das badische Wappen (in Sandstein) angebracht. Das Forsthaus besitzt einen Krüppelwalm. Das Wirtschaftsgebäude ist parallel zum Schloss angeordnet und hat ein Satteldach. Das Gehöft gehörte zur früheren Waldgemarkung Zwingenberg und heute zur Gemarkung des Waldbrunner Ortsteils Mülben, von wo es durch einen privaten Waldweg erreichbar ist[197]. Über das Forsthaus soll ein junger Förster einen Fluch gelegt haben. Die genauen Umstände sind sehr mysteriös und nicht bekannt. Anscheinend soll dem Förster, der dort wohnte, die Heiratserlaubnis mit seiner schwangeren Geliebten aus Strümpfelbrunn verweigert worden sein, weshalb er allein auswanderte und daher einen Fluch aussprach, der *auf allen ruhen* sollte, *die mir mein Glück versagt haben*[198].

Die Planung des Heidelberger Baumeisters Greiff sah ein Jagdhaus und ein Stallgebäude vor. Durch Änderungswünsche der Markgrafen stiegen die Baukosten auf das Doppelte des ursprünglichen Ansatzes und beliefen sich schließlich auf über 9.500 Gulden. Zunächst wurde das Gebäude *Jagdhaus in Ferdinandsdorf* genannt. Sein Maurermeister war Franz Karl aus Mülben, die sonstigen Gewerke wurden z. T. von Leuten aus der Umgebung ausgeführt[199]. Maurermeister Franz Karl hatte bereits beim Bau des Turms auf dem Katzenbuckel die Maurerarbeiten erfüllt.

Abb. 35: Jagdhaus Max-Wilhelmshöhe (Vorderseite).

Abb. 36: Aufriss des Jagdhauses Max-Wilhelmshöhe.

Das Jagdhaus besitzt zwei Stockwerke mit etlichen Zimmern. Im ersten Stock waren der Eingangssaal sowie Zimmer für den Forstmeister Wetzel, für den zuständigen Revierförster (zunächst Förster Kinzer) und den Waldhüter sowie eine Küche. Im zweiten Stock waren der Speisesaal sowie (im 19. Jahrhundert) Zimmer und Schlafzimmer für die Markgrafen Maximilian und Wilhelm. Im Hof standen Scheune und Stall. Die Wasserversorgung kam von einem in der Nähe gelegenen Brunnen[200]. Den offiziellen Namen des Jagdhauses verliehen im Juni 1846 die Markgrafen Wilhelm und Maximilian von Baden. Demnach hatte es fortan den Namen der beiden Bauherren zu tragen, der Name „Max-Wilhelms-Höhe“ war im amtlichen Schriftverkehr zu verwenden[201].

Ähnlich wie die Markgrafen beim Jagdhaus Max-Wilhelmshöhe hatte Karl Fürst von Leiningen schon Jahrzehnte zuvor, im Jahr 1828, ein Jagdhaus östlich von Eberbach im Wald Hirschberg errichtet, das er nach dem Leitnamen seines Geschlechts **Emichsburg** nannte. Zwei Jahre später erhielt es durch einen turmartigen Anbau die Gestalt einer Burg. Zunächst von einem Jäger bewohnt, stand das Forsthaus ab 1840 leer. Der noch nutzbare Teil des Gebäudes wurde Ende 1844 zum Teil abgerissen und während der Revolution 1848 ausgeplündert. Ende des 19. Jahrhunderts wurde die Ruine gänzlich aufgegeben[202].

1849 lebte im Jagdschloss Max-Wilhelmshöhe der markgräfliche Waldhüter Franz Rechner. Im Januar 1852 bewohnte es die Witwe von Andreas Schnez mit ihrer Familie, die aus Oberferdinandsdorf stammte, wo der jüngere Sohn Waldhüter war[203]. Im Oktober 1868 stellte der Markgraf Maximilian erstmals einen dauerhaften Jagd- und Waldaufseher auf der Max-Wilhelmshöhe ein, der zudem die herrschaftlichen Wiesen und Baumschulen bei Ferdinandsdorf zu beaufsichtigen hatte. Das Amt erhielt Georg Rippert vom *Hesselbacher Thor*[204]. Die Bewohner des Forsthauses und des Jagdschlosses Max-Wilhelmshöhe sowie der Mühle im Reisenbacher Grund unterstellte das Bezirksamt Eberbach Anfang Februar 1889 dem Bürgermeisteramt Mülben[205]. Das Forsthaus hatte 1880 sieben Bewohner. Im August 1889 lebten dort der Forstaufseher Wilhelm Sensbach und seine Ehefrau sowie Valentin und Marie Schneider. 1892 bewohnte es der Forstaufseher Noe[206].

## Eberbacher Stadtteil Gaimühle

Die Ursprünge des heutigen Stadtteils **Gaimühle** liegen in der früheren Mark Sondernach, die sich zwischen der Itter und dem Reisenbach erstreckte. Der Reisenbach wurde gleichzeitig Sondernach genannt. Die Sondernach lässt sich seit dem späten 14. Jahrhundert nachweisen. Dort lagen landwirtschaftlich genutzte Grundstücke, die von Bürgern aus Eberbach oder Untertanen aus den benachbarten Dörfern Obersensbach, Reisenbach und Hetzbach bebaut wurden. Die gesamte Gemarkung Sondernach oder zumindest Teile davon standen im Eigentum der niederadligen Herren von Zwingenberg, die als Vasallen des mainzischen Klosters Amorbach dessen ältere Rechte bereits entfremdet oder durch die damals übliche adlige Eigenrodung eingeengt hatten. Quer durch die Sondernach, wahrscheinlich zum Teil entlang der Bäche Itter und Reisenbach, lief eine alte herrschaftliche Grenze. Über Jahrhunderte hinweg hielten die Herren von Zwingenberg und ihre Rechtsnachfolger den Besitz der umgebenden Wälder an Itter, im Höllgrund, am Reisenbach, in der Sondernach und um Eberbach. Ausgangspunkt menschlicher Siedlungen im Itter- und Reisenbachtal dürfte vermutlich eine Mühle des Klosters Amorbach gewesen sein, die zu *Reyssenbach inn der Sondernawe* lag und 1550 erstmals erwähnt wird.

Vielleicht ist sie mit einer *Mahlmühle* im sog. *Reissenbacher Grund an der Sondernach* identisch, die auf Mainzer Boden rechts des Reisenbachs und gegenüber von (Unter-) Ferdinandsdorf stand.

Der weiter bachabwärts der Sondernach gelegene Wohnplatz Gaimühle dürfte aus einer Mühle entstanden sein, die im Herbst 1818 mit herrschaftlichem Konsens errichtet worden war. Sie lag am Rande des Zwingenberger Waldes Zitterberg. Anfang September 1826 hatte Markgraf Wilhelm von Baden in der *Geimännischen Schneidmühle* eine Erfrischung genommen. Die Mühle gelangte wegen Überschuldung vor 1833 an das Markgräfliche Rentamt Zwingenberg. Langsam wuchs die kleine Siedlung um die Mühle im 19. Jahrhundert. Ganz in der Nähe befand sich das gleichfalls einsam gelegene Leininger Jagdhaus „Antonslust". Nach dem alten badischen Gemeinderecht hatten solche Kleinstsiedlungen ohne eigenständigen Charakter den Status einer *Colonie.* Der Wohnplatz Gaimühle wurde noch im 19. Jahrhundert *Colonie Sondernach* oder *Sondernachsgrund* genannt[207].

Um die Gaimühle lag der Waldbesitz der Standesherrschaft Zwingenberg. Diese übte einen erdrückenden Einfluss auf die Gaimühle aus. Der jeweils amtierende Forstmeister zu Zwingenberg als Vertreter des größten Grundherrn saß im Verwaltungsrat der Gaimühle, dem gesetzlich vorgesehenen Vertretungsorgan dieser abgesonderten, aber bewohnten Gemarkung[208]. Der Anstoß zur Eingemeindung nach Eberbach ging von den Bewohnern der Gaimühle aus, die sich deswegen mit Zustimmung des Oberförsters von Zwingenberg im Februar 1894 an den Eberbacher Stadtrat wandten. Für die Stadt bedeutete die Eingliederung der Gaimühle zumindest die Landbrücke zum abgetrennten Gemarkungsteil Rothe Fährt, auch umschloss die städtische Gemarkung die Gaimühle auf drei Seiten. Das zunächst anvisierte Eingliederungsdatum zum 1. August 1895 ließ sich nicht verwirklichen. Die Verhandlungen zogen sich in die Länge – nicht nur wegen der zunächst mehrheitlich ablehnenden Haltung des Eberbacher Bürgerausschusses. Die Bewohner der Gaimühle planten die Verlegung einer Wasserleitung und erhofften sich die Teilhabe am Eberbacher Bürgernutzen. Außerdem stand die Frage der Entschädigung für angerichteten Wildschaden im Raum[209]. Wegen der Finanzierung der gewünschten Wasserleitung kam es zu einer zeitlichen Unterbrechung. Das Projekt wurde jedoch weiter verfolgt. Das Bezirksamt legte im November 1899 einen neuen Vertragsentwurf vor, der das Problem der Wasserleitung entschärfte. Nach der Zustimmung des Großherzogs als Eigentümer Zwingenbergs (am 20. Juni 1900) hob eine Verordnung des Innenministeriums schließlich im Juni 1900 die abgesonderte Gemarkung Sondernach auf. An die Waldgemarkung Zwingenberg fielen die unbewohnten Gemarkungsteile Schlehengrund und Reisenbacher Grund, wie sich das schon bei den Verhandlungen abgezeichnet hatte. Die bewohnten Gebietsteile in Größe von fast 11 ha mit der Bahnstation – insgesamt waren es 7 Gebäude – wurden zum 1. Juli 1900 mit der Stadt Eberbach vereinigt – in der gleichen Rechtsform wie im Falle des ein Jahr zuvor (1899) eingegliederten Dorfes Neckarwimmersbach. Die Stadt erhielt das gesamte Vermögen der Gaimühle[210]. Die Kosten zum Bau der Wasserleitung bestritt die Stadt durch einen zugesagten staatlichen Zuschuss sowie mit den vertraglich gewährten Ausgleichszahlungen des Großherzoglichen Rentamts Zwingenberg[211].

# Kapitel 9
# Revolutionsunruhen 1848/49

## Ereignisse auf Zwingenberg und Umgebung

Bereits im Winter 1847/48 war es in den Räumen Mosbach, Eberbach und Neckargemünd zu revolutionär beeinflussten Versammlungen in Wirtshäusern und zu Unruhen und Exzessen in der Bevölkerung gekommen. In Eberbach bewaffneten sich wohlhabende Bürger und gingen abends Patrouille. Seit März 1848 häuften sich hier Übergriffe und Anschläge auf herrschaftliche Beamte. In unmittelbarer Nachbarschaft, im Kraichgau, im Hohen Odenwald und im Bauland erhoben sich Bauern gegen den mediatisierten (niederen) Adel und gegen die Standesherren, die neben den staatlichen Ämtern ebenfalls Hoheitsrechte ausübten. Im Odenwald richtete sich die revolutionäre Unruhe gegen die Standesherrschaften Zwingenberg und Leiningen. Im Mittelpunkt der Beschwerden standen die als diskriminierend empfundenen feudalen und juristischen Abhängigkeiten. Missernten, Agrarkrise, spekulative Preissteigerungen, Überbevölkerung, Armut und Hungersnot, dazu auch die Lasten der vertraglich beschlossenen und laufenden Zehntablösung entfachten einen revolutionären Funken – zum ersten Mal seit dem Bauernkrieg (1525) vor über 300 Jahren! Zwar reagierte der badische Staat sehr schnell mit einem Gesetzentwurf, der am 10. März 1848 dem Landtag vorgelegt wurde. Das Gesetz sollte die noch verbliebenen feudalen Lasten aufheben, es wurde am 10. April 1848 veröffentlicht. Doch brannte das Feuer der Erregung inzwischen überall, ganz besonders in den grund- und standesherrlichen Gebieten des heutigen Nordbaden[212]. Aus der Sicht der Untertanen trat die Staatsgewalt „doppelköpfig" auf: Sie waren sowohl vom „übergeordneten" badischen Bezirksamt wie vom jeweiligen standesherrlichen Amt abhängig. Zwar hatten die Markgrafen von Baden für ihre Herrschaft Zwingenberg aus Kostengründen kein standesherrliches Amt eingerichtet, wohl aber die Fürsten zu Leiningen für ihren früheren Herrschaftsbereich. Der Vorstand des (staatlichen) Amtes Mosbach-Neudenau Gustav Lindemann, der für Zwingenberg zuständig war, warnte am 9. März 1848 den Rentamtmann Wetzel, dass in Adelsheim und anderen Orten ein *Trupp Bauern von mehr als 1.000 Mann* die Urkunden der Grundherren verbrenne. Er fügte hinzu, diese *rohe Masse schwillt immer mehr an und beabsichtigt sich auch, nach Zwingenberg zu wenden.* Wetzel schrieb noch am gleichen Tag zurück, ihm hätten heute aus Neunkirchen allein *200 Mann gedroht, bis Morgen oder Uebermorgen das Schloß zu bestürmen*[213]. Woher kamen die revolutionär getragene Stimmung und die damit zusammenhängenden „wilden" Aktionen? In Adelsheim dürften die von der Gemeinde vereinbarten Ablösungsgelder, die für die aufgehobenen Abgaben vertraglich fixiert waren und damit vorübergehend eine zusätzliche Last bedeuteten, den Anlass für die revolutionäre Unruhe gegeben haben, zumal der grundherrliche Rentamtmann Sorn, der für die Abgaben zu sorgen hatte, sich dadurch unbeliebt machte. Anders lag die Situation in Neunkirchen. Offenbar galt die Feindseligkeit der Menschen dem Schloss Zwingenberg als „reaktionärem Zentrum", das ausgeschaltet werden sollte, vielleicht auch den Belastungen des Chausseebaus. An grundherrlichen Lasten kann es nicht gelegen haben. Die Standesherrschaft Zwingenberg besaß in Neunkirchen überhaupt keine grundherrlichen Rechte mehr! Die letzten Zwingenberger Rechte hatten schon die Grafen von Wiser im frühen 18. Jahrhundert durch Tausch mit der Kurpfalz aufgegeben. In Neunkirchen lebten große Teile der Bevölkerung am Rand des Existenzminimums, auch die geduldete und staatlich geförderte Massenauswanderung nach Amerika brachte kaum Entlastung[214].

Die Befürchtung des Rentamtmanns Friedrich Wetzel sollte sich bewahrheiten. Schloss Zwingenberg blieb vor der revolutionären Erregung nicht verschont.

Rentamtmann Wetzel hatte daher auf den 11. März 1848 die Bürgermeister aller Orte der Standesherrschaft einbestellt. Wie er den Markgrafen berichtete, erschienen im unteren Schlosshof zusammen mit ihren Bürgermeistern über 200 *in ungestümer drohender Weise* aufgebrachte und teils mit Flinten bewaffnete Menschen, die hauptsächlich aus Wagenschwend, Balsbach und Robern kamen. Die revolutionär gesinnten Untertanen kamen ausgerechnet aus Orten, die nur zum Teil ihre grundherrlichen Gefälle nach Zwingenberg entrichten mussten. Sonst gehörten diese Orte zur ehemaligen kurpfälzischem Burg Lohrbach und damit zur Standesherrschaft Leiningen. Nicht von ungefähr waren daher die standesherr-

Abb. 37: Grafik des Schlosses mit unterem Schlosshof.

lichen Gebiete der Fürsten zu Leiningen besonders betroffen. Hatten die Bauern aus diesen Dörfern die vom Mosbacher Amtmann Lindemann zitierten Adelsheimer Übergriffe zu eigenen Forderungen motiviert? Eine Wechselwirkung ist nicht auszuschließen. Eine andere zeitgenössische Quelle nennt allerdings aufständische Bauern aus Strümpfelbrunn, Schollbrunn und Waldkatzenbach, die aufgebracht in Zwingenberg erschienen[215]. Danach wären Zwingenberger Dörfer beteiligt gewesen. In der Tat war die Situation für den Rentamtmann Wetzel bedrohlich. Er musste sich von morgens 9.00 bis mittags 14.00 Uhr im Schloss Zwingenberg den vorgebrachten Forderungen stellen und diese akzeptieren, auch um einen *bedrohlichen Angriff der aufgeregten Leute auf das Schloß zu verhüten*. Da *die mit Flinten bewaffnete Mannschaft im Hof drohend tobte*, wagten es die Bürgermeister von Friedrichsdorf, Wagenschwend, Balsbach und Robern nicht einmal, das verfasste Protokoll (über die Ablösungsverträge) zu unterschreiben. Die Situation war nicht nur wegen der Emotionen der Menschen gefährlich, denn der Amtssitz befand sich zu der Zeit noch im Wiser'schen Anbau, also unmittelbar über dem Eingang zum Schloss. Allerdings war auf dem Schloss schon mehrere Nächte eine Wachmannschaft aus Wildhütern und Zwingenberger Ortseinwohnern stationiert. Kaum waren die Untertanen einigermaßen besänftigt und aus dem Schloss über die Schlosssteige abgezogen, rückte von Neunkirchen eine Abteilung Infanterie (82 Mann) unter dem Kommando des Hauptmanns von Böcklin heran, die der Rentamtmann auf dem Schloss einquartierte. Die von den Bauern erhobenen Forderungen waren teilweise schon längst erfüllt. Dem revolutionären Druck gaben die Markgrafen Wilhelm und Maximilian von Baden überraschend schnell nach. Als Mitglieder der ersten Kammer des Landtages kannten sie sicherlich den Gesetzentwurf über die Aufhebung der Feudalrechte. Bereits einen Tag zuvor, am 10. März 1848, hatten sie alle *grundherrlichen Gefälle und Rechte* aufgehoben und ihren Rentamtmann angewiesen, ihren Verzicht den Dörfern der Standesherrschaft bekanntzugeben und jedem Dorf Urkunden auszuhändigen. In der darauffolgenden Nacht nach dem *stürmischen Volksauflauf* versuchte sogar eine Bande von *Mordbrennern* und *Räubern*, zwischen 1 und 2 Uhr das äußere Schlosstor aufzubrechen und in das Schloss einzudringen. Sie konnten aber nach Anruf der abgestellten *Schildwache* und dem Kommando *Wache heraus* (an die einquartierten Soldaten) vertrieben werden. Darauf verschwanden sie über die Schlosssteige[216].

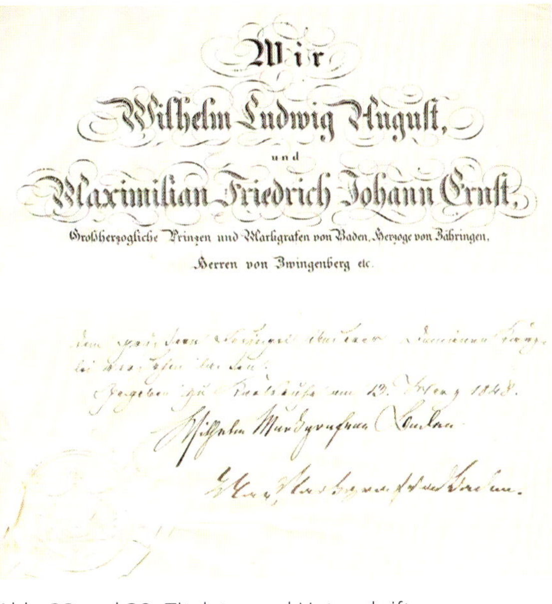
Wir
Wilhelm Ludwig August,
und
Maximilian Friedrich Johann Ernst,
Großherzogliche Prinzen und Markgrafen von Baden, Herzoge von Zähringen,
Herren von Zwingenberg etc.

Abb. 38 und 39: Titulatur und Unterschriften der Markgrafen zum Zehntverzicht 1848.

## Verzicht der Markgrafen auf ihre grundherrlichen Rechte

Der Verzicht der Markgrafen galt für alle Gemeinden der Standesherrschaft Zwingenberg. Jede Gemeinde erhielt ihren Vertrag, sowohl Originale wie Kopien sind vorhanden. Alle Dörfer der Standesherrschaft sind aufgeführt: Zwingenberg, Oberdielbach, Waldkatzenbach, Strümpfelbrunn, Weisbach, Mülben, Friedrichsdorf, Wagenschwend, Balsbach und Robern. Der Doppelweiler Ferdinandsdorf wird als einziger zwar nicht genannt, wurde aber genauso einbezogen. Hier dürfte die angedachte Aufsiedlung bereits eine Rolle gespielt haben.

Der Grund für die revolutionäre Stimmung in der Bevölkerung wird in der Literatur unvollkommen erklärt. Genannt werden die hohen finanziellen Belastungen bei der Zehntablösung, aber vor allem die verschiedenen Besitzveränderungsabgaben, wie etwa die sog. Werschaft[217]. In den Zwingenberger Dörfern belasteten *Wehrschaft, Heerdrecht, Grundzinsen* und *Gelder für Erntehahne*, daneben *Bürgereinkaufsgelder* sowie *Abzugs- und Nachsteuer* die Untertanen mit jährlich wiederkehrenden Abgaben und wirkten sozial diskriminierend. Je nach Ortschaft konnten noch weitere grundherrliche Gefälle hinzukommen[218].

Überblick über die Gefälle der Markgrafen von Baden in der Standesherrschaft Zwingenberg 1848.

| Feudalrechte | Zwingenberg | Oberdielbach | Waldkatzenbach | Strümpfelbrunn | Weisbach | Mülben | Friedrichsdorf | Wagenschwend | Balsbach |
|---|---|---|---|---|---|---|---|---|---|
| Werschaft | ja | ja | ja | ja | ja | ja | ja | ja | ja |
| Herdrecht | ja | ja | ja | ja | ja | ja | ja | ja | ja |
| Bürgereinzugsgeld | ja | ja | – | ja | ja | ja | ja | ja | ja |
| Grund- und Mühlenzinsen | – | – | ja | ja | ja | ja | ja | ja | ja |
| Abzugs- und Nachsteuer | ja | ja | ja | ja | ja | ja | ja | ja | ja |
| Gülthaber | – | ja | ja | ja | ja | – | ja | – | – |
| Lehen-Heu | – | – | ja | ja | ja | ja | – | – | – |
| Schäferei | – | ja | ja | ja | ja | ja | – | – | – |
| Grundzinsen + Herdrechte | ja | – | – | – | – | – | – | – | – |
| „Erntehahnen(geld)" | ja | – | ja | ja | ja | ja | ja | ja | ja |
| Banngemeindegelder | – | – | ja | – | – | – | – | – | – |
| Lehenhühner | – | ja | ja | ja | ja | ja | – | ja | ja |
| Zehndgülte | – | – | – | ja | – | – | – | – | – |
| Lehengänse | – | – | – | – | ja | – | – | – | – |

Doch nicht nur die markgräflichen Dörfer blieben unruhig. Die Bauern von Neckarwimmersbach verwüsteten das Leininger Jagdhaus. Erst aus Neunkirchen anrückende badische Infanterie veranlasste die Bauern zum Rückzug. Der Zwingenberger Forstmeister Friedrich Wetzel befürchtete nicht zu Unrecht, dass sich Eberbacher Bürger an den Protesten der Bauern beteiligten. Im April 1848 unterrichtete er den Eberbacher Stadtrat, er habe erfahren, dass Eberbacher Bürger *beabsichtigen, in größerer Zahl bewaffnet einen Angriffsversuch gegen das hiesige Schloss zu machen, um es zu demoliren und zu berauben,* und verwies auf die Folgen der frisch beschlossenen gesetzlichen Haftungspflicht. Für die Eberbacher Bürger wog der durch die standesherrlichen Jagdrechte verursachte Wildschaden, der die Bürger jährlich traf, schwer. Dessen Folgen war schon immer ein Beschwerdepunkt der Eberbacher wie der anderen angrenzenden Gemeinden gewesen. Zu den protestierenden Orten gegen den Wildschaden zählten viele Dörfer der Umgebung der Standesherrschaft Zwingenberg wie Lohrbach, Guttenbach, Neckarkatzenbach, Schollbrunn, Wagenschwend, Lindach, Neckargerach, Reichenbuch und Robern[219].

Die Ablehnung der von der Nationalversammlung angebotenen Wahl zum deutschen Kaiser durch den preußischen König Friedrich Wilhelm IV., womit das Ende der Frankfurter Nationalversammlung im Mai 1849 eingeleitet wurde, führte zu Erhebungen radikaler Kräfte, vor allem in Baden und in der (linksrheinischen) Pfalz. Selbst vor dem stehenden Heer machte die revolutionäre Stimmung nicht Halt. Soldaten, die selbst aus den sozialen Unterschichten geworben worden waren, meuterten. Aus den Dörfern am unteren Neckar, selbst aus hessischen Orten, ließen sich Soldaten zur revolutionären Teilnahme mitreißen. Nach der Flucht des Großherzogs Leopold und seiner Familie wurde am 12. Mai 1849 in Karlsruhe eine provisorische Regierung unter dem Rechtsanwalt Lorenz Brentano gebildet, der den Vorsitz des *Regierenden Landesausschusses* übernahm. Lorenz Brentano (*1813–†1891) besaß über seine Ehefrau Caroline, einer Schwester von Johann W[ilhelm] Leutz, verwandtschaftliche Bindungen nach Eberbach. Der machtlose Großherzog Leopold, der Bruder der beiden Markgrafen Wilhelm und Maximilian, musste die sog. Reichs- bzw. preußische Truppenhilfe zur Niederschlagung des Aufstandes anfordern bzw. annehmen. Mit ihrer Hilfe ließ sich der badische Thron sichern.

Die revolutionäre Stimmung war in den Grenzstädten Hirschhorn und Eberbach spürbar. Die Bürgerwehr wurde mobilisiert, war doch Eberbach als nächste badische Stadt zu Hessen besonders betroffen. Die Befürchtung bestand nicht zu Unrecht, drangen doch revolutionäre Kräfte am 30. Mai in hessisches Gebiet (Heppenheim und Weschnitztal) ein. Solche Übergriffe sollte die eigene Bürgerwehr verhindern.

Radikale Kräfte konnten sich angesichts der sich überschlagenden Ereignisse und der wenig durchorganisierten Form der Erhebung mancherorts durchsetzen, doch war ihre Herrschaft nur von kurzer Dauer. Sie verschwand mit der revolutionären Bewegung, die etwa zwei Monate dauerte. Das Eberbacher Beispiel zeigt, wie sich die Amtsübernahme der revolutionären Kräfte vor Ort vollzog. In Eberbach verhafteten Angehörige der Bürgerwehr am 14. Mai abends den auf der Durchreise befindlichen persönlichen Adjutanten des [geflüchteten] Prinzen Friedrich von Baden, des späteren Großherzogs (*1826–†1907). Der Prinz war lediglich wenige Stunden zuvor durch Eberbach gekommen und hatte sich weiter nach Frankfurt am Main begeben. Wegen dieses Vorfalls reiste der Bierwirt Valtin Koch noch am gleichen Tag nach Karlsruhe. Er kam am 16. Mai früh morgens in Begleitung von Hiob Daniel Backfisch zurück. Vor dessen republikanischen Bestrebungen fürchteten sich die [begüterten] Teile der Eberbacher Bürgerschaft. Auf Befehl von Lorenz Brentano wurde der Adjutant jedoch am 16. Mai nachmittags wieder freigelassen. Am gleichen Tag erschien der Revolutionär Gustav Adolph Schlöffel, der sich als *Zivilkommissär* für den Bezirk Eberbach vorstellte und anscheinend von dem Revolutionär Karl Blind ernannt worden war. Schlöffel besaß offenbar keine von der Revolutionsregierung Brentanos ausgefertigte Legitimation. Seine republikanischen Bestrebungen stießen auf Widerstand der örtlichen Honoratioren. Um dessen Wirken zu beenden, reiste der bekannte Eberbacher Weinhändler Theodor Frey selbst nach Karlsruhe, zumal er Brentano kannte. Seine Absicht war wohl, das Amt des Zivilkommissars zu übernehmen, auf seine Intervention hin wurde Schlöffel abgelöst. Frey übernahm darauf auf Bitten Brentanos, wie er behauptete, dieses Amt selbst und teilte dies Schlöffel mit[220]. In dieser aufgeheizten revolutionären Stimmung, die durch den Einmarsch von Truppen des Deutschen Bundes, vor allem preußischer Verbände, Mitte Juni 1849 beendet wurde, berührte der Fluchtweg des Prinzen Friedrich den Eberbacher Raum und die Besitzung Zwingenberg.

## Flucht des Prinzen Friedrich von Baden in den Revolutionswirren 1849

Über den Fluchtweg des Prinzen Friedrich von Baden gibt es einige Berichte, die von hohem Interesse sind. Auf seiner Flucht kam Prinz Friedrich nach Eberbach, von wo er anscheinend über Zwingenberg weiter nach Frankfurt am Main reiste. Der Eberbacher Bürgermeister Dr. John Gustav Weiss trug einiges aus dem Hörensagen bei, das er seinen „Lebenserinnerungen" beifügte: … *Besser begründet war anscheinend, was man aus der Revolutionszeit erzählte über einen Versuch, den Prinzen, nachmaligen Großherzog Friedrich, auf seiner Durchreise in Eberbach gefangen zunehmen. Ich suchte der Sache auf möglichst unmittelbarem Wege auf den Grund zu kommen, erhielt aber eine ausweichende Auskunft in solcher Form, dass ich sie nur als eine Bestätigung nehmen konnte. Was man erzählte, war folgendes: Der Wagen des Prinzen fuhr in Eberbach an der »Krone«* [Hotel Krone-Post] *vor, und der Prinz und sein Adjutant begaben sich in das Haus. Einige unruhige Köpfe waren gleich zur Stelle, und ein Mann namens Krauth, vermeinend, der Prinz sei noch im Wagen, stürzte auf den Kutschenschlag zu mit dem Rufe: »'Raus mit'm!« Da trat eben der Adjutant aus dem Hause und fragte barsch: »Wen suchen Sie?« Das genügte; die Angreifer stoben auseinander und schlichen verwirrt beiseite. Der Prinz zog aber doch vor, sich nicht wieder in die Kutsche zu setzen, sondern zu Fuß sich den sogenannten Plattenweg entlang führen zu lassen und unterhalb der Stadt erst wieder in den Wagen zu steigen, auf dessen Bock der Posthalter* [Bohrmann] *selbst in Postillionstracht sich gesetzt hatte*[221]. Prinz Friedrich war anscheinend von Waibstadt aus über Neunkirchen nach Eberbach gebracht worden. Der Waibstädter Landwirt und Fuhrmann Schäfer hatte den Prinzen, der als Knecht verkleidet war, durch mehrere Sperren Aufständischer bis nach Neunkirchen gebracht. In der Wohnung des Landwirts Johann Adam Reinmuth übergab er den „Knecht" dem damals 13-jährigen [oder 14-jährigen?] Sohn Erhard Reinmuth, der ihn mit einem Ochsengespann nach Eberbach in die „Krone-Post" brachte. Dort begrüßte der heraus geeilte Wirt den „Knecht" mit einer tiefen Verbeugung und führte ihn, *nachdem er sich vorsichtig umgeschaut hatte*, in sein Haus. Das Verhalten des Wirts spricht für die Loyalität eines Teils der Bevölkerung gegenüber dem großherzoglichen Haus. Der Knabe Erhard Reinmuth erhielt nach Erfüllung seines Auftrags von einem *feinen Herrn* ein Zehrgeld, einen nagelneuen Kronentaler, als Entlohnung. Noch auf der Rückfahrt verriet ihm sein ihm entgegen geeilter und besorgter Vater, wer der „Knecht" gewesen sei: *Du hast unseren Großherzog* [sic!] *gefahren. Er war auf der Flucht, jetzt wird er schon über der Grenze sein*[222]. Erhard Reinmuth verstarb als 89-Jähriger am 3. August 1924[223]. Sein Erlebnis hat er zeitlebens in Erinnerung behalten, seinem Schwiegersohn Heinrich Seisler verdanken wir diese Information.

# Kapitel 10
# Untertanen und Herrschaft – Die Doppelsiedlung Ferdinandsdorf und die Markgrafen

## Oberferdinandsdorf

Die Siedlung Ferdinandsdorf entstand im frühen 18. Jahrhundert, ihren Ortsnamen verdankt sie dem Grafen Ferdinand Andreas von Wiser, dem damaligen Inhaber der Herrschaft Zwingenberg. Dieser legte in den herrschaftlichen Wäldern, der sog. „Ebnung" auf dem Bergrücken, die anfänglich nur vier Erbbeständer umfassende Siedlung (Ober-) Ferdinandsdorf an, der er seinen Namen gab. Die vier grundzinspflichtigen Erbbeständer (Pächter auf mehrere Generationen) kamen aus Schloßau, Waldauerbach und Hollerbach. Das genaue Gründungsdatum des Weilers ist nicht ermittelbar. In der jüngeren Literatur wird das Jahr 1712 genannt. Nach einer archivalischen Quelle, die von dem Zwingenberger Forstmeister Friedrich Wetzel stammt, soll Oberferdinandsdorf im Jahr 1716 angelegt worden sein. Im Schatzungsbuch von 1748 werden für Oberferdinandsdorf sieben Haushaltungen mit dazu gehörigen Scheunen genannt. Der Weiler Unterferdinandsdorf wird darin nicht erwähnt, er entstand ebenfalls auf Zwingenberger Gebiet am Abhang des Waldes und parallel zum Reisenbach. Die kleine Siedlung wuchs mit Billigung der Mannheimer Hofkammer über die Zwingenberger Herrschaftsgrenze auf Kurpfälzer Gebiet am Reisenbacher Grund weiter. Wahrscheinlich erhoffte sich die Hofkammer damit eine Steigerung ihrer grundherrlichen Erträge aus diesem Grenzbereich. Im Jahr 1774 umfasste der Doppelweiler Ferdinandsdorf nur 11 Familien mit 63 Einwohnern und 9 Wohnhäuser, zumindest vier Gebäude müssen auf der Höhe, der Rest am Abhang des Bergrückens zum Reisenbacher Grund gestanden haben[224].

Oberferdinandsdorf zählte ganz zur Herrschaft Zwingenberg, Unterferdinandsdorf dagegen erstreckte sich beiderseits der Grenze zwischen Zwingenberg und Kurpfalz. Der Zwingenberger bzw. (später) markgräfliche Anteil an Oberferdinandsdorf umfasste die wenigen Gebäude auf dem Bergrücken, die seit der Errichtung des Jagdschlosses Max-Wilhelmshöhe 1844 nicht mehr standen, sowie einen weiteren Teil, der sich im Tal befand und der sich über die Herrschaftsgrenze auf Kurpfälzer Gebiet weiterpflanzte. Je nach Behördensprache wurde der im Tal gelegene Teil von Oberferdinandsdorf wegen seiner Lage als „Unterferdinandsdorf" bezeichnet oder gemeinsam mit dem Leininger Teil „Unterferdinandsdorf" genannt. Dagegen sprach der Zwingenberger Rent- oder Forstmeister Friedrich Wetzel in seinen Berichten sehr deutlich von *Oberferdinandsdorf im Thal*, zumindest in seinen Schreiben nach dem Bau des Jagdschlosses Max-Wilhelmshöhe im Jahr 1844. Die offiziellen Berichte sind in der Frage der Abgrenzung mangels Ortskenntnis der Beamten verwirrend bzw. unscharf und die statistischen Daten widersprüchlich. Oberferdinandsdorf mit dem markgräflichen Teil von Unterferdinandsdorf zog sich vom höher gelegenen

Bergrücken den Abhang hinab bis in das Tal hin[225]. Die rechtliche Situation war besonders kompliziert, da jenseits des Baches Reisenbach bereits Kurmainz begann und nur der schmale Streifen zwischen dem Zwingenberger Gebiet und dem Reisenbach zur Kurpfalz gehörte. Jenseits des Bachs auf Mainzer Gebiet stand ebenfalls eine Mühle, diese darf aber nicht mit der zu (Ober-) Ferdinandsdorf gehörigen Mühle verwechselt werden. Am Reisenbach hatte der Pfalzgraf bereits um 1370 Waldbesitz und Zinsen von bebautem Ackerland. Nach der Auflösung der Kurpfalz wurde ihr Teil von Ferdinandsdorf automatisch Leininger Grundbesitz, doch hatten die Markgrafen bis zur Herrschaftsgrenze Anteil am Weiler, der in der Behördensprache „Unterferdinandsdorf" genannt wurde. Der noch ansatzweise bestehende Wohnplatz „Reisenbacher Grund", soweit er links des Reisenbachs liegt mit der sog. Riedsmühle, ist der Rest von Unterferdinandsdorf.

Abb. 40: Riedsmühle.

Die Mühle lag gleichfalls auf Zwingenberger Gebiet, gehörte aber zu Oberferdinandsdorf[226]. Oberferdinandsdorf, das als eigene Gemeinde gesehen wurde und Gemeinderat und Bürgermeister besaß, zählte zur Standesherrschaft der Markgrafen. Der ehemals Kurpfälzer Teil von Unterferdinandsdorf unterstand nach 1803 Leininger Grundherrschaft und war bis 1820 als *Colonie* der Gemeinde Schollbrunn zugeteilt. Danach erhielt Unterferdinandsdorf einen eigenen Stabhalter. Am 14. August 1811 huldigten dem Großherzog Karl in [Ober-] Ferdinandsdorf der Ortsvogt Mathees Schneider, der Gerichtsschöffe Johannes Schmitt, der Schullehrer Franz Joseph Bannsbach sowie 22 Bürger, in Unterferdinandsdorf folgten ein Tag später, am 15. August 1811, der Stabhalter Frantz Joseph Schönig und 13 Bürger. Der Lehrer Bannsbach, der in den kleinen Häusern der Bauern unterrichten musste und dort wechselweise mit seiner Familie untergebracht war, bemühte sich schon 1812 um die Einrichtung eines Schulhauses in Ferdinandsdorf, das sich aber erst 1835 verwirklichen ließ[227].

Im Grunde genommen hatte die junge, herrschaftlich verordnete Siedlung Ferdinandsdorf wegen ihrer Lage und ihren Lebensmöglichkeiten keine Chance auf eine Dauerexistenz. Seit 1822 bemühten sich die Bewohner von **Oberferdinandsdorf**, ihre Besitzungen an die Markgrafen von Baden zu verkaufen. Als Vorstände der sechs Haushaltungen werden 1822 Johann Lenz, Valentin Schneider, Melchior [im Original fälschlich: Anton] Schnez, Mathes Roos, Franz Finzer, Schullehrer Bannsbach und Vogt Anton Schnez erwähnt. Diese sechs Wohngebäude, die von

47 Menschen bewohnt waren, umfassten sowohl den auf der Höhe gelegenen Teil wie den nicht genau definierbaren Rest im Tal. Nicht einmal ein Wirtshaus war vorhanden. Die Besitzverteilung unter den Bewohnern war sehr ungleich. Jedoch besaßen alle ein Wohnhaus mit Scheune. Vogt Schnez bewirtschaftete zwar großen Grundbesitz in Oberferdinandsdorf, hatte aber sein Haus auf Leininger Seite (von Unterferdinandsdorf). Als Gründe für den Verkauf ihrer Liegenschaften gaben die Untertanen den großen Wildschaden und den bestehenden Wassermangel an, der durch die Anlage von Brunnen behoben werden sollte. Doch lehnten die Markgrafen im Dezember 1822 den Wunsch ihrer Untertanen ab, ihre Liegenschaften anzukaufen. Insgesamt lebten im Jahr 1822 in Ober- und Unterferdinandsdorf 31 Familien und 158 Einwohner. Bei dem bereits genannten Oberferdinandsdörfer Rentmeister Valentin Schneider speisten die Markgrafen Wilhelm und Max am 21. August 1824 zu Mittag. Der Rentmeister hatte in diesem Jahr ein neues Haus und Scheune erbaut. 1826 umfasste Oberferdinandsdorf noch vier Häuser und Familien, womit sich schon der Rückgang wegen der mangelhaften Erwerbsmöglichkeiten der Bewohner andeutete[228].

Der gesamten Doppelsiedlung wurde durch die sog. Agrarkrise zur Mitte des 19. Jahrhunderts die schon ohnehin karge Existenz auf ihren kleinen Parzellen entzogen. Ihr Steueraufkommen war dürftig. In den 20er-Jahren des 19. Jahrhunderts begannen die Markgrafen, wegen der Überschuldung der Dorfbewohner schrittweise Grundstücke aufzukaufen. Ein Teil der Felder von Oberferdinandsdorf erwarben sie zwischen 1824 und 1826. Die Felder wurden dann aufgeforstet. Im Jahr 1831 erwarben sie das Wohnhaus von Johann Lenz, 1834 das von Valentin Schneider und 1835 das von Franz Finzer, womit drei Häuser im Eigentum der Standesherrschaft waren. 1835 übernahmen die Markgrafen Wilhelm und Max von Baden das Haus des auswanderungswilligen Bauern Michael Schmitt, das allerdings auf ihrer Seite von Unterferdinandsdorf stand. Dieses sollte zukünftig als Schulhaus für die katholische Bevölkerung des Weilers dienen. Anscheinend hatten sich beide Teile von Ferdinandsdorf (wie Forstmeister Wetzel berichtete) im Jahr 1819 *thatsächlich ... zu einer Gemeindeverwaltung verbunden*. Deshalb wurden gemeinsame Grund- und Pfandbücher sowohl für Ober- wie für Unterferdinandsdorf geführt. Die Doppelsiedlung hatte jedoch kein nennenswertes gemeinsames Vermögen, außer den genannten Amtsbüchern nur *Löschgeräthschaften* und das Schulhaus. Sie besaß Bürgermeister und Gemeinderat und führte ein Gerichtssiegel. Seit 1842 bemühten sich einige wenige Einwohner von Oberferdinandsdorf, ihre Gemeinde aufzuheben und sie anderen Gemeinden einzuverleiben. In rechtlicher Hinsicht und in der Betrachtung ihrer Standesherren, der Markgrafen bzw. der Fürsten zu Leiningen, bestand keine Gemeinde, die beide Ortsteile umspannte. Oberferdinandsdorf umfasste 1848 noch drei Haushaltungen, 1852 waren es zwei Familien[229].

Die dauerhaft zu erbringenden finanziellen Zuschüsse zur Unterstützung der Ortsarmen bewogen die Markgrafen, die Siedlung und die Einwohner zur Auswanderung zu bewegen. Ober- wie Unterferdinandsdorf sind die einzigen Dörfer, die neben wenigen anderen Orten (wie etwa Rineck, bei Muckental) im 19. Jahrhundert aufgelöst wurden und von der Landkarte verschwanden. Doch gab es für bestehende Gemeinden nach der Gemeindeordnung von 1831 einen gesetzlichen Bestandsschutz. Danach konnte *keine bestehende Gemeinde … aufgelöst … werden, außer im Wege der Gesetzgebung*[230]. In Oberferdinandsdorf waren bis 1845 die meisten Gebäude bereits im Eigentum der Markgrafen. Aus dem Zwingenberger Teil von Ferdinandsdorf hatten von 22 Bürgern 16 bereits ihre Liegenschaften an die Markgrafen verkauft, worunter sowohl der Teil auf der Höhe wie der am Talabhang zu verstehen ist. Weitere fünf Bürger hatten keine Besitztümer und waren unterstützungsbedürftig. Als einziger besaß Andreas Anton noch seine Liegenschaften. Als sich Bürgermeister Franz Josef Rechner, der sein Haus gleichfalls an die Markgrafen verkaufte, beim Reisenbacher Grund (Unterferdinandsdorf) eine neue Existenz schuf, lebten in Oberferdinandsdorf noch vier Bürger. Im Juli 1849 waren das der Waldhüter Franz Rechner, der Müller Adam Ried, der *Kohlenbrenner* [= Köhler] Andreas Anton und Johannes Debold. Ende Dezember 1850 wurde die an sich rechtlich illegale (Gesamt-) Gemeinde Ferdinandsdorf aufgehoben und – nach den Bestimmungen der badischen Gemeindeordnung – in eine selbständige Gemeinde Oberferdinandsdorf und in die „Colonie“ Unterferdinandsdorf (Leininger Teil) aufgeteilt. Die Aufsiedlung des Ortes konnte sich zunächst nur auf Oberferdinandsdorf im Tal beziehen. Wie schon einige Monate zuvor beim Dorf Rineck bestimmte Großherzog Leopold aufgrund eines Gesetzes vom 28. Dezember 1850: *Die Gemeinde Ferdinandsdorf, Amts Eberbach, ist aufgelöst.* Die auf dem Plateau gelegenen Gebäude von Oberferdinandsdorf waren bereits abgerissen oder unbewohnbar gemacht und das erworbene Gelände von 260 Morgen aufgeforstet.

Abb. 41: Wegweiser nach Ferdinandsdorf.

1849 stand auf der Höhe das (neu errichtete) Jagdhaus Max-Wilhelmshöhe, von den Gebäuden des im Tal gelegenen Teils des früheren Oberferdinandsdorf die Mahlmühle und vier Häuser, worin Besitzlose sich einquartiert hatten. Im Jahr 1851 waren die gesamte Gemarkung und alle Häuser von Oberferdinandsdorf im Eigentum der Standesherrschaft. Die noch verbliebenen Bewohner, die sich illegal dort aufhielten, wurden über Eberbach nach Amerika verschifft. Die in den Akten genannte Anzahl der Auswanderer ist sehr widersprüchlich. Mitte März 1851 verließen 14 Personen, die in den noch stehenden Gebäuden von Oberferdinandsdorf im Tal gelebt hatten, mit staatlicher Beihilfe ihre Heimat Richtung Amerika. Der größere Rest von ihnen, der dort Heimatberechtigung besessen hatte, war bereits in der näheren oder weiteren Umgebung untergekommen, darunter in den benachbarten Dörfern Strümpfelbrunn und Robern. Von den Häusern im Tal (markgräflicher Teil) standen im April 1851 noch das ehemalige

Schulhaus und die verpachtete Mahlmühle am Reisenbach. Das Schulhaus wurde auf Abbruch versteigert. Fast die gesamte ebenfalls angekaufte Güterfläche von 154 Morgen dieses Teils von Ferdinandsdorf wurde gleichfalls zu Wald angelegt und dem Markgrafenwald zugewiesen[231]. Eine Verfügung über die Aufhebung der Gemarkungsfläche von Oberferdinandsdorf wurde nicht erlassen, die Gemeinde Mülben erhielt stattdessen Ende Februar 1853 die Auflage, die gesetzlich vorgeschriebenen Grund- und Pfandbücher für Oberferdinandsdorf zu führen. Die Mühle am Reisenbach wurde der Aufsicht des Mülbener Bürgermeisters unterstellt[232].

## Unterferdinandsdorf

An **Unterferdinandsdorf** besaßen die Markgrafen bis zu ihrer Herrschaftsgrenze einen Anteil. Das etliche Morgen umfassende bebaubare Ackerland war von ihnen an die Untertanen in Form des Erbbestands weitergegeben worden. Die sehr kleinen Wohngebäude des Weilers, die zum Teil noch heute als Ruinen im Wald stehen, lagen entlang zweier Wege, die am Abhang etwa parallel zum Reisenbach verliefen. Die in den Berichten der staatlichen wie der markgräflichen Behörden genannten statistischen Daten sind nicht identisch, so dass ein genauer Überblick schwerfällt. Wahrscheinlich war den Behörden die komplizierte Situation der überlappenden Bebauung über eine Herrschaftsgrenze hinweg, der an sich widerrechtlich seit 1820 bestehenden (Gesamt-) Gemeinde Ferdinandsdorf mit eigenen Organen und dem Anteil der Markgrafen in Unterferdinandsdorf nicht ganz klar. Bei den Beamten fallen Namensverwechselungen zwischen Ober- und Unterferdinandsdorf auf, vielleicht ein Resultat der örtlichen Situation, die eine genaue Unterscheidung erschwerte. Im Leininger Teil von Ferdinandsdorf, das offenbar keine eigene Gemarkung, aber gleichfalls eigene Anbauflächen hatte, besaßen 13 von 19 Bürgern Liegenschaften, wie etwa ein Wohnhaus. Im Jahr 1846 stellten die markgräflichen Beamten von den 36 Einwohnern zehn Haushaltsvorstände fest, die das Bürgerrecht besaßen. 14 Personen waren bereits nach Amerika ausgewandert, einige in umliegenden Dörfern untergekommen oder verstorben. Weitere 44 Personen, die zum markgräflichen Teil gehörten, lebten auswärts oder standen dort in Dienststellungen. Der Leininger Teil von Unterferdinandsdorf umfasste 22 Bürger, insgesamt 123 Personen, sowie 11 Häuser. Letztere lebten recht kümmerlich von 25 Morgen bebautem Feld. Ihre Felder längs des Reisenbachs waren quasi zwischen dem Eberbacher Stadtwald Braunklinge, dem markgräflichen Herrschaftsbereich und dem Leininger Grundbesitz eingezwängt. Ein Teil ihrer verschuldeten Grundstücke war bereits im Eigentum privater Gläubiger[233]. Für ihren Anteil am Dorf leisteten die Markgrafen ebenfalls finanzielle Zuschüsse. 1834 hatten elf Bürger ihre Liegenschaften den Markgrafen angeboten, 1843 waren noch acht Bürger bereit, ihr Eigentum diesen zu verkaufen. Markgräfliche Beamte erstellten Listen von Auswanderungswilligen. Im Jahr 1845 wurden für Unterferdinandsdorf 19 Bürger und Einwohner, aber nur 12 Wohngebäude ermittelt. Darunter fiel auch die Mühle des Adam Ried am Reisenbach, die aber zum markgräflichen Teil (von Oberferdinandsdorf) zählte, sowie das Haus des Bürgermeisters Franz Josef Rechner (im Volksmund heute „Rechnersburg" genannt).

Abb. 42: Unterferdinandsdorfer Gebäuderest mit Blick in Richtung Reisenbacher Grund.

Abb. 43: Brücke in Unterferdinandsdorf.

Insgesamt hatten 21 Personen auf markgräflicher Seite und 19 auf Leininger Seite das Bürgerrecht. Wie bei Oberferdinandsdorf folgten Auswanderungsgesuche und Auswanderungsschübe, wobei gleichzeitig die Frage zu klären galt, in welchem Ort die Einwohner nach dem Verkauf ihrer Güter an die Markgrafen eine Aufnahme finden sollten. Im Oktober 1846 verließen sieben Familien und zwei Ledige mit insgesamt 44 Personen Unterferdinandsdorf, die zusammen mit anderen Auswanderungswilligen in Nordamerika eine neue Heimat suchten. Ihre Fahrt ging von Zwingenberg über Mannheim nach Antwerpen, von dort reisten sie mit dem Schiff nach Baltimore. Bis zum Jahr 1848 kauften die Markgrafen in Unterferdinandsdorf noch weitere Häuser an, so dass man schon jetzt an eine Zuteilung von Unterferdinandsdorf als „Nebenort" an Eberbach denken konnte[234]. Zu diesem Zeitpunkt bestand die gesamte Siedlung nur noch aus Unterferdinandsdorf. Der Weiler, der immerhin eine Länge von etwa 400m hatte, bestand 1851 aus 18 Familien, es standen dort 12 Wohnhäuser. Nur ein Haushalt besaß keine Scheune. Dort lebten noch 100 Einwohner, die sich von etwa 66 Morgen ernähren mussten[235]. Die Auflösung, die schon seit 1846 von den Beamten anvisiert wurde, galt jedoch für beide Teile über die Herrschaftsgrenze hinweg, ungeachtet der rechtlichen Unterschiede. Im Weiler Unterferdinandsdorf gab es 19 Grundeigentümer, darunter die Fürsten von Leiningen mit über 10 Morgen und die Markgrafen mit über 13 Morgen. Die gesamte bebaubare Fläche lag bei etwa 79 Morgen. Im Juni 1850 wurde der Akziser (örtlicher Steuererheber) Johann Josef Nohe zum Stabhalter der *Colonie* Unterferdinandsdorf ernannt. Anscheinend übte bereits der Bürgermeister von Mülben die *Aufsicht über die Colonie* aus. Ein großer Teil der Gebäude war bis 1851 versteigert und in der Hand der Gläubiger, aber noch bewohnt. Bereits 1849 hatten drei Familien und vier Ledige, insgesamt 21 Personen, die Markgrafen um Unterstützung zur Auswanderung gebeten. Einige Bewohner wanderten 1851 nach Amerika aus, das sie nach einer 30-tägigen Seefahrt erreichten. Sie ließen sich u.a. in Baltimore und Williamsburg nieder.

Weitere Bewohner des Weilers wurden in den folgenden Jahren auf umliegende Gemeinden verteilt. Der seit 1851 aufgekaufte Besitz, der Grund und Boden, blieb im Eigentum der Markgrafen[236]. Für 1852 wurden 30 Menschen in Unterferdinandsdorf vermerkt, ein Jahr später, 1853, gab es noch drei Haushaltungen. Franz Rechner wurde bereits Altbürgermeister genannt, Johann Josef Nohe vertrat den Wohnplatz als *Stabshalter*. Verantwortlich für Unterferdinandsdorf waren der Bürgermeister und die Gemeinde Mülben. Vom Weiler blieben – außer den Ruinen im Wald und der Mühle – schließlich zwei Wohnhäuser übrig, die im Oktober 1882 an die Stadt Eberbach fielen. Diese beiden Häuser stehen am Reststück der ehemaligen „Dorfstraße" von Unterferdinandsdorf. Die Mühle wurde der Gemeinde Mülben zugewiesen. Seit dem Jahr 1868 gab es zwischen der Stadt Eberbach und der markgräflichen Standesherrschaft einen Rechtsstreit über ein Waldgelände am Reisenbach. Der anhängige Rechtsstreit fand im Juni 1880 eine einvernehmliche Grenzkorrektur, wonach der Stadt Eberbach von der Standesherrschaft das Gemarkungsrecht an der Waldgemarkung Römerreisig abgetreten wurde, der Standesherrschaft dafür das Gemarkungsrecht über die strittige Waldfläche und das sog. Kettenwäldchen. Das von Eberbach abgetretene Stück hatte sich fast ganz im Besitz der Standesherrschaft befunden.

Abb. 44 und 45: Reste von Häusern in Ferdinandsdorf.

Der Tausch brachte den Markgrafen nach Abzug des abgetretenen Geländes, das neben anderen Flächen zu Ferdinandsdorf (insgesamt 27 ha) gezählt worden war, über 7 ha Fläche ein. Die Ruinen von (Unter-) Ferdinandsdorf stehen heute im markgräflichen Wald[237].

Hier schoß
Prinz Wilhelm
von Baden
der Heger der Odenwälder
Auer und Birkwild-Jagd
am 7. Mai. 1895
seinen letzten Auerhahn

# Kapitel 11
# Spuren der Markgrafen in der Herrschaft Zwingenberg

## Kleindenkmale und Gedenksteine

Das Leben der Markgrafen auf Zwingenberg war von ihrer Jagdleidenschaft bestimmt. Ihre Besitzung Zwingenberg nutzten sie nicht als ständigen Wohnsitz, aber sie kamen oft zweimal im Jahr in ihr Schloss, und dann ging es schon sehr früh am Morgen zur Jagd, entweder in der Form einer Treibjagd, die mit Hunden und unter Mithilfe von Feld- oder Waldhütern betrieben wurde, oder als Pirsch nach Großwild, ferner als Jagd auf Raubtiere wie Füchse oder auf Feldhühner, Auerhähne, Wachteln oder Hasen sowie auf dem Anstand oder Ansitz. Da sich die Markgrafen im zweiten Jahrzehnt des 19. Jahrhunderts sehr intensiv um den Aufbau eines ordentlichen Wildbestands gekümmert hatten, waren sie natürlich auf entsprechende Jagdergebnisse bzw. erzielte Trophäen sehr stolz. Noch heute sind in der Waldgemarkung Zwingenberg wie in der näheren oder weiteren Umgebung einige Gedenksteine zu finden, die an bestimmte Jagdereignisse erinnern und auf Anordnung der Markgrafen angefertigt und aufgestellt wurden. Für den ersten Hirsch im Jagdbezirk Zwingenberg, den Markgraf Wilhelm von Baden ein Jahr zuvor erlegt hatte, wurde im September 1820 im Geyersberg (Höllgrund) ein 5 Fuß hoher Gedenkstein errichtet[238]. Rechts der Straße von Weisbach nach Lohrbach, etwa 50 m abseits im Walde, erinnert der sog. „Maximiliansstand", auch Hirschstein genannt, an eine erfolgreiche Jagd. Der Gedenkstein misst etwa 1,30 m an Höhe und 57 cm in der Breite. Nach seiner Inschrift erlegte Markgraf Maximilian von Baden in Gegenwart seines Bruders Markgraf Wilhelm am 10. September 1821 auf der Zwingenberger Jagd an dieser Stelle einen Edelhirsch von 10 Enden und 445 Pfund Gewicht[239]. Ein anderer Gedenkstein ist der sog. „Wilhelmstand" im Bereich des aufgesiedelten Weilers Oberferdinandsdorf (heute Germarkung Strümpfelbrunn, s. Abb. 3). Am unteren Rand seiner vorderen Seite ist das badische Wappen zu sehen. Dort schoss

Abb. 46: Inschrift mit Widmung für Markgraf Maximilian im Zwingenberger Burggraben.

Markgraf Wilhelm am 12. September 1820 seinen zweiten Hirsch von 6 Enden. Im Schlossgraben der Burg Zwingenberg befindet sich eine Gedenktafel, die Markgraf Wilhelm und seine Ehefrau Elisabeth dem Markgrafen Maximilian widmeten (s. Abb. 46).

An einen besonders tragischen Fall erinnert eine andere Form eines Gedenksteins, der ebenfalls von den Markgrafen gestiftet wurde. Der Gedenkstein befindet sich am (heutigen) Radweg zwischen Neckargerach und Zwingenberg, rechts an einer Böschung etwa 200 Meter vor den ersten Häusern von Zwingenberg. Er verweist auf das Unglück, das eine im frühen 19. Jahrhundert bekannte, mehrköpfige schwäbische Musikerkapelle, die Familie Dehner aus Thanheim bei Hechingen, getroffen hat. Die *Musici,* die sich auf Zwingenberg bei den Markgrafen Wilhelm und Maximilian aufgehalten und dort zur *Tafel- und Jagd-Mussie* aufgespielt hatten, wurden am 13. September 1821 auf freiem Feld zwischen Neckargerach und Zwingenberg um 15.00 Uhr nachmittags unter einem Birnbaum in der sog. *Leimengrube* bei einem *starken Gewitter* durch Blitzschlag getroffen. Dabei wurde der *Baum zersplittert, einer* [von ihnen] *war auf der Stelle tod, drey andere* von ihnen wurden *gefährlich und einer leicht verwundet.* Das Unglück traf den 13-jährigen Friedrich Dehner, den 18-jährigen Jacob Haut aus *Reinhefen* und seinen 14-jährigen Bruder Hermann, außerdem den 14-jährigen Ferdinand von Ritterburg aus *Groselfinken*, ein Sohn des in England verstorbenen Offiziers von Ritterburg. Durch den Blitzschlag wurde der 16-jährige Sohn von Fidelis Dehner und Maria Anna Gsell, Johann Dehner, getötet, die anderen waren *scheintod* oder betäubt. Die Kleidung der getroffenen Musiker war zerfetzt. Johann Dehner wurde tags darauf auf dem Friedhof Neckargerach beerdigt. Das Unwetter hatte man vom Schloss Zwingenberg aus beobachtet. Der 49-jährige Vater Fidel Dehner von Thanheim, katholischer Religion, war dort zurückgeblieben. Die fünf jungen Männer befanden sich auf dem Rückweg von Neckargerach, wo sie einen Nebenverdienst gesucht hatten, nach Zwingenberg. Die Verunglückten wurden bis zum 22. September auf Zwingenberg gepflegt und dann in das Hospital nach Heidelberg verlegt. Die Markgrafen übernahmen alle Kosten für die Pflege, soweit diese den Gemeinden und nicht der Amtskasse erwuchsen[240]. Zur Erinnerung und Mahnung an dieses Unglück ordneten die Markgrafen im August 1844 an, einen Gedenkstein zu setzen.

Da kein entsprechender Findling aufzutreiben war, blieb die Anweisung zunächst

Abb. 47: Musikerdenkmal zwischen Zwingenberg und Neckargerach.

unerfüllt. Erst im Sommer 1848 wurde von Maurer Franz Karl aus Mülben ein Sandstein aus der Waldgemarkung Zwingenberg zu einem Gedenkstein bearbeitet. Im Dezember setzte er in Anwesenheit des Forstmeisters Wetzel und weiterer Personen an der Unglücksstelle, die am Grenzeck des herrschaftlichen *Oberliesfeldes* an der Straße zwischen Zwingenberg und Neckargerach lag, diesen etwa zwei Meter hohen Gedenkstein (von 7 Fuß Länge und 3 Fuß Sockel und einem Gewicht von 36 Zentner). Der gleichmäßig bearbeitete Sandstein besitzt eine kleine *Verdachung* und eine schwarze Inschrift. Mit Konzerten der Musikkapelle Thanheim wurde noch in den 90er-Jahren des 20. Jahrhunderts an dieses Unglück erinnert[241].

Hinter dem Sportplatz von Neunkirchen, wenige Schritte vom Waldrand bei einer kleinen Rastanlage, steht ein Gedenkstein, der an den Prinzen Ludwig Wilhelm von Baden erinnert, den jüngeren Sohn des Großherzogs Friedrich I. Prinz Wilhelm nahm am 30. November 1886 an dieser Stelle mit seiner Jagdgesellschaft das Frühstück ein. Zur Erinnerung an den knapp zwei Jahre später verstorbenen jungen Prinzen (*12.6.1865–†23.2.1888) ließ der Schwarzacher Oberförster von Schilling im Mai 1888 diesen bearbeiteten Findling aus Buntsandstein setzen[242]. Ein älterer „Prinzenstein" wurde bereits im September 1822 im hinteren Waibelsberg erwähnt, sein Standort ist unbekannt[243]. Bei Oberneudorf, heute ein Stadtteil von Buchen, steht ein weiterer „Prinzenstein", der an eine erfolgreiche Jagd des Prinzen Wilhelm von Baden, des Bruders des Großherzogs Friedrich I. erinnert. Hier erlegte der 1897 verstorbene Prinz Wilhelm Anfang Mai 1895 seinen „letzten Auerhahn".

Abb. 48: Prinzenstein in Neunkirchen.

Abb. 49: Prinzenstein bei Oberneudorf.

## Walderschließung, Straßen- und Wegebau

Wegen der Jagdleidenschaft der Markgrafen begann die markgräfliche Forstverwaltung unter Oberförster Friedrich Wetzel im eigenen Forst „Steinerne Tische" zu errichten. Schon Ende Oktober 1816 wurde von den Markgrafen auf einem neu errichteten steinerner Tisch am Engelssee (Mülbener See [?], beim Katzenbuckel) während einer Jagd zu Mittag gegessen[244]. Weitere dieser „Tische" entstanden in den 20er-Jahren des 19. Jahrhunderts. Ein besonders schönes Exemplar steht im Markgrafenwald. Er wird als „Steinerner Tisch" bezeichnet und lässt sich auf einem Plan vom August 1823 nachweisen, der den Gipfelbereich des Katzenbuckels für den Erwerb durch die Markgrafen abbildet. Dieser Plan wurde vom Lohrbacher Revierförster Ludwig Louis ausgemessen und vom zuständigen Oberförster Klump abgezeichnet[245]. Der heute inzwischen restaurierte Tisch steht an einer Kreuzung von Waldwegen, in der Nähe des sog. Felsenhauses, einer beeindruckenden Felsformation, die als Unterschlupf der Odenwälder Räuber um Hölzerlips interpretiert wird. Den Steinernen Tisch ließen die Markgrafen Wilhelm und Max im Jahr 1824 aufstellen. Weitere Tische wurden auf dem Katzenbuckel und vor Schloss Zwingenberg sowie oberhalb der Wolfsschlucht gesetzt[246].

Abb. 50: Steinerner Tisch bei der Max-Wilhelmshöhe.

Die besondere Sorge der Markgrafen galt der Waldbewirtschaftung, den beabsichtigten Holzhieben und angelegten Forstkulturen. Darüber hielt Wetzel engstes Einvernehmen mit ihnen, besonders mit Markgraf Wilhelm. Für das geschlagene Holz wurden Transportwege geschaffen[247]. Neben den Steinernen Tischen trieb Rentamtmann Friedrich Wetzel die Erschließung der Waldgemarkung Zwingenberg voran. Im Frühjahr 1826 wurde mit dem Ausbau des Wegs durch die Schlosssteige begonnen, der nach Dielbach-Post weiter in den Winterhauch lief. Die umliegenden Gemeinden, darunter die Stadt Eberbach, mussten einen Kostenbeitrag leisten. Die Stadt wehrte sich gegen diese Belastung – allerdings erfolglos. Aus dem Blickwinkel der eigenen Leistungen für das sich bildende Verkehrsnetz sah sie in der ausgebauten Straße für sich selbst keinen unmittelbaren Nutzen, wohl aber *für Ihre Hoheiten, die Herren Markgrafen von Baden, und für die zum Rentamte Zwingenberg zehendpflichtigen Landleute des sogenannten Winterhauchs*[248]. Bei der Forsteinrichtung 1835 plante Wetzel die Anlage eines Richtwegs, der von Mülben durch den Markgrafenwald zum wenig später errichteten Jagdhaus Max-Wilhelmshöhe bei Oberferdinandsdorf führte. Damit war über die Straße von Zwingenberg nach Dielbach-Post und Mülben der Markgrafenwald vom Schloss Zwingenberg gut erreichbar. Die Richtwege verlaufen durch den Markgrafenwald, der bis zur Umorganisation von 1842 zum Forstbezirk

Strümpfelbrunn zählte, in schnurgerader Form. An der Kreuzung des Waldwegs Diebsweg / Max-Wilhelmshöhe befindet sich ein Gedenkstein aus dem Jahr 1835, der an die Leistungen Wetzels erinnert. Auf dem bearbeiteten Findling ist in mühsamer Form die aus Kapitalen bestehende Inschrift zu lesen: IM JAHR 1835 WURDEN DURCH FORSTMEISTER WETZEL DIE RICHTWEGE IM FORSTBEZIRK STRÜMPFELBRUNN PROIECTIRT UND UNTER SEINER LEITUNG DURCH GUIDE CLASSEN WEINDEL ANGELEGT DURCH FOERSTER SCHMITT AUSGEFUEHRT UND PLANIERT UND BEIDE COLEGEN HETTEN DIESE STELLE WEINDELSPFORTE GENANNT[249]. Seitdem wird diese Stelle „Weindelspforte“ genannt.

Abb. 51: Der Wetzelstein bei der sog. Weindelspforte.

Für die Erschließung des standesherrlichen Waldgeländes und des landwirtschaftlich genutzten Grundbesitzes der Zwingenberger Einwohner auf dem südlichen Neckarufer war eine gute Verbindung über den Fluss notwendig. Dazu diente in erster Linie die von der Gemeinde Zwingenberg betriebene Neckarfähre unterhalb des Schlosses. Mit der Fähre konnte der standesherrliche Grundbesitz auf dem linken Neckarufer bequem erreicht werden. Gleichzeitig förderten die Markgrafen den Bau einer sog. „Vicinalstraße“ nach Neunkirchen, die von dort aus den Anschluss an die Poststraße bei Aglasterhausen, dem Haltepunkt, fand. Nach 1810 erhielt der frühere Verbindungsweg von Zwingenberg nach Neunkirchen den Charakter einer Poststraße, die als „Chaussee“ mit Kutschen befahren werden konnte. Noch heute ist die Bezeichnung „Chaussee“ in Neunkirchen gebräuchlich. Die Planungen begannen bereits kurz nach dem Erwerb Zwingenbergs durch die (damaligen) Grafen von Hochberg. Im Mai 1810 reichte der Geometer Georg Adam Keßler einen entsprechenden Vorschlag beim *Großherzoglich Gräflich von Hochbergischem Rent-Amt Zwingenberg* ein, die Streckenführung von Zwingenberg nach Neunkirchen auf einer Teilstrecke zu verbessern. Keßler war Schullehrer, Messner, Gerichtschreiber und Forstrenovator in Schönbrunn und lebte zwischen 1791 und 1821. Der Ausbau des Verbindungswegs wurde 1816 mit Frondiensten der Untertanen begonnen, der Weg selbst war 1818 vollendet. Der Ausbau als Chaussee, die von der *Post*[kutsche] benutzt werden konnte, begann im Spätjahr 1823, sie war aber erst 1838 vollendet. Die Markgrafen beteiligten sich 1823 mit (freiwilligen) Zuschüssen. Der Bau der Straße verhalf den Angehörigen des Hauses Baden, wenn sie auf ihrer damals noch verkehrstechnisch abgelegenen Burg Zwingenberg weilten, zu einer modernen Verbindung, die über Neunkirchen und Aglasterhausen weiter nach Sinsheim lief. Ende August 1824 brauchte Markgraf Wilhelm 7¼ Stunden mit der Post für die Strecke von Karlsruhe nach Zwingenberg.

Diese für damalige Verhältnisse bemerkenswert kurze Reisezeit wurde im „Jagdbuch" besonders vermerkt[250].

Die heutige Straße von Zwingenberg nach Neunkirchen verläuft in langen, ansteigenden Geraden und zwei Serpentinen durch den sog. Zwerrenberg, der von den Markgrafen nach ihrem 1811 verstorbenen Vater, dem Großherzog Karl Friedrich, in „Carl-Friedrichshain" umbenannt wurde. Dieser gehörte ebenfalls zur Waldgemarkung Zwingenberg. An der Kehre der zweiten Serpentine ließen die Markgrafen neben der Straße ein Steinhaus errichten, dessen Zweck nicht ermittelbar ist. Das Steinhaus wurde mit Unterstützung von Prinz Ludwig von Baden im Jahr 1995 wieder hergestellt. Es besitzt einen rechteckigen Grundriss (etwa 6 x 5 m) mit einem kleinen vorgesetzten Windfang. Das Haus ist heimischem, rotem Sandstein entnommen, sein Dach besteht aus Sandsteinplatten. Es hat eine zweischalige Mauer, der Zwischenraum ist aufgefüllt. Das Gebäude muss während des Eisenbahnbaus restauriert worden sein, die Platten auf seinem Dach liegen am First auf zwei Eisenbahnschienen. Das Steinhaus an der Straßenkehre nach Neunkirchen dürfte einem ähnlichen Zweck gedient haben wie die sog. Schlehengrundhütte im Gewann Zitterberg bei Eberbach. Diese ebenfalls aus Sandstein und aus ähnlicher Mauertechnik bestehende Hütte befindet sich im ehemals markgräflichen Walddistrikt „Rotersohl". Sie wurde 1863 auf Anweisung des Markgrafen Max von Baden für Jagden als Unterkunft für die Jäger und zur Aufbewahrung von Geräten errichtet[251].

Abb. 52: Steinernes Haus Richtung Neunkirchen.

## Neckarfähre zu Zwingenberg

Zum Unterhalt der Neckarfähre bei Zwingenberg leisteten die Markgrafen erhebliche Zuwendungen. Die Fähre wurde von der Gemeinde Zwingenberg betrieben und im frühen 19. Jahrhundert von zwei Fährleuten (Stephan Hammer und Sebastian Menges) bedient, die dafür eine Naturalabgabe erhielten. Vermutlich wurde die Fähre wegen der zu Zwingenberg gehörenden Grundstücke auf dem linken Neckarufer eingerichtet. Mit dem Ausbau der sog. „Chaussee" nach Neunkirchen gewann die Fähre an Bedeutung und Wichtigkeit. Seit 1825 war sie gegen ein Bestandsgeld verpachtet. Die Übersetzung erfolgte durch einen Kahn oder durch die Fähre (eine sog. „Nähe" und ein „Nachen"). Schon öfter waren Klagen vorgebracht worden, zudem blieb Post, die vom Schloss versandt werden sollte, liegen. Die Versorgung funktionierte vor allem nachts nicht. Selbst der Zwingenberger Rentamtmann Wetzel musste am 12. Oktober 1826 in der *Nacht zwischen 11 u. 12 Uhr bey der Rückkehr vom linken Neckar-Ufer ins Schloß troz des vielen Rufens und Pfeifens 1/2 Stunde lang jenseits am Ufer* warten, bis er dann von Einwohnern, die ihn gehört hatten, übergesetzt wurde. Die beiden Fährleute ließen sich weder hören noch sehen. Der Anlandeplatz der Fähre auf dem rechten Ufer lag nicht direkt gegenüber, sondern weiter unten neckarabwärts. Erst 1865 wurde dieser verlegt. Der Gemeinde fielen natürlich Reparaturen schwer, sie war auf Beihilfen angewiesen[252]. Die Fähre war 1875 nicht mehr zeitgemäß, zu aufwändig und bereits zu langsam. Seit Frühjahr 1876 betrieb die Gemeinde Zwingenberg eine Kettenfähre (sog. Nähe), wozu sie einen Zuschuss des Markgrafen Maximilian und einen Staatsbeitrag bewilligt bekam. Nach der Eröffnung der Neckartal-Eisenbahn 1879 nahm die Bedeutung der Fähre ab. Sie wurde nun hauptsächlich von den Einwohnern Zwingenbergs und der Standesherrschaft genutzt. Dabei spielten neben der Holzabfuhr besonders die Stein- und Sandfuhren beim Neubau des Verwaltungsgebäudes auf der Burg eine große Rolle. Daher half der Großherzog Friedrich I. 1887, der inzwischen Eigentümer der Burg Zwingenberg geworden war, mit einem Beitrag zur Reparatur der Fähre. Im Jahr 1894 war diese ebenfalls unbrauchbar und die Gemeinde beschloss, wieder eine hölzerne Fähre anzuschaffen. Der Großherzog half wieder beim Erwerb der neuen Fähre mit einem Zuschuss. Weitere Reparaturen erfolgten ebenfalls mit Unterstützung des Großherzogs, 1908 wurde der Anlandeplatz der Fähre auf dem linken Ufer neckarabwärts verlegt. Im Jahr 1913 erwarb die Gemeinde eine eiserne Fähre, eine sog. Gierfähre, die an einem, den Fluss überspannenden Hochseil geführt wurde[253]. Der Großherzog Friedrich II. unterstützte die Anschaffung im Juni 1914, kurz vor dem Beginn des Ersten Weltkriegs, durch eine weitere Zuwendung. Der damalige (Groß-) Kreis Mosbach sah die Fähre als Teil des Kreisweges von Zwingenberg nach Neunkirchen. Selbst nach dem Weltkrieg half der frühere Großherzog Friedrich II. bei der Finanzierung der Reparatur der Fähre[254]. Nach der Kanalisierung des Neckars wurde die Fähre von einem im Fluss verlegten Seil, später von einer Kette, geführt. Wegen des Ausbaus der Bundesstraße im Jahr 1968 musste die Fähre flussaufwärts verlegt werden. Sie wurde 1978 durch ein Hochwasser des Neckars abgetrieben und versank bei Rockenau. In der Schiffswerft Ebert in Neckarsteinach ließ die Gemeinde die Fähre wieder herstellen. Prinz Ludwig von Baden spendete der Gemeinde einen ansehnlichen Zuschuss[255].

Seit Juni 2011 ersetzt eine einspurig befahrbare Neckarbrücke die immer wieder reparaturbedürftige Fähre, deren Betrieb einen Monat zuvor eingestellt worden war. Die bereits im Jahr 1999 vom Zwingenberger Gemeinderat beschlossene Brücke verbindet seitdem beide Neckarufer der Gemarkung Zwingenberg. Erst nach langwierigen und schwierigen Verhandlungen, die von Protesten und Einwänden von Naturschützern begleitet waren, konnte im Juni 2009, zehn Jahre nach dem Beschluss des Gemeinderats, mit dem Bau begonnen werden. Die 215 m lange Schrägseilbrücke besitzt einen Gehweg für Fußgänger und ist gleichzeitig für den Radverkehr gedacht, der das Naturschutzgebiet „Reiherwald" umfahren muss[256]. Mit der Brücke werden zugleich zwei Bundes-, drei Landesradwege und sogar der „Pan-Europa-Radweg" verbunden. Gleichzeitig führen über sie die Gemeindestraße von Zwingenberg nach Neunkirchen und der Weg zu den landwirtschaftlichen Anwesen im Gewann Hoffeld.

# Kapitel 12
# Prinz Max von Baden als Reichskanzler und das Ende des Ersten Weltkrieges

Mit der Geschichte des (neueren) Deutschen Reiches ist das Haus Baden nicht nur durch dynastische Bezüge verbunden. Großherzog Friedrich I. (1826–1907) hatte 1871 bei der Proklamation zur Reichsgründung das „Hoch" auf Kaiser Wilhelm I. ausgebracht, um die strittige Titelfrage „Kaiser von Deutschland" (wie von Wilhelm aus dynastischen Gründen gewünscht) oder „Deutscher Kaiser" (Vorschlag Bismarcks, der empfahl, auf die Gefühle der anderen deutschen Fürsten Rücksicht zu nehmen) zu umgehen[257]. Sein Nachkomme, Prinz Max von Baden (*10.7.1867–†6.11.1929), war der letzte Reichskanzler, den der Enkel Wilhelms I., Kaiser Wilhelm II., noch ernannt hatte. Prinz Max wäre nach dem badischen Hausgesetz von 1817 der Nachfolger des kinderlosen Großherzogs Friedrich II. geworden, wenn die Monarchien in Deutschland 1918 erhalten geblieben wären[258].

Ob sich Prinz Max von Baden in den ereignisreichen Monaten des Spätjahres 1918 auf Schloss Zwingenberg aufgehalten hat, ist fast auszuschließen. Seine Reisewege führten ihn zwar stets von Berlin in das Großherzogtum. Er wechselte seine Aufenthaltsorte zwischen Salem, Karlsruhe und Baden-Baden. Dazu dürfte ihm seine Tätigkeit als Reichskanzler, der in Berlin keine Wohnung hatte, sondern im Hotel logierte, keinen zeitlichen Spielraum gelassen haben.

Unter Prinz Max von Baden vollzog sich der fast reibungslose Übergang Deutschlands von der konstitutionellen Verfassung des Kaiserreichs zur demokratisch verfassten Regierungsform. Der Prinz hat die wenigen Wochen seiner Tätigkeit als Reichskanzler im Herbst 1918 sehr detailliert beschrieben. Ursprünglich waren seine „Erinnerungen" als Rechtfertigungsschrift für die gegen ihn erhobenen politischen Vorwürfe gedacht, aber dann von ihm mit amtlichen Dokumenten (wie etwa Protokollen der Regierung) zur Darstellung der Abläufe erweitert worden. Ihr Quellenwert ist als sehr hoch einzuschätzen[259]. Der Historiker Golo Mann, ein Sohn von Thomas Mann und selbst ein Zögling des von Max von Baden mitbegründeten Internats Salem, hat im Jahr 1968 die „Erinnerungen" des Prinzen Max neu herausgegeben und dessen geschichtliche Rolle in einem fast literarisch-philosophisch anmutenden Essay neu beschrieben, wobei er besonders die liberale Einstellung des Prinzen hervorhob. Für sein Werk durfte Golo Mann Dokumente aus *den reichen Beständen des Salemer Archivs* einsehen und verwerten[260]. Obwohl die Rolle des Prinzen Max von Baden in der wissenschaftlichen Literatur unspektakulär interpretiert wurde, war sie doch bisher unbestritten von objektiven Kriterien gekennzeichnet. Mit der erst jüngst erschienenen Biographie, die von dem Bremer Historiker Lothar Machtan vorgelegt wurde, ist eine gewisse Schärfe in der Betrachtung mancher Teilaspekte des Lebens des Prinzen Max entstanden, die eher das Interesse von Journalisten finden dürften[261].

Um die Vorgehensweise des Prinzen zu verstehen, ist daher ein Blick auf die militärische Situation des Herbstes 1918 notwendig. Eine Gesamtdarstellung der Rolle des Prinzen Max von Baden zum Ende des Ersten Weltkriegs kann an dieser Stelle zwar nicht erfolgen, doch sollen die Maximen und die Vorgehensweise der Politiker und Militärs durch ein Vergleich unmittelbar entstandener zeitgenössischer Quellen amtlicher Art und aus „privater" Sichtweise, wie sie in den zeitnah zu den Ereignissen publizierten Erinnerungen und Memoiren vorherrscht, skizziert und bewertet werden.

Abb. 53: Feldmarschall Paul von Hindenburg und der Erste Generalquartiermeister Erich Ludendorff.

## Militärische Option

Die beiden führenden Militärs der Obersten Heeresleitung (OHL) im Jahr 1918 waren der Feldmarschall Paul von Hindenburg, den man wegen seines Siegs über die in Ostpreußen, dem östlichsten Teil Deutschlands, eingefallenen russischen Truppen den „Sieger von Tannenberg" nannte und der eine ungeheuere, auch publizistisch erzeugte Popularität genoss, sowie Erich Ludendorff. In der Weimarer Republik wurde Hindenburg als Nachfolger Friedrich Eberts im April 1925 zum Reichspräsidenten gewählt. Strategischer Kopf der OHL war jedoch der Erste Generalquartiermeister Erich Ludendorff. Beide Militärs hatten ihre Stellung seit 1916, nach dem Rücktritt des Generals Erich von Falkenhayn, des bisherigen Chefs des „Großen Generalstabs", inne[262]. Ganz allgemein wird daher bei Hindenburg und Ludendorff von der 3. OHL gesprochen.

In den letzten Kriegsjahren stand das deutsche Kaiserreich vor einem innenpolitischen Reformstau, mit verursacht durch die nicht mehr zeitgemäße konstitutionelle Verfassung von 1871. Die Parlamentarisierung der kaiserlichen Regierung war noch nicht erreicht. Daher wird für die politische Führung der schon damals übliche Begriff der „Reichsleitung" verwendet. Die bewaffnete Macht (Armee und Marine) unterlag ebenso wenig der Kontrolle des Reichstags oder der Reichsleitung, sondern war als „Militär-" bzw. „Marinekabinett" direkt dem Kaiser untergeben. Zudem stand das ungerechte (Drei-Klassen-) Wahlrecht in einigen Bundesstaaten – besonders in Preußen – in der Kritik der öffentlichen Meinung bzw. der Parteien, wie etwa der Sozialdemokratischen Partei Deutschlands (SPD) oder der linksliberalen Parteien.

Dazu war die staatsrechtliche Stellung des „Reichslandes" Elsass-Lothringen, das 1871 nach dem Deutsch-Französischen Krieg an das Deutsche Reich gefallen war, als gleichberechtigter deutscher Gliedstaat (wegen der Frage der Stimmenbewertung im Bundesrat) noch nicht abschließend geklärt[263].

Am 21. März 1918 begann die erste von drei deutschen Großoffensiven im Westen, um den (Ersten) Weltkrieg vor dem nennenswerten Kräfteeinsatz der im April 1917 in den Krieg eingetretenen USA mit einem militärischen Sieg über die „Entente"-Mächte zu beenden. Dagegen blieben die Alliierten in Erwartung des deutschen Angriffs und der ihnen zufließenden amerikanischen Unterstützung seit Dezember 1917 in der „Strategie der Defensive"[264]. Mit der Offensive strebte Marschall Hindenburg in Nordfrankreich einen *Durchbruch* an, *der uns das Tor zu freien Operationen öffnen würde. Dieses Tor sollte in der Linie Arras-Cambrai-St. Quentin-La Fère aufgeschlagen werden.*

Abb. 54: Feldmarschall Paul von Hindenburg.

Zwar gelang es den deutschen Divisionen, die Nahtstelle zwischen französischen und englischen Truppen im belgisch-französischen Grenzgebiet zu trennen, – Marschall Ferdinand Foch, der alliierte Oberbefehlshaber, sprach sogar von einer *breiten Bresche*, die zwischen den englischen und französischen Divisionen entstanden war – aber wegen des Fehlens operativ einsetzbarer Reserven auf deutscher Seite schlug der angestrebte strategische Durchbruch fehl[265]. Obwohl ein Teil der im Osten frei gewordenen Verbände für den Angriff im Westen eingesetzt worden war, ließ die zunehmende feindliche Überlegenheit diesen letzten deutschen Versuch scheitern, den Krieg für sich zu entscheiden. Hatte die OHL alles auf „eine Karte" gesetzt, nicht nur oder auch wegen der negativen Auswirkungen, die bei einer Annahme der 14 Punkte zu befürchten waren, die der amerikanische Präsident Woodrow Wilson im Januar 1918 als Kriegsziele verkündet hatte? In der wissenschaftlichen Literatur wird Ludendorffs Angriff mehrheitlich als gewagt bewertet. Allerdings kann man die Frage auch anders formulieren: Hatte Ludendorff nicht die Pflicht, dem eigenen Land den Sieg zu sichern, schon angesichts der strategischen Einschnürung, die seit der 1914 verhängten englischen Seeblockade bestand? Immerhin waren dadurch sowohl das deutsche Auslandsgeschwader wie (fast) alle deutschen Kolonien und Stützpunkte inzwischen verlorengegangen und das Reich war von der übrigen Welt isoliert. Daher stellt sich die Frage aus deutscher Sicht erstmals anders: War Ludendorffs Handeln angemessen, und welchen Bewertungsgrundlagen unterlagen seine Entscheidungen? Ludendorff setzte auf Angriff, den er als aussichtsreich interpretierte: *Die Kriegslage zu Lande war um die Jahreswende 1917/18 durch den Ausfall Rußlands* [Waffenstillstand 1918] *für uns eine günstigere geworden, als je anzunehmen war. Wir konnten wie 1914 und 1915 daran denken, durch Angriff zu Lande den Krieg zur Entscheidung zu bringen.* Allerdings kannte

Abb. 55: Generalquartiermeister Wilhelm Groener mit seiner Gattin.

Ludendorff die deutsche Kampfkraft ganz genau: *Die Ersatzschwierigkeiten waren im März 1918 nicht behoben, obwohl einige 100.000 Mann zur Verfügung standen. Sie blieben ein unsicherer Faktor mehr bei dem gewaltigen Abringen der Kräfte. Auch England und Frankreich hatten mit solchen Schwierigkeiten zu kämpfen...Die amerikanischen Neuformationen, die nur einen geringen Kampfwert haben konnten, waren noch nicht da.* Trotz dieser Probleme blieb Ludendorff bei seinem Angriffsplan: *Die Krone des Erfolgs war die Operation, in der wir unsere ganze Überlegenheit zur Entfaltung bringen konnten... Wenn es nicht beim ersten Angriff gelang, so mußte es bei späteren gelingen...Alles war darauf angelegt, daß wir hierbei günstig abschnitten, auch wenn ich naturgemäß mit einer Schwächung des eigenen Heeres rechnete. Sie musste nur geringer sein, als die des Feindes. Wir sicherten uns durch weiteren Angriff zugleich die Vorhand. Mehr konnte ich nicht erstreben*[266]. War dieser Ansatz nicht ideen- und konzeptionslos, eher taktisch als strategisch gedacht? Konnte diese kleinliche Strategie, wie ein Rammbock zuerst an der einen Stelle den feindlichen Ring zu durchstoßen, von Erfolg sein, dann – falls der Versuch scheiterte – die Angriffe zu wiederholen, gleichzeitig aber – wegen der fehlenden Kräfte – dem Gegner bis zum Umgruppieren der eigenen Verbände Zeit zum Schließen der Lücken zu lassen? Der französische Marschall Foch sah mit Sorge (und vermutlich stiller Bewunderung!), *daß die verbündeten Armeen* Frankreichs und Englands *seit dem 21. März* [1918] *deutschen Gewaltstößen von geradezu furchtbarer Heftigkeit und Wucht preisgegeben waren.* Lief Ludendorffs Ansatz nicht auf eine Strategie der Ermattung hinaus, an der schon Erich von Falkenhayn 1916 vor

Verdun gescheitert war und die angesichts des Kräftezuwachses der Alliierten durch die Amerikaner zum Scheitern verurteilt war? Kopierte Ludendorff damit nicht die letztlich erfolglose Strategie Falkenhayns, der die Franzosen zum „Ausbluten" ihrer Kräfte zwingen wollte – aber im Grunde genommen den kräftezehrenden mörderischen Stellungskrieg wieder in einen operativen Bewegungskrieg verwandeln sollte[267]? Das Kalkül Ludendorffs wurde von seinem Nachfolger als Generalquartiermeister Wilhelm Groener in der Sitzung des Kabinetts am 5. November 1918 nüchtern analysiert – übrigens ein typischer Beleg der politisch-militärischen Denkweise der Zeit. Groener beurteilte die Lage dahingehend, dass, nachdem der Einkreisungsring der Feindmächte zwischen 1915 und 1917 nach Osten (Russland) und Südosten (Rumänien) aufgebrochen worden sei, im Frühjahr 1918 durch die Offensive *ein erneuter Versuch gemacht wurde, am stärksten Teil des Rings, im Westen, die Entscheidung herbeizuführen.* Als Ergebnis hielt Groener lapidar fest: *Der Versuch ist mißlungen*[268].

## Die Suche nach dem Ausweg

Seit Juli 1918 waren der OHL und dem Generalstab unter Hindenburg und Ludendorff jedoch klar, *daß wir den Kriegswillen unserer Feinde durch kriegerische Handlungen nicht mehr zu brechen hoffen dürfen, und daß unsere Kriegführung sich als Ziel setzen muß, durch eine strategische Defensive den Kriegswillen des Feindes allmählich zu lähmen.* Ludendorff selbst war zu diesem Zeitpunkt wie paralysiert, wirkte entschlusslos und hatte keine durchschlagenden Ideen, um aus der *verfahrenen strategischen Lage* herauszufinden[269]. Hindenburg äußerte sogar im November 1931 als Reichspräsident gegenüber dem *zutiefst erschütterten* Reichskanzler Heinrich Brüning, er habe schon im Februar 1918 den Krieg als verloren angesehen, aber *Ludendorff noch einmal gewähren lassen* wollen. Nimmt man das hohe Alter des Reichspräsidenten und den inzwischen eingetretenen zeitlichen Abstand zu den Geschehnissen von 1918 nicht als Entschuldigungsgrund an, so spräche aus diesen Worten eine ungeheuere Verantwortungslosigkeit[270].

Durch einen alliierten Angriff auf den hinter der Front gelegenen wichtigen deutschen Eisenbahnknotenpunkt Soissons, der hinter der größten deutschen Ausbuchtung lag, wurde der Operationsplan endgültig zum Scheitern gebracht. Marschall Foch interpretierte die Lage im Juli 1918 nach dem Fehlschlag der [von ihm so genannten] *fünften deutschen Offensive* als *Niederlage des Feindes,* setzte aber zur Erringung des Sieges gleichzeitig auf die Wirkung der *materiellen Überlegenheit* dank der *ungeheueren Kraftreserve Amerikas*[271]. Noch vor der sich dramatisch zuspitzenden militärischen Gesamtlage, darunter der Auflösung der Front des verbündeten Bulgarien in Mazedonien Ende September, dem bevorstehenden Zusammenbruch der Verbündeten (österreichisches Waffenstillstandsangebot vom 14. September)[272], forderte die OHL – nach tagelangem Zögern Ludendorffs, das mit seiner (angeblich) nervlichen Anspannung erklärt wird, aber eher in dem Fehlschlag seines anvisierten „Meisterstücks", der operativ gesuchten Entscheidung im Westen zu suchen ist – am 8. September 1918 die kaiserliche Regierung unter Georg Friedrich Karl Graf von Hertling auf, die Alliierten um einen Waffenstillstand zu ersuchen. Graf Hertling, ein Parlamentarier, war bis 1912 Vorsitzender der Zentrumsfraktion des Reichstags gewesen. Um sich einen Überblick über die militärische Lage zu verschaffen, hatte Graf Hertling eine Reihe von Fragen durch die OHL beantworten lassen – so wie ein Monat später sein Nachfolger Prinz Max von Baden. Erst mit dem erzwungenen Rücktritt Hertlings erreichte die OHL ihre quasi-diktatorische Stellung, diese Ansätze waren seit dem im Juli 1917 erzwungenen Rücktritt des früheren Reichskanzlers Theobald von Bethmann-Hollweg erkennbar. Jetzt fiel die politische Leitung als Gegengewicht zu den Militärs endgültig aus. Der französische Marschall Foch sprach zwar vom erkennbaren guten Verlauf der eigenen Angriffe, darunter dem Mitte September erfolgten amerikanischen Angriff und Einbruch an der Maas, sah aber, dass am 27. und 28. September *der Widerstand des Feindes auf einmal fester und tatkräftiger* wurde. Feldmarschall von Hindenburg äußerte sich noch am 29. September gegenüber dem (scheidenden) Reichskanzler Graf von Hertling viel optimistischer: *Wir können die Entente noch den ganzen Winter beschäftigen*[273]. Ludendorffs Sorgen dürften eher dahin gegangen sein, eine militärische Katastrophe an der Westfront zu vermeiden und aus der seit August laufenden Großoffensive der Alliierten durch einen Waffenstillstand, worunter er allerdings keine „Kapitulation", sondern gleichberechtigte Verhandlungen verstand, herauszukommen. Besonders niederdrückend hatte der feindliche Einbruch in die deutsche Frontlinie bei Amiens am 8. August gewirkt, der allerdings nach wenigen Kilometern bereits wieder aufgefangen worden war[274]. Seine Sicht hat Ludendorff in den „Urkunden der Obersten Heeresleitung", die er bereits im Jahr 1920 veröffentlichte, versucht zu dokumentieren. Seine „Urkunden", die hinsichtlich seiner eigenen Stellungnahmen widersprüchlich erscheinen, sind nicht ausschließlich amtliche Dokumente im strengen oder juristischen Sinn, sondern beinhalten daneben subjektiv gefärbte Beobachtungen oder Wertungen. Bei den Erinnerungen Hindenburgs ist ebenfalls die Konzeptionslosigkeit der OHL nach dem Scheitern der Angriffe seit Sommer 1918 spürbar[275].

Das deutsche Angebot sollte nach der erwünschten Demission Graf Hertlings von einer *neu gebildeten Regierung auf breiter nationaler Basis* an den amerikanischen Präsidenten Woodrow W. Wilson gerichtet werden, der in einer Rede im Januar 1918 in Form von 14 Punkten Bedingungen für einen Friedensschluss genannt hatte. Vor deren für Deutschland negativen Teile hatte der Reichskanzler Graf Hertling bereits am 24. Januar 1918 in seiner Rede vor dem Hauptausschuss des Reichstags – also noch vor dem Beginn der deutschen Offensive vom März 1918 – gewarnt. Aber sowohl Ludendorff wie Hindenburg drängten seit 1. Oktober 1918 das Auswärtige Amt, das deutsche Angebot abgehen zu lassen. Beide begründeten die Eile mit der Lage an der Front: *Heute hielte die Truppe noch und wir seien noch in einer würdigen Lage, es könne aber jeden Augenblick ein Durchbruch erfolgen.* Offenbar hatte man im Hauptquartier *völlig die Nerven verloren.* Selbst die von dem Staatssekretär des Auswärtigen Amtes, Paul von Hintze, vermutlich auch wegen der befürchteten Revolutionsgefahr vorgeschlagene und von der OHL seit 28. September gewünschte Bildung der neuen Regierung auf breiter parlamentarischer Basis trat dabei in den Hintergrund[276]. Die Parteiführer des Reichstags wurden am 2. Oktober 1918 von der OHL über die militärische Lage und über die vorzunehmenden Schritte informiert. Als Gründe bezeichnete die OHL den Panzereinsatz der Alliierten und die nicht mehr vorhandenen Reserven auf deutscher Seite. Gleichwohl glaubte sie, *den Gegner noch monatelang aufzuhalten* und *örtliche Erfolge zu erringen*, wollte aber dem Gegner keine *Gelegenheit geben, unsere augenblickliche Schwäche klar zu erkennen* – mit dem Friedensangebot wurde aber genau dieser Eindruck hervorgerufen[277].

Vergleicht man die publizierten Dokumente und ausgewerteten Lebenserinnerungen, so bleibt die Erkenntnis, dass Ludendorff mit der Offensive im Westen die militärische Kraft Deutschlands verbraucht hatte und dann wegen des Misserfolgs konzeptionslos war. Als Stratege versagte er völlig, da er die durch die Offensive im Westen eroberten Frontausbuchtungen, die dem Gegner die Chance boten, die dort stehenden deutschen Truppen von drei Seiten her anzugreifen und abzuschnüren, nicht rechtzeitig räumen ließ – ein Verhalten, das Adolf Hitler im Zweiten Weltkrieg seit 1943 in verhängnisvoller Weise „nachahmte". Überhaupt spielte der Faktor „Mensch" oder „Rechte des Individuums" in den militärischen Prinzipien, von operativen oder von taktischen Gedanken geleiteten Überlegungen der Militärs weder auf deutscher noch auf alliierter Seite eine wesentliche Rolle. Nach der feindlichen Gegenreaktion im Sommer 1918 und der zunehmenden materiellen Überlegenheit, auch hinsichtlich des Einsatzes von Panzern (damals „Tanks" genannt) waren die beiden führenden Militärs Hindenburg und Ludendorff ganz offenbar orientierungslos und ohne Konzept, oder anders ausgedrückt: Mit dem überstürzten Waffenstillstandsangebot und dem damit verbundenen Regierungs- und Regimewechsel verhielt sich die militärische Führung gegenüber den Alliierten sehr unprofessionell und mehr als ungeschickt. Gleichzeitig schob der Feldmarschall von Hindenburg die Verantwortung für das Desaster auf die Politiker.

## Prinz Max von Baden

Schon am 30. September 1918 war durch einen Erlass Kaiser Wilhelms II. die anstehende Parlamentarisierung Deutschlands eingeleitet worden[278]. Die Regierungsformen und Verfahrensregeln des Kaiserreichs sind ohne Kenntnis seiner Gründungsvoraussetzungen nicht verstehbar. Das im Jahr 1871 (neu-) begründete Deutsche Reich war eigentlich ein „ewiger" Bund deutscher Fürsten und „Freier Städte", die mit dem Bundesrat das Hauptorgan kontrollierten. In ihm hatte der König von Preußen den ständigen Vorsitz. Das Großherzogtum Baden hatte nach der Reichsverfassung drei Stimmen im Bundesrat, Preußen dagegen 17. Die preußische Sperrminorität wurde mit den hinzu addierten Stimmen der 1866 annektierten Gebiete von Hannover, Kurhessen, Holstein, Nassau und Frankfurt erreicht[279]. Die Reichseinigung „von oben" war durch die preußische Großmachtpolitik unter Otto von Bismarck vorangetrieben und im Bündnis mit den Nationalliberalen, die 1848/49 mit ihrem Versuch, den deutschen Nationalstaat „von unten" zu begründen, gescheitert waren, vollendet worden. Der Reichskanzler war nach Art. 15 der Verfassung vom 16. April 1871 nur dem Kaiser, nicht aber (wie in demokratisch verfassten Staaten) dem Parlament, dem Reichstag, verantwortlich, der wiederum nach Art. 20 nach allgemeinen, direkten und geheimen Wahlen, nach dem Mehrheitsprinzip, vom

Abb. 56: Kaiser Wilhelm II.

Volk bestimmt wurde. Das Wahlrecht hatten ausschließlich Männer! Jeder kaiserliche Reichskanzler konnte zwar theoretisch gegen den Willen des nach demokratischen Regeln gewählten Reichstags regieren, war aber hinsichtlich des „Budgets", d. h. des Haushalts, von der Mehrheitsstimmung des Parlaments abhängig. Außer dem Reichskanzler gab es keine Minister. Alle Reichsämter wurden von Fachleuten im Range von Staatssekretären geführt[280]. Diese nicht mehr zeitgemäße Verfassungslage stellte gleichzeitig die demokratischen Kräfte im Reichstag vor ungeheuere Probleme, saßen doch die Parlamentarier wie in einem Glashaus, ohne die Möglichkeit, in die Regierungspolitik und damit in das aktuelle Geschehen einzugreifen. Die vom Parlament unabhängige Stellung des kaiserlichen Reichskanzlers war schon von jeher auf die Kritik der demokratischen Kräfte in Deutschland, darunter der SPD als stärkster Partei im Parlament, gestoßen, denn durch diesen verfassungsrechtlichen Vorbehalt konnte der Mehrheitswille des Deutschen Volkes nicht zur Geltung gebracht werden.

Am 3. Oktober 1918 wurde Prinz Max von Baden, der Vetter des Großherzogs Friedrichs II. von Baden, von Wilhelm II. nach einigem Zögern zum **letzten kaiserlichen Reichskanzler** ernannt. Sein Name als möglicher Kandidat für dieses Amt war – wie auch der des linksliberal eingestellten Vizekanzlers Friedrich von Payer – schon bei den Parlamentariern gefallen, die sich in dem im Juli 1917 von den Mehrheitsparteien des Reichstags begründeten „Interfraktionellen Ausschusses" unter dem Vorsitz Payers zusammengefunden hatten[281]. Der im Juli 1867 geborene Prinz Max von Baden, ein schlanker, hochgewachsener Mann, war mit Marie Luise, Prinzessin von Großbritannien verheiratet, schien also beste Verbindungen zu den Feindstaaten zu gewährleisten. Prinz Max war seit 1907 Präsident der ersten Kammer des badischen Landtags, worin er (nach der badischen Verfassung) einen erblichen Sitz hatte. Nach Kriegsbeginn 1914 war er kurz bei den badischen Truppenverbänden aktiv, sonst widmete er sich der Kriegsgefangenenfürsorge. Er galt den konservativen Zeitgenossen als „liberal", war unbelastet und schien deshalb der „ideale" Kandidat zu sein. Es bleibt der oft formulierte Vorwurf, ob Prinz Max als

Angehöriger des Hochadels, als Vertreter eines feudalen, vordemokratischen Systems, für die Alliierten der richtige Mann war, den man kaum für einen Waffenstillstand „ernst" nahm. Doch stellte sich diese Frage für die konservativ-feudalen Eliten nicht, und aus dem Reichstag kam zu wenig „Druck". Zumindest hatte der Prinz in der humanitären Frage der Gefangenenfürsorge diplomatische Erfahrungen gesammelt. Seine Erziehung und Stellung ermöglichten eine liberale, menschlichen Prinzipien zugewandte Handlungsweise.

Auf Wunsch der OHL sollte die neue Regierung – natürlich wegen der militärischen Lage – auf eine breite parlamentarische Mehrheit gestellt werden. Der Gedanke und die Vorgehensweise waren nicht neu. Schon die Regierung des Grafen Hertling war mit Willen und Unterstützung der Mehrheitsfraktionen des Reichstags, der SPD, des Zentrums, der Fortschrittlichen Volkspartei und der Nationalliberalen, zustande gekommen, wenn auch der Reichskanzler nach der Verfassung weiterhin vom Kaiser eingesetzt wurde. Allerdings war jetzt die Zustimmung der OHL eine Voraussetzung für die Bildung einer neuen Regierung. Die Beeinflussung oder besser gesagt die Steuerung der Regierungsbildung durch die OHL lässt erahnen, welche diktatorische Stellung diese faktisch zu diesem Zeitpunkt ausübte[282]. Mit dem anstehenden Paradigmenwechsel auf eine breite demokratische Basis sollte der befürchtete Revolutionsdruck „von unten" der ausgehungerten Menschenmassen „kanalisiert" werden[283], wobei natürlich die schon seit Langem bekannten Äußerungen führender Sozialdemokraten, die, wie August Bebel, die *Beseitigung der heutigen bürgerlichen Gesellschaft* und die *Gründung der sozialistischen Gesellschaft und der sozialistischen Produktionsordnung*

Abb. 57: Prinz Max von Baden in seinen „Lebenserinnerungen".

postulierten, solche Ängste in konservativen Kreisen befeuerten. Wer aber wollte den Sozialdemokraten diese formulierte Zielsetzung angesichts der Verfolgungen und der Unterdrückung durch das Sozialistengesetz von 1878 verdenken, das erst im September 1890 aufgehoben worden war[284].

Prinz Max von Baden hatte sein Amt nur wenige Wochen, vom 3. Oktober bis zum 9. November 1918, inne. Ausgerechnet ein Angehöriger des Hochadels löste den bestehenden Reformstau auf und begleitete und vollzog die parlamentarische Demokratisierung Deutschlands, die übrigens schon während des Weltkriegs „in der Luft lag", aber wegen der verfassungsrechtlichen Struktur des Reiches nicht angegangen wurde[285]. Die Ernennung des Prinzen Max stieß im Haus Baden keineswegs auf eine positive Resonanz, musste doch der Großherzog dieser Amtsübernahme seines Nachfolgers zustimmen. Prinz Max von Baden hatte sich *sorgenvolle Worte* des

Abb. 58 und 59: Prinz Max von Baden, links vom Prinzen Vizekanzler Friedrich von Payer.

Großherzogs anzuhören: *Der Großherzog haßte den Gedanken, daß ein badischer Prinz mit der Liquidierung des verlorenen Krieges beauftragt würde. Er warnte vor den bösen Folgen für mich und unser Haus* – eine nicht unberechtigte Sorge[286].

Prinz Max von Baden hatte in seine Regierung gewählte Abgeordnete verschiedener Fraktionen aufgenommen, diese damit wie gewünscht auf eine breite parlamentarische Mehrheit gestellt – unter Ausschluss der Nationalliberalen, die bei den Feindstaaten zu sehr mit dem „alten Regime" in Verbindung gebracht wurden. Zuvor hatten die Parlamentarier des „Interfraktionellen Ausschusses" des Reichstags die Postenverteilung besprochen und entschieden[287]. Jetzt traten erstmals die Sozialdemokraten in die Regierung mit ein. Die Meinungen der Zeitgenossen über den Prinzen Max, den Nachfolger

Hertlings, sind geteilt und in sich widersprüchlich. Die SPD-Abgeordneten Gustav Bauer und Philipp Scheidemann, auf den übrigens Prinz Max den *beste[n] Eindruck* machte[288], wurden wie Matthias Erzberger (Zentrum) zu „Staatssekretären ohne Portefeuille" ernannt – damit sie ihre Stellung als Abgeordnete nicht aufgeben mussten[289]. Prinz Max empfand diese Situation später als Fehler, fühlten sich doch die ernannten Staatssekretäre aus den Reihen der Abgeordneten nicht als Teil der Regierung, sondern eher als Vertreter ihrer Parteien[290]. Philipp Scheidemann weigerte sich später als Ministerpräsident, den Versailler Vertrag, den er mit deutlichen Worten als *das infamste Machwerk* nannte, zu unterschreiben. Seine 1928 erschienenen Memoiren zeichnen hingegen kein positives Bild des Prinzen Max und seiner Politik. In ihnen wird der Prinz eher als „inkompetent" beschrieben, Scheidemann nannte Max von Baden – wohl etwas abwertend verstanden – den *prinzlichen Kanzler*. Der frühere Reichskanzler Bernhard Fürst von Bülow, der 1909 vom Kaiser entlassen worden war, äußerte sich in negativer Weise über seine Amtsnachfolger, sowohl über den Grafen Hertling wie über den Prinzen Max von Baden, den er als „Dilettanten" diffamierte[291].

Ganz anders sah man die Wahl des Prinzen Max von Baden zum Reichskanzler aus der Sicht der Parlamentarier: Der seit November 1917 mit Willen der Mehrheitsfraktionen des Reichstags amtierende Vizekanzler Payer, der kein eigenes Ressort hatte, glaubte, dass die Kandidatur des Prinzen Max von Baden im *In- und Auslande bessere Aufnahme finden werde als irgendeine andere* – eine angesichts der Kriegslage bemerkenswert „abgeschottete" Denkweise[292]. Aus heutiger Sicht hätte ein demokratisch gewählter Kanzler mit einer breiten Parlamentsmehrheit im feindlichen Ausland ein stärkeres Gewicht besessen. Wilhelm Groener, der Nachfolger Ludendorffs und wie Friedrich von Payer ein Württemberger Landsmann, hatte den Prinzen Max kurz vor Weihnachten 1917 kennengelernt und ihn *als klugen, weltoffenen Mann mit klarem Blick für unsere Lage* bzw. *als außerordentlich angenehm im Umgang und menschlich liebenswürdig* beschrieben[293].

## Das Waffenstillstandsersuchen

Der neue Reichskanzler Prinz Max von Baden hatte noch Mitte Februar 1918 die von Ludendorff wenig später eingeleitete militärische Offensive für problematisch gehalten und statt dessen einen, von einer politischen Initiative begleiteten Verständigungsfrieden befürwortet: *Denn wenn mein Versuch scheitert, so können wir die ganze Kraft der Armee einsetzen, wenn aber die jetzt geplante Offensive das Ziel nicht erreicht, so können wir nicht noch einmal mit gleicher Wucht schlagen*[294]. Die durch die Überführung der Ostdivisionen erhöhte Kampfkraft für die militärische Option im Westen wollte der Prinz erst nach einem Scheitern einer politischen Lösung ansetzen, so wie auch Ludendorffs Nachfolger als Erster Generalquartiermeister, Wilhelm Groener, für die Westfront eine *strategische Defensive* befürwortet hatte[295]. Vermutlich hätte diese Strategie – besonders unter Ausnutzung der besetzten Gebiete Nordfrankreichs und Belgiens als Glacis – ausgereicht, den Kriegswillen der Entente-Staaten zumindest zu zermürben, da diese selbst abgekämpft waren und nur durch die ankommenden amerikanischen Truppen neuen Mut schöpften.

Bevor er mit einem Friedensangebot an die Öffentlichkeit treten konnte, bat Prinz Max noch am 3. Oktober 1918 die OHL um genauere Informationen, ob diese *einen militärischen Zusammenbruch erwarte* und ob daher *sofort eine Aktion mit dem Ziel Waffenstillstand und Friede eingeleitet werden* müsse. Die Reaktion der OHL war eindeutig: Hindenburg bestand in seiner Antwort auf der *sofortigen Herausgabe des Friedensangebots an unsere Feinde*[296]. Der Vizekanzler Payer bewertete *das Waffenstillstandsverlangen der Obersten Heeresleitung als eine Ueberraschung entsetzlichster Art…* und *militärische Bankerotterklärung.* Den Druck der hohen Militärs Hindenburg und Ludendorff auf den Prinzen, ein überstürztes Waffenstillstandsangebot einzuleiten, wurde sowohl von Erzberger wie von Groener registriert. Erzberger sah im Verhalten des Prinzen ein politisches Konzept: *Prinz Max von Baden wehrte sich auf das heftigste gegen die sofortige Vornahme des Friedensschrittes; er wollte erst die neue Regierung bilden, die große politische Reform der Verfassungsänderung im Innern vollziehen und dann erst die Friedensaktion vornehmen; er wies auch die Oberste Heeresleitung darauf hin, daß* [mit Annahme der 14 Punkte Wilsons] *mit dem Verlust der deutschen Kolonien, Elsaß-Lothringens und der östlichen Provinzen des Reichs sicher zu rechnen sei, wenn* ***jetzt*** *die Friedensaktion eingeleitet würde*[297]. Allerdings hatte der Druck der OHL und Ludendorffs auf die Regierung des Prinzen Max bereits Misstrauen gesät, so dass man bei den Beratungen des Kabinetts am 6. Oktober 1918 beschloss, andere führende Militärs um ihre Einschätzung der Lage zu bitten. Prinz Max wollte die *Lage an*

Abb. 60: Feldmarschall Paul von Hindenburg, Kaiser Wilhelm II. und Erster Generalquartiermeister Erich Ludendorff.

*der Front* kennen, *und zwar durch gewiegte* [sic!] *Offiziere*. Ähnlich argumentierte Vizekanzler von Payer[298]. Die strategische Gesamtlage vom 29. September war neben dem Rückschlag an der Westfront, wo die sog. Siegfried-Stellung (auch: Hindenburg-Linie) eingedrückt worden war, vom Zusammenbruch der mazedonischen Front des verbündeten Bulgarien geprägt und hatte vermutlich bei Hindenburg und Ludendorff das Gefühl des Zweifrontenkriegs wieder belebt, den der 1914 gescheiterte Schlieffenplan hätte vermeiden sollen und der 1918 (zunächst) gebannt schien. In den ersten Oktobertagen 1918 durchbrach dann die alliierte Offensive die befestigten deutschen Verteidigungsstellungen („Brunhilde"- und „Siegfried"-Stellung) im Westen. Ludendorff bewertete den englischen Einbruch bei St. Quentin am 8. Oktober zwar als *ernst*, aber die *Pläne der Entente* als *nicht gelungen*[299]. In seinen Memoiren geht Ludendorff auf das erzwungene Waffenstillstandsangebot kaum ein. Er lehnte noch am 9. Oktober die Gewährung von Sicherheiten an die Alliierten entschieden ab, etwa die Übergabe deutscher Festungen an der Westgrenze (wie Metz in Lothringen, das zu diesem Zeitpunkt zu Deutschland gehörte – zu diesem Zeitpunkt wäre Lord Douglas Haig, der britische Oberbefehlshaber, mit der Abgabe von Straßburg und Metz zufrieden gewesen). Andererseits beharrte Ludendorff wegen fehlender Reserven und des feindlichen Drucks an der Front auf einem Waffenstillstand. Allenfalls war er bereit, die noch besetzten Gebiete Belgiens und Frankreichs zu räumen[300].

Für Prinz Max von Baden bestand kein politischer Handlungsspielraum, sondern seine Schritte waren von der OHL vorbestimmt. Prinz Max befürchtete zu Recht, dass *die Überstürzung des Friedens-, besonders aber des Waffenstillstandsangebots... furchtbare politische Folgen* habe. Nach den empfangenen Informationen von der Situation an der Westfront und dem Druck der OHL richtete er bereits am gleichen Tag, am 3. Oktober 1918 – also noch vor der verfassungsmäßigen Parlamentarisierung des Reiches – das Waffenstillstandsangebot an den US-Präsidenten Woodrow Wilson, das er mit *Max, Prinz von Baden, Reichskanzler* abzeichnen ließ. Als Grundlage für Verhandlungen berief er sich auf das 14-Punkte-Programm Wilsons, das dieser am 8. Januar 1918 vor dem Kongress formuliert hatte[302]. Allerdings verstanden sich die seit April 1917 im Krieg befindlichen USA nicht als „alliierte", sondern als „assoziierte" Macht. Noch immer wird Wilsons Programm der 14 Punkte allzu unkritisch reflektiert. Fasst man seine Punkte zusammen, zielte es auf die eindeutige Schwächung und ungerechte Behandlung Deutschlands. Wilson verlangte demnach die Abtrennung Elsass-Lothringens vom Reich (Wilson spricht von einem „Unrecht" gegenüber Frankreich, obwohl Elsass-Lothringen zu dieser Zeit ein fast ausschließlich deutschsprachiges Gebiet war – worauf schon der Reichskanzler Hertling in seiner Rede vom 24. Januar 1918 hingewiesen hatte) und die Bildung eines unabhängigen Staates Polen mit Zugang zur Ostsee, der nur durch eine territoriale Zerstückelung Deutschlands (etwa im Raum Danzig) zu erreichen war. Er setzte auf die Stärkung der französischen Position in Europa und forderte die Wiederherstellung Russlands, da Deutschland nach dem erzwungenen Vertrag von Brest-Litowsk vom März 1918 weite Teile im Osten Europas kontrollierte. Nur so konnte aus amerikanischer Sicht der Kräftezuwachs Deutschlands durch dieses allerdings noch nicht gesicherte „Landimperium" verhindert werden. Gleichzeitig zielte Wilson auf die Zurückdrängung der englischen Vormachtstellung zur See, wo wiederum zutiefst amerikanische Interessen berührt wurden. Denn: Die amerikanische Flotte sollte nach Wilsons Ansicht *alle anderen Flotten der Welt an Leistungsfähigkeit weit übertreffen*[303]. Andererseits wurde von Wilson den kleinen Völkern Europas nur bedingt die „Selbstbestimmung" zugebilligt. Wilson benutzte den Ausdruck „Autonomie". Mit dieser Forderung wurde der Zweibund ausgehebelt, der Vielvölkerstaat Österreich-Ungarn zerschlagen und Deutschland isoliert. Selbst Wilsons „Außenminister" Robert Lansing, der sich mit dem Präsidenten (später) überwarf, kritisierte dessen Ideen zum Völkerbund und zum „Selbstbestimmungsrecht", das – trotz seines universellen Anspruchs – Deutschland nicht zugebilligt wurde[304]. Greift man tiefer, schimmert hier ein geopolitischer Ansatz Amerikas durch, die europäischen Großmächte, besonders aber die Zentralmacht Deutschland, zu kontrollieren, zumindest aber zu behindern[305].

Der bis Juli 1917 amtierende Reichskanzler Theobald von Bethmann Hollweg, der Erfahrungen mit den Friedensinitiativen Wilsons während seiner Amtszeit gesammelt hatte, war davon überzeugt, dass dieser zwar als „Friedensstifter" agieren wolle, schätzte ihn aber als parteiisch, ententefreundlich und als Zauderer ein. Ähnlich scheint Graf Hertling gedacht zu haben. Die parteiische Haltung Wilsons und seine funktionale Auffassung einer Friedensvermittlung bestätigt selbst sein Staatssekretär für auswärtige Angelegenheiten Robert Lansing[306]. Kaiser Wilhelm übernahm in seiner Bewertung Interpretationen, die Wilson *Scheingründe* für den Kriegseintritt unterstellten und dass er *im Interesse der mächtigen Hochfinanz der Wallstreet handelte*[307]. Die von der Regierung des Prinzen Max ausgeschlossenen Nationalliberalen standen dem Waffenstillstandsangebot mehr als ablehnend gegenüber. Ihr Vorsitzender Gustav Stresemann, der spätere Reichskanzler und Außenminister der Weimarer Republik, hegte *das größte Mißtrauen gegen Wilson und glaubte, daß er uns von Konzessionen zu Konzessionen weiter locken will, bis wir uns bedingungslos ergeben und dann dem Zugriff der Entente ausgesetzt sind wie ein Stück Stoff der Schere des Schneiders*[308].

Sicher war Wilson ein entschiedener Gegner der *Herrschaft der Autokratie*, wozu er die monarchistisch regierten Staaten Europas (darunter besonders Deutschland) zählte; er forderte eine strikte Abrüstung und strebte ganz entschieden nach der Gründung eines „Völkerbunds" als Schiedsinstanz zwischen den Völkern. Als Vertreter eines nach demokratischen Regeln verfassten Staates freute sich Wilson am Waffenstillstandstag im November 1918, *daß der gepanzerte Imperialismus zu Ende und in den finsteren Abgrund des Verderbens gestürzt wäre.* Schon diese Bewertung lässt eine ideologisch geprägte Interpretation über die Person und die Tätigkeit eines deutschen Hochadligen als Regierungschef vermuten. Durch eine offenbar lancierte Indiskretion veröffentlichte die Schweizer „Freie Zeitung" aus Bern am 9. Oktober 1918 einen Brief des Prinzen Max, den er schon am 12. Januar 1918 – also vor der deutschen Offensive – an seinen Vetter, den Prinzen Alexander von Hohenlohe, verfasst hatte. Darin hatte sich Prinz Max schon aus Sorge vor der Kritik zu Hause als Verfechter eines Siegfriedens geäußert. Dieser Brief bot jetzt dem Feindlager und besonders Wilson einen Vorwand, dem

Reichskanzler ein Glaubwürdigkeitsdefizit oder „politische Zweideutigkeit" zu unterstellen. Der Artikel erschien ausgerechnet während des Notenwechsels mit dem US-Präsidenten und löste in der neu gebildeten deutschen Regierung, die von der Mehrheit der Parteien des Reichstags getragen wurde, eine Kanzlerkrise und bei den Sozialdemokraten Misstrauen und Vorbehalte gegen den neuen Reichskanzler aus[309]. Gleichwohl sah Wilson Amerikas weltpolitische Aufgaben in einer idealistisch formulierten, aber angesichts der realen Machtverhältnisse durch das weltumspannende britische Imperium lächerlich wirkenden Rolle als „Kurator" der „zurückgebliebenen" Völker[310]. Selbst der französische Marschall Foch wusste zwar die amerikanische Hilfe in der Endphase des Ersten Weltkriegs zu schätzen, sprach aber davon, dass man sich *beim Friedensschluß mit den Hirngespinsten des Präsidenten Wilson beglückt* sah[311].

Die von Wilson kritisierte „Autokratie" meint die politische Führungsrolle der Monarchie und des Adels, wie sie sich in Deutschland nach dem Scheitern der demokratischen Nationalbewegung 1848/49 herauskristallisiert hatte. Die Volksvertretung, der Reichstag, war (bis zu den Reformen) von jeglicher Einflussnahme auf die Regierung ausgeschlossen, das Militär unterstand ebenfalls keiner parlamentarischen Kontrolle. Das üppige Uniformgepränge in der Öffentlichkeit verstärkte den negativen Eindruck, das Erscheinungsbild der adligen Politiker und der „preußisch-straff" wirkenden Militärs mit ihren knapp gefassten Kommunikationsarten, die sich in Form von Befehl und Gehorsam auswirkten, musste bei demokratischen Politikern des feindlichen Auslands ein nicht zu besänftigendes Misstrauen gegenüber einer auf sie überlebt wirkenden Gesellschafts- und Lebensform erwecken. Hinzu kamen Erfahrungen und Beobachtungen und daraus ableitbare Befürchtungen hinsichtlich der unglaublichen Durchschlagskraft deutscher Divisionen bei Angriffsoperationen wie nicht minder ihrer Standfestigkeit bei der Abwehr feindlicher Offensiven.

## Reaktionen auf deutscher Seite

Sein Telegramm vom 3. Oktober 1918 an Wilson empfand Prinz Max von Baden als *Schmach;* an anderer Stelle bezeichnete er das Ersuchen – unter dem Eindruck der 2. Note Wilsons – als *hastig*, ähnlich wirkend wie eine *Kapitulation* und in den Augen der Feinde wie der Neutralen als eine *militärische Bankerotterklärung*[312]. Angesichts der Forderungen Wilsons sandte Feldmarschall von Hindenburg am 14. Oktober 1918 ein Telegramm an den Prinzen Max, worin er zur innenpolitischen Geschlossenheit aufforderte, damit *das Heer die Kraft* finde, *der Übermacht zu trotzen,* und um ungünstige Bedingungen für den Waffenstillstand zu verhindern. Ausdrücklich warnte er den Prinzen *vor den furchtbaren Folgen eines Friedens um jeden Preis*[313]. Nach der Kenntnisnahme der vom US-Präsidenten Wilson stammenden zweiten Note mit sich verschärfenden Bedingungen für einen Waffenstillstand, die sich aus dem vorgeschobenen Misstrauen gegenüber Prinz Max herleiteten, und der gründlichen Beratung im Kabinett am 17. Oktober 1918 änderte sich wieder Ludendorffs Beurteilung der eigenen Kräfte. Vermutlich spielte die in der Beratung genannte oder zumindest diskutierte Auffüllung der deutschen Divisionen an der Westfront bei ihm eine Rolle. Der Reichskanzler Max von Baden stellte in der Sitzung sehr konkrete Fragen, um die deutsche Position bei den Verhandlungen zu verbessern. Er wollte wissen, ob mit herangeführten Divisionen aus dem Osten die Westfront länger gehalten werden könne und ob eine stärkere Zuführung aus der Heimat die Armee *zum weiteren Durchhalten* befähige. Bei den Beratungen war die Angst vor der propagandistischen Beeinflussung (mit „bolschewistischen", d. h. kommunistischen Ideen aus der eben gebildeten revolutionär agierenden Sowjetunion) durch die aus dem Osten verlegten Divisionen zu spüren. Diese waren aber angesichts ihres Potenzials allenfalls noch defensiv einsetzbar. Eine strategische Änderung der Lage an der Westfront war von ihnen aber nicht zu erwarten. Ludendorffs Analysen der militärischen Lage und seine doppeldeutigen oder ausweichenden Antworten mussten bei der Reichsleitung Zweifel wecken. Er erklärte bei den Beratungen, dass er einen feindlichen Durchbruch an der Westfront zwar *für möglich, aber nicht für wahrscheinlich* halte. Wie anders hatten seine Aussagen wenige Tage zuvor geklungen. Der Leiter des Auswärtigen Amts, Staatssekretär Wilhelm Solf, der die deutschen Noten an Wilson unterzeichnete, kritisierte daher in der Beratung die zweideutig interpretierbaren Aussagen Ludendorffs[314]. Zwar waren die feindlichen Truppen an der Front nur langsam vorgerückt, doch hatte inzwischen der alliierte Bewegungskrieg die deutschen Linien schrittweise verschoben und die deutschen Schwächen an Ersatz und Ausrüstung offenbart[315]. Doch noch im November stand die deutsche Front zwischen Antwerpen in Belgien und Longwy im französischen Teil Lothringens.

Den Eindruck der von festen Regularien ungetrübten Regierungsarbeit des noch *ungewohnten Parlamentarismus* und ihrer *kollegialischer* Form bestätigen die schon längst publizierten Kabinettsprotokolle der Regierung des Prinzen Max von Baden[316]. Es gab weder eine eingeübte Form der Besprechungen noch einen konstanten Teilnehmerkreis. Als neuer Kanzler verfügte Prinz Max nicht über die erforderliche Erfahrung, einen noch nicht eingespielten Regierungsapparat zu lenken, eine Aufgabe, die angesichts des Drucks der OHL und der außenpolitischen Lage als zweitrangig erschien. Prinz Max, der während seiner Amtszeit in einem Hotel lebte, fiel als koordinierende Stelle zumindest in der letzten Oktoberwoche durch eine Erkrankung (Grippe) aus, so dass dem Vizekanzler Friedrich von Payer eine gewichtige Funktion zufiel[317]. Selbst die aufgenommenen Staatssekretäre aus dem Kreis von Abgeordneten sahen sich eher als Vertreter ihrer jeweiligen Partei denn als Mitglieder der Regierung[318]. Die Kommunikation mit der OHL war zudem durch die räumliche Trennung zwischen militärischer und politischer Führung erschwert.

Wenige Tage nach den Beratungen im Kabinett, am 24. Oktober 1918, drängte Ludendorff, der inzwischen seinen vermuteten psychischen Zusammenbruch überwunden hatte, auf die Fortführung des Kampfes (Payer interpretierte diese Forderung als *romantischen Schlusseffekt*) und erließ eine entsprechende Weisung an die Fronttruppen, weshalb der an Grippe erkrankte Reichskanzler Prinz Max von Baden beim Kaiser die Entlassung Ludendorffs durchsetzte. Dessen Nachfolger Wilhelm Groener, der Erfahrungen in Fragen der Logistik („Feldeisenbahnwesen") und der Organisation der Ernährung und Versorgung im Krieg gesammelt hatte, hielt nach seinem Amtsantritt (30. Oktober 1918) weitere Operationen für ausgeschlossen und den (geordneten) Rückzug der deutschen Truppen für geboten. Allenfalls wäre nach seiner Ansicht hinter dem Rhein wieder an Widerstand zu denken gewesen, den allerdings – wie er betonte – die inzwischen ausgebrochene *Revolution in der Heimat* verhindere. Staatssekretär Solf glaubte zudem, dass die Abberufung Ludendorffs in Amerika auf eine gute Resonanz stoße[319].

Tatsächlich schätzten selbst die alliierten Politiker die deutsche Armee am 25. Oktober 1918 noch nicht als geschlagen ein. Ihre Planungen für eine deutsche Niederlage waren auf das Jahr 1919 ausgerichtet. Der britische Oberbefehlshaber Haig erklärte (nach den Angaben Fochs), dass *das deutsche Heer in seiner Gesamtheit noch nicht genug gebrochen wäre, um keinen ernsthaften Widerstand mehr leisten zu können. Es sei in der Lage, sich bis zur eigenen Grenze zurückzuziehen und diese gegen gleichwertige oder selbst überlegene Kräfte zu verteidigen.* Diese Einschätzung vertrat Haig noch Mitte Oktober 1918 bei den Beratungen im britischen Kabinett. Erst nach der deutschen Entwaffnung zwei Monate später – in seinem Abschlussbericht Ende Dezember 1918 über die letzten Kämpfe bis zum Waffenstillstand – bezeichnete Lord Haig *die feindliche Verteidigungskraft endgültig* [als] *gebrochen*[320]. Selbst Marschall Foch wusste, dass der *Feind* neben der *Zerstörung der notwendigen Verbindungen, durch die er unsern Marsch verlangsamen konnte… ein schwer zu überwindendes Hindernis…, nämlich den Rhein* entgegensetzen konnte. *Dort war er in der Lage, unsern Marsch für lange Zeit zum Stehen zu bringen, und unter dem Schutz des Stromes konnte er dann seine Kräfte wieder kampfbereit machen.* Außerdem waren die alliierten Armeen durch die Kämpfe geschwächt, hatten personelle Fehlbestände und die Amerikaner befanden sich noch nicht in voller Kampfstärke. Die gleiche Beurteilung gab Lord Haig ab, der die französische Armee als *erschöpft*, die amerikanische als *noch nicht durchorganisiert* bewertete und den britischen Truppen wegen der Strapazen eine sinkende *Kampfmoral* zuschrieb. Deswegen trat er (im Gegensatz zu Foch) für mildere Waffenstillstandbedingungen ein[321]. Der spätere Reichskanzler Heinrich Brüning, im Herbst 1918 Kompanieführer einer Maschinengewehrabteilung (durchgesetzt von Ludendorff gegen die alliierten Panzer!) an der Westfront, bestätigte diese Einschätzung. Er plädierte für den schnellsten Rückzug auf die Reichsgrenze, *da sie die kürzeste Verteidigungslinie sei. Der Gegner zeige erhebliche Ermüdungserscheinungen*[322].

Abb. 61: Erster Generalquartiermeister Erich Ludendorff.

## Der Notenaustausch mit Wilson

Die versandten Telegramme zwischen dem 8. Oktober und 5. November 1918 musste eine Zumutung für die auf eine breite parlamentarische Mehrheit sich stützende letzte kaiserliche Regierung sowie für die OHL bedeuten, die – wie die (erste) deutsche Antwortnote vom 12. Oktober belegt – von einer gleichberechtigten Beteiligung ausging. Prinz Max empfing mit den Noten (Telegramme) des amerikanischen Staatssekretärs Robert Lansing diplomatisch verklausulierte, zudem in moralisierend-hochmütiger Form verfasste, die geschichtlichen Ereignisse und die tatsächlichen Abläufe sowie die rechtlichen Zusammenhänge einseitig interpretierende und unterstellende Vorwürfe. Die sich steigernden Vorbedingungen liefen nicht nur auf eine einseitige De-facto-Kapitulation Deutschlands hinaus, sondern unterstellten den politisch Verantwortlichen und besonders dem Kaiser eine (angeblich) mangelnde Legitimation durch das deutsche Volk. Sie behandelten die deutschen Vertreter als nicht verhandlungswürdig und in diskriminierender Weise als nicht vertretungsfähig.

In seiner ersten Note vom 8. Oktober verlangte Lansing im Auftrag Wilsons die Räumung der besetzten Gebiete und stellte – noch vor der sog. Kanzlerkrise – bereits die verfassungsrechtliche Legitimität der kaiserlichen Regierung in Frage. Prinz Max sah in dieser Forderung eine Einmischung Wilsons *in unsere inneren Angelegenheiten* und nicht nur das *gefürchtete Räumungsverlangen*[323]. Schon mit der Zusage, die besetzten Gebiete zu räumen, erbrachte die kaiserliche Regierung eine große Vorleistung und gab ein militärisches Faustpfand ohne Gegenleistung aus der Hand. In der zweiten Note vom 14. Oktober forderte Wilson die Anerkennung der militärischen Überlegenheit der Feindmächte und damit verbunden die Erkenntnis der deutschen Niederlage. Gleichzeitig sollten die deutschen Truppen *ungesetzliche* Maßnahmen wie *Plünderungen* und *Verwüstungen* im besetzten Gebiet abstellen; diese nicht genau belegte Unterstellung wies die kaiserliche Regierung aber zurück. Zudem erwartete Lansing die Einstellung des (auch auf deutscher Seite umstrittenen) U-Boot-Krieges. Gleichzeitig bestand er auf *Bürgschaften* gegen eine Weiterexistenz der von ihm so behaupteten *militärischen ... Macht, welche bis jetzt das Schicksal der deutschen Nation bestimmt* habe. Damit waren die Institution des sog. Militärkabinetts und die quasi diktatorischen Befugnisse der OHL unter Hindenburg und Ludendorff gemeint. Diese (neue) Forderung hatte Wilson in seinem 14-Punkte-Programm vom 8. Januar 1918 allerdings nicht erhoben und wurde jetzt von ihm „nachgeschoben". Besonders gegen die Einstellung des U-Bootkrieges, der als militärisches Druckmittel gegen die verhängte englische Seeblockade angesehen wurde, protestierte Hindenburg am 20. Oktober bei der kaiserlichen Regierung, worin ihn der Admiral Alfred von Tirpitz, der zu den nationalistischen „Alldeutschen" zählte, entschieden unterstützte. Prinz Max von Baden wertete die zweite Note als *furchtbares Dokument*, las *darin Schmähungen gegen unsere Armee und unsere Marine* und im *Schluß in dunklen und vieldeutigen Worten* den *Appell an das deutsche Volk, sein Schicksal selbst in die Hand zu nehmen, um dadurch erst die Vorbedingung für die Herbeiführung des Friedens zu schaffen*[324]. Mit anderen Worten: Der Prinz erkannte die Erwartung des Präsidenten, dass die bisher führenden Schichten in Deutschland ihre Führungsrolle an die

„Volkssouveränität" abtraten, quasi sich selbst expropriierten. Wahrscheinlich war diese versteckt formulierte Erwartung für den Vertreter eines Herrscherhauses zuviel an Zumutung. Über die Intentionen der OHL ging die politische Führung hinweg. Vizekanzler Payer begründete die Handlung der Regierung: *Wir sind einfach mit der Note auf dem Wege, die uns die Oberste Heeresleitung gedrängt hatte, einen Schritt weiter gegangen, weil wir ohne ihn nicht zu den als Ziel aufgestellten Waffenstillstandsverhandlungen kommen konnten und weil wir es nicht als eine richtige Politik ansehen konnten, heute durch die Tat einzuräumen, daß wir mit unserer militärischen Kraft und Kunst am Ende seien, und morgen… unter sehr verschlechterten Verhältnissen den Kampf mit der nur zu begründenden Aussicht wieder aufzunehmen, daß wir dann übermorgen glatt kapitulieren müssen*[325]. In der dritten Note vom 23. Oktober bejahte Wilson zwar prinzipiell die Einleitung von Waffenstillstandsverhandlungen, beharrte aber eindeutig auf der Anerkennung der bestehenden militärischen Überlegenheit der Feindmächte und einer entsprechenden Wehrlosigkeit des Deutschen Reiches sowie auf einer Regierungsform, die dem Mehrheitswillen des deutschen Volkes Rechnung trage. Der verfassungsrechtliche Paradigmenwechsel war zwar schon eingeleitet und dem Präsidenten bereits zugesichert worden. Doch ging Wilson noch weiter und ließ sogar betonen, wenn mit den *militärischen Beherrschern und monarchistischen Autokraten Deutschlands* verhandelt werden müsse, *dann kann Deutschland über keine Friedensbedingungen verhandeln, sondern muß sich ergeben*[326]! Gegen diese Forderung, die er als *militärische Kapitulation* bezeichnete, wandte sich Hindenburg in einem von Ludendorff initiierten Telegramm an die Truppen der Westfront, womit die Entlassung Ludendorffs ausgelöst wurde. Mit seiner Forderung traf Wilson den „wunden Punkt" des Gegners, dessen moralische Widerstandskraft damit gelähmt wurde. Hier liegt die Wurzel für den innenpolitischen Druck auf Kaiser Wilhelm II. abzudanken. Prinz Max interpretierte die Note als eine *Kriegslist* Wilsons, die Deutschen mit der Hoffnung auf einen *Rechtsfrieden* und dank der revolutionären Stimmung an einer nationalen Verteidigung und Erhebung zu hindern und hielt ihn für einen *böswilligen Verzögerer des Friedens.* Gerade die Einmischung Wilsons in die innere Angelegenheiten Deutschlands hatte er schon früher durch diplomatische Kanäle verhindern wollen[327]. Im Grunde waren Wilsons Forderungen eine Fortführung des Krieges mit diplomatischen Mitteln und unter Benutzung propagandistischer Schlagworte und zielten darauf ab, mit der Zerschlagung der deutschen Militärmacht eine amerikanische Vorrangrolle zu sichern[328]. Die viel zu optimistische Einschätzung der Absichten Wilsons hat der Staatssekretär Wilhelm Solf nur wenige Jahre nach dem Krieg selbst eingestanden: *Ich habe in der Tat an Wilson geglaubt und habe es für sicher gehalten, daß die Ententemächte das feierliche Versprechen, uns einen auf dieser Grundlage (der 14 Punkte) aufgebauten Frieden zu geben, halten würden*[329]. Kaiser Wilhelm vermisste für die deutschen Zugeständnisse gegenüber den amerikanischen Forderungen *reale Garantien von Seiten des Herrn Wilson*[330].

Erst mit seiner letzten Note vom 5. November 1918 bestätigte Wilson nach interalliierten Absprachen sein 14-Punkte-Programm als Grundlage für Friedensverhandlungen (mit zwei Ausnahmen, darunter die gegen England zielende Forderung der „Freiheit" der Meere!) sowie die

Bekanntgabe der Waffenstillstandsbedingungen durch den französischen Marschall Foch und unterstrich die Verpflichtung Deutschlands, für den *zugefügten Schaden Ersatz* zu leisten[331]. Öffentlich bekannt dürfte sein, dass bei der Friedenskonferenz in Versailles 1919 der Spielraum für direkte Verhandlungen begrenzt war und auf schriftlichem Wege zu erfolgen hatte. Hierin fand die spätere „wüste“ Agitation Hitlers einen wichtigen Ansatzpunkt.

Nimmt man die sich ständig verschärfenden Bedingungen Wilsons als Maßstab der Bewertung, müssen doch noch andere, nicht offen gelegte Gesichtspunkte die alliierten Staatsmänner bewogen haben. Man wollte nun den Feind niederwerfen, unter geringsten eigenen Verlusten, und über sein Schicksal nach eigener Vorstellung entscheiden.

Aber hatte Deutschland tatsächlich keine vom Volk legitimierte Führung, wie Wilson behauptete? Der Reichstag war seit 1871 nach demokratischen Gesichtspunkten gewählt, und im Parlament hatten die Sozialdemokraten und liberalen Parteien die Mehrheit und damit letztendlich die Entscheidung über die Kriegskredite. Eine Kriegserklärung war auch nur mit Zustimmung des Bundesrats möglich, da das Reich nach seinem Ursprung ein Bund der deutschen Fürsten und (Freien) Städte war[332]. Allerdings unterlag die Verantwortlichkeit des Kanzlers nicht der Kontrolle des Parlaments, und diese heute zu Recht kritisierte Bestimmung wurde von der Regierung des Prinzen Max in diesen Tagen „korrigiert“. Schon am 30. September 1918 war durch einen Erlass Kaiser Wilhelms II. die Parlamentarisierung Deutschlands eingeleitet worden. Mit Gesetz vom 28. Oktober 1918 wurde diese Bestimmung der Verfassung von 1871 geändert. Ab sofort war der Reichskanzler *vom Vertrauen des Reichstags* abhängig[333]. Im Grunde genommen war der Prozess der „Parlamentarisierung“ des Reiches schon evolutionär im Entstehen. Seit der Regierung des Grafen Hertling waren die Mehrheitsfraktionen des Reichstags in die Regierung eingetreten und trugen diese mit. Den verfassungsrechtlich formulierten Abschluss der Reformen mit der Verantwortlichkeit des Reichskanzlers und der Regierung gegenüber dem Parlament bleibt das Verdienst des Prinzen Max von Baden. Das Bismarck’sche Verfassungskonstrukt von 1871 hatte den Verlauf des Krieges nicht überlebt. Prinz Max hatte nur innerhalb von fünf Tagen, zwischen dem 24. und 28. Oktober 1918, nicht nur die Absetzung Ludendorffs erreicht, sondern die nicht minder wichtige verfassungsrechtlich verankerte Parlamentarisierung der Regierung.

## Der Druck der Revolution

Revolutionäre Stimmungen und Vorstellungen im Sinne einer nichtabwendbaren Entwicklung zum „Sozialismus“, die schon lange vor Beginn des Weltkrieges in breiten Schichten des Volkes geherrscht hatten und auch durch die Sozialdemokratische Partei und ihre Organe diskutiert und postuliert worden waren[334], entluden sich angesichts des schlagartig erkennbaren militärischen Niedergangs und der damit verbundenen Erkenntnisse, dass die dem deutschen Volk auferlegten vergeblichen Anstrengungen keinen Sieg erbracht hatten. Die Hoffnungen auf Waffenstillstand und Frieden waren wegen der moralischen Erschöpfung breiter Volkskreise und wegen der mehr als unzureichenden Ernährung nicht mehr zu kanalisieren. Neben inneren Unruhen musste zudem mit separatistischen Bestrebungen in Teilen Deutschlands gerechnet werden. Trotz der 1917 erfolgten Schwächung der SPD, der Abspaltung der „Unabhängigen Sozialdemokratischen Partei Deutschlands" (USPD), übernahmen die Sozialdemokraten (Mehrheitssozialisten der SPD) im November 1918 die politische Verantwortung für das besiegte Kaiserreich. Die jahrzehntelang vorenthaltene politische Führung, die ihrer Rolle als stärkster Partei im Reichstag entsprochen hätte, stellte die Parteispitze der MSPD jedoch vor Probleme. Zwar konnten die Sozialdemokraten jetzt daran gehen, ihre politischen Forderungen hinsichtlich einer Veränderung des Reiches nach den Grundsätzen der parlamentarischen Demokratie und des „Sozialismus" durchzusetzen. Das Gegenbeispiel der kommunistisch-revolutionären Sowjetunion förderte wohl diese Grundsatzentscheidung der Novembertage 1918 als negativ besetztes Spiegelbild. Allerdings fehlte der letzte politische Wille: Es wurde kein Reichskanzler von der Mehrheit des Reichstags gewählt, obwohl Philipp Scheidemann genau diese Forderung in den Beratungen des Interfraktionellen Ausschusses gestellt hatte[335].

Stattdessen hatte die MSPD die Kanzlerschaft des Prinzen Max von Baden unterstützt. Steckte die MSPD noch im Theoriemodell ihres bisherigen Chefideologen Karl Kautsky fest, demnach die politische Macht beim Zusammenbruch der bisherigen Gesellschaftsordnung automatisch den Sozialdemokraten zufalle[336]? Kautsky zählte 1917 zu den Mitbegründern der USPD. Der linke Flügel der USPD (später: KPD), die Spartakus-Anhänger, lehnten die letzte kaiserliche Regierung und ihre Verbindung zu den gemäßigten Sozialdemokraten unter den schablonenhaften Gesichtspunkten der marxistischen Klassenkampftheorie entschieden ab: *In der Person Scheidemanns und Bauers haben sie ihre Agenten in die Regierung entsandt, um dort unter Führung des Prinzen Max von Baden den Fürsten ihre Throne und den Kapitalisten ihre Kassenschränke zu retten*[337]. Prinz Max von Baden hielt schließlich die Abdankung Kaiser Wilhelms II. wegen der innenpolitischen Lage, der inzwischen um sich greifenden revolutionären Stimmung mit den Matrosenaufständen seit dem 6. November 1918 sowie den Forderungen der Führung der MSPD für unumgänglich. Vor allem Scheidemann sprach sich für einen freiwilligen Rücktritt Wilhelms II. aus. Sicherlich spielten dabei die Wilsonschen Noten eine gewichtige Rolle[338]. Als der Kaiser diese Forderung ablehnte, verlangte Prinz Max von Baden seine eigene Entlassung, erklärte sich dann aber bereit, bis zur Unterzeichnung des Waffenstillstandvertrags mit den Alliierten in seinem Amt zu verbleiben. Dann gab er den Thronverzicht Wilhelms II. schon vorab und ohne dessen Einwilligung öffentlich bekannt[339]. Hier liegt ein Grund für die späteren persönlichen Angriffe auf den Prinzen, dem unterstellt wurde, seine Regierung stehe *unter dem Einfluß der Sozialdemokratie*. Selbst der Absicht des Prinzen, mit der Abdankung des Kaisers zumindest die Monarchie in Deutschland zu retten, wurde nicht geglaubt. Kaiser Wilhelm äußerte ähnliche Vorwürfe: *Ich ging oder vielmehr ich wurde von meiner eigenen Regierung gestürzt* … Er sah in Prinz Max ein Werkzeug Scheidemanns und unterstellte ihm, keine *starke Persönlichkeit* zu sein. Ähnlich argumentierte der nationalliberale Reichstagsabgeordnete Gustav Stresemann, der bei Scheidemann die Schuld für die Abdankung des Kaisers sah[340].

Prinz Max von Baden betonte in seinen „Erinnerungen", dass er nur solange im

Amt verbleiben wollte, bis die mit der angedachten Regentschaft [für einen Sohn des Kronprinzen] verbundenen Fragen gelöst wären: *Er beabsichtige dem Regenten,* der die Stellung des Kaisers als Staatsoberhaupt einnehmen sollte, *die Ernennung des Abgeordneten* [Friedrich] *Ebert zum Reichskanzler … vorzuschlagen*[341]. Die Übergabe der Macht, die nicht nach den Normen der zuletzt im Oktober 1918 geänderten Reichsverfassung verlief, quasi nicht legal war, aber unter der unsäglichen Spannung zwischen innenpolitischer Notwendigkeit und außenpolitischem Druck stattfinden musste, vollzog sich am 9. November 1918 im Einvernehmen zwischen Prinz Max von Baden und Friedrich Ebert. Gustav Stresemann beobachtete am 9. November von seinem Zimmer des Reichstags in Berlin die revolutionäre Unruhe der Bevölkerung: *Arbeiter, Männer, Frauen, Mädchen strömten aus den Arbeitsstätten in großen Massen heraus und ordneten sich zu Demonstrationszügen…*[342]. Welche Handlungsoptionen bestanden noch angesichts der revolutionären Stimmung in den Massen, den Streiks in den Fabriken (trotz des noch bestehenden Belagerungszustands!), den revolutionär gesinnten Truppenteilen in der Heimat, den Auflösungserscheinungen hinter der Front und dem bolschewistischen Drohpotenzial, das wohl von den konservativ-feudalen Eliten als sehr real empfunden wurde, sowie dem außenpolitischem Zwang durch die eingegangene Anfrage an die westlichen Siegerstaaten? Die Vorgehensweise des Prinzen Max von Baden war auch, wenn man so will, eine Folge der Parlamentarisierung des Reiches. Die Mehrheitsfraktionen übernahmen die revolutionäre Stimmung und trugen sie in die Regierungszentrale. Die eigentliche Machtübergabe verlief in hektischer Art: *Nach 12 Uhr ließen sich die Abgesandten der sozialdemokratischen Partei beim Reichskanzler melden … Der Reichskanzler* [Prinz Max von Baden] *ließ die Herren bitten.* Es traten ein: *Ebert, Scheidemann und ein dritter … Sozialdemokrat* [Otto Braun] … *Ebert erklärte ruhig, aber sehr bestimmt ungefähr, sie seien von ihrer Partei abgesandt, um mitzuteilen, daß diese im Interesse der Ruhe und Ordnung es für notwendig halte, daß die Regierungsgewalt an Männer übergehe, die das Vertrauen des Volkes genießen, vor allem der Posten des Reichskanzlers.* Der Vizekanzler Payer fragte Ebert, *ob er das Amt auf dem Boden und im Rahmen der* [bestehenden] *Reichsverfassung zu führen gedenke, was er bejahte. Der Reichskanzler gab keinen direkten Bescheid, sondern sagte, er werde die Sache mit dem Kriegskabinett besprechen oder ähnlich*[343]. Einen Beschluss der Regierung gab es nicht mehr, sie wurde von den Vertretern der SPD beiseite gedrängt. In dieser Situation fiel dem Vorsitzenden der stärksten Partei im Reichstag, Friedrich Ebert, das Amt des Regierungschefs „einvernehmlich“ zu – ein verfassungsrechtlich nicht gedeckter Schritt. Anders ausgedrückt: Die Führungsspitze der SPD ergriff angesichts der revolutionären Situation, des entstandenen politischen Vakuums und der Handlungsunfähigkeit der vorhandenen Regierung die „Macht“. Friedrich Ebert erklärte in einem Aufruf: *Der bisherige Reichskanzler Prinz Max von Baden hat mir unter Zustimmung der sämtlichen Staatssekretäre* [der Reichsleitung] *die Wahrnehmung der Geschäfte des Reichskanzlers übertragen…*[344]. Anscheinend gingen Eberts Pläne aber wesentlich weiter. Als sich Prinz Max von Baden von ihm verabschiedete, bat Ebert ihn, *dringend zu bleiben.* Auf Nachfrage erklärte Ebert: *Ich möchte, daß Sie als Reichsverweser bleiben.* Doch diese Funktion lehnte der Prinz wegen der bevorstehenden Vereinbarung Eberts mit der (linksgerichteten) USPD ab, mit denen er nicht zusammenarbeiten könne. Der Prinz fügte noch hinzu: *„Herr Ebert, ich lege Ihnen das Deutsche Reich ans Herz!“ Er antwortete: „Ich habe zwei Söhne für dieses Reich verloren“* [345]. Eine ähnliche, von Verantwortungsgefühl getragene Aussage formulierte der badische Großherzog Friedrich II. bei seiner Abdankung.

Am Abend des 9. November 1918 begab sich Prinz Max von Baden mit seiner Gemahlin nach Baden-Baden, wo der Großherzog nach seiner Flucht aus Karlsruhe vermutet wurde[346]. Prinz Max von Baden hätte das Amt des Regenten für das Reich nur im Rahmen der Legalität übernommen, nicht aber unter den vorherrschenden revolutionären Bedingungen. Er kommentierte diese Frage in seinen in Salem abgeschlossenen „Erinnerungen“ mit folgenden Worten: *Ich habe später die Frage oft erörtert und mir immer wieder selbst vorgelegt, ob ich die Monarchie hätte retten können, wenn ich am 9. November die Reichsverweserschaft angenommen hätte. Ich habe immer mein unmittelbares Gefühl bestätigt gefunden: Diesen Weg hätte ich gehen können, wenn ich vom Kaiser zu seinem Stellvertreter ernannt worden wäre. Bei der Durchführung eines Staatsstreichs wäre ich an meinem Gewissen gescheitert*[347].

Auf Reichsebene setzte sich die republikanische Staatsform durch. Am 9. November 1918 proklamierte Philipp Scheidemann in Berlin von einem Balkon des Reichstags die „Deutsche Republik“, was ihm schwere Vorwürfe Friedrich Eberts einbrachte, des bisherigen Reichskanzlers, der jetzt Vorsitzender des „Rates der Volksbeauftragten“ genannt wurde. Der nationalliberale Abgeordnete Stresemann diffamierte dieses Gremium zur gleichen

Abb. 62: Friedrich Ebert als Reichspräsident kurz vor seinem Tod 1925.

Zeit als *Diktatur des Sechsmännerrates* (Friedrich Ebert, Philipp Scheidemann und Otto Landsberg (SPD), Hugo Haase und Wilhelm Dittmann (USPD), Emil Barth (revolutionäre Obleute))[348]. Am 11. November 1918 unterzeichnete Staatssekretär Matthias Erzberger im Namen des „Rates der Volksbeauftragten“ (unter als kränkend empfundenem Verhalten des Marschalls Foch) den Waffenstillstandsvertrag mit den Alliierten. Obwohl David Lloyd George, der britische Premierminister, an die *Unterwerfung* Deutschlands glaubte, waren die Alliierten *weit entfernt zu glauben, daß sie* [die Deutschen] *bereit sein würden, ohne weiteren Widerstand die sehr harten, in Versailles beschlossenen Bedingungen anzunehmen*. Der gleichen Ansicht war Marschall Ferdinand Foch. Selbst bei Foch ist ein Erstaunen zu verspüren, dass Deutschland den Waffenstillstand unterzeichnet habe *ohne jedes Verhandeln* – eine Interpretation, die schlichtweg falsch ist, da es Erzberger gelungen war, einige Erleichterungen zu erreichen. Trotzdem enthielt der Vertrag überharte und demütigende Bedingungen für eine (angeschlagene, aber militärisch noch nicht endgültig besiegte) Armee, die noch weit außerhalb der deutschen Grenzen stand, die von ihr besetzten Gebiete (einschließlich dem noch zu Deutschland gehörenden Reichsland Elsass-Lothringen!) zu räumen und sich völlig entwaffnet hinter den Rhein zurückzuziehen und den Gegnern darüber hinaus geräumte, sich halbkreisförmig erstreckende rechtsrheinische Brückenköpfe (als Ausgangspunkt für eventuelle feindliche Operationen) nebst neutraler Zone zu überlassen hatte[349] – eine der Wurzeln für den Revanchegedanken und den politischen Aufstieg Adolf Hitlers, der nach dem 10. November 1918 im Lazarett in pommerschen Pasewalk *beschloß, Politiker zu werden*[350].

# Kapitel 13
# Revolution und Sturz der Monarchie im Großherzogtum Baden – Verzichtserklärung des Großherzogs auf Zwingenberg

## Revolution in Baden – Flucht des Großherzogs aus Karlsruhe

Innerhalb weniger Wochen entschied sich im Oktober / November 1918 das Schicksal der monarchischen Staats- und Gesellschaftsordnung in Deutschland. Bereits am 7. November 1918 verloren die bayrischen Wittelsbacher als erstes unter den deutschen Fürstengeschlechtern den Thron[351]. Im Großherzogtum Baden schwoll die revolutionäre Stimmung schlagartig an. Zwischen 8. und 9. November 1918 bildeten sich überall Soldatenräte, darunter in Karlsruhe, der Residenz des Großherzogs. Angesichts des revolutionären Drucks in der Hauptstadt trat der großherzogliche Staatsminister Johann Heinrich Freiherr von Bodman (1851–1929) am 8. November 1918 zurück[352]. Am 10. November 1918 kam es zur Bildung einer Provisorischen Regierung in Karlsruhe durch den revolutionären Soldatenrat und den (eher bürgerlich orientierten) Wohlfahrtsausschuss. Diese Aktion, die nicht der badischen Verfassung entsprach, fand zwar die Kenntnisnahme, nicht aber die Billigung des Großherzogs Friedrich II. Die Provisorische Regierung war kein „rein sozialistisches Kabinett". Sie entsprach den herrschenden Mehrheitsverhältnissen und bestand aus fünf Parteien. Ihr Vorsitzender wurde Anton Geiß, ein gelernter Schreiner und Wirt, der seit 1908 Landesvorsitzender der SPD und Mitglied des Landtags war und als Pragmatiker eingeschätzt wurde[353].

Diese gemäßigt wirkende Vorgehensweise spiegelte keineswegs die revolutionäre Stimmung im Lande wider. Am gleichen Tag, dem 10. November, hatte der Mannheimer Arbeiter- und Soldatenrat eine Resolution verabschiedet, die eine „sozialistische Republik" für Baden forderte. Am 12. November 1918 kam eine ähnliche Forderung vom Karlsruher Soldatenrat.

Am gleichen Tag wie in Karlsruhe konstituierte sich in Eberbach als Organ der revolutionären Kräfte ein örtlicher Arbeiter- und Soldatenrat, der sich Anfang Dezember in *Volksrat* umbenannte. In seiner Zusammensetzung wie Namensregelung symbolisierte er bewusst den Versuch, neben den Arbeiterparteien auch das bürgerliche Lager zu erfassen. Das zeigt sich daran, dass die-

Abb. 63: Anton Geiß (SPD).

sem u. a. der Apotheker Dr. Theodor Neumayer angehörte, der zwischen 1927 und 1930 Stadtrat war und zuletzt der DNVP (Deutschnationale Volkspartei) angehörte. Ein bedeutendes Mitglied des Arbeiter- und Soldatenrats war der Sozialdemokrat Martin Jost. Er war dessen stellvertretender Vorsitzender und Mitglied des badischen Landtags von 1919, zwischen 1918 und 1922 gleichzeitig Stadtrat und danach bis 1933 Vorsitzender des Bürgerausschusses. Nach 1933 mehrfach verhaftet, durfte er bis 1945 politisch nicht mehr aktiv sein[354].

## Großherzog Friedrich II. in Zwingenberg – Verzicht auf die Ausübung der Regierung

Wegen der erregten politischen Stimmung, der neugebildeten „revolutionären" Regierung, deren Position auf schwacher Grundlage stand, und den Forderungen der Soldatenräte in Baden, aber auch wegen eines, den Zeitgenossen gefährlich erscheinenden, aber letztendlich unbedeutenden Zwischenfalls vor dem Schloss, des sog. Klumpp-Putsches, hatten Großherzog Friedrich II. und die großherzogliche Familie am 11. November 1918 im Schutze der Nacht mit von der Provisorischen Regierung im Schlossgarten bereit gestellten Kraftwagen die unruhige Hauptstadt verlassen und sich nach der etwa 90 km entfernten Burg Zwingenberg am Neckar begeben, die ihr Privatbesitz war[355]. Um Mitternacht traf Großherzog Friedrich vor dem dortigen Schlosstor ein, wo er den völlig überraschten Oberförster mit den Worten *„Ich bin's, machen Sie auf… Ich bin der Großherzog"*, zum Öffnen des wegen der Soldatenräte verschlossenen (äußeren) Burgtores bewegen musste[356]. Das großherzogliche Paar begab sich in das Schloss, das aber unbeheizt war. Deshalb blieb die Großherzogin im Jagdquartier [Verwaltungsgebäude?]. Der Oberförster – es war der Forstmeister und Oberforstrat Hugo Kirchgessner, der gleichzeitig Leiter des Forstamts Eberbach und nach seiner Erziehung loyal war – ließ noch in der Nacht Leute holen und organisierte für den folgenden Tag einen Wachdienst durch seine Waldhüter. Im Dorf Zwingenberg wurde die Anwesenheit des Großherzogs nicht bekannt[357].

In Karlsruhe forderten die Soldatenräte am 13. November die Provisorische Regierung auf, die Republik in Baden auszurufen. Anton Geiß, der ähnlich wie Friedrich Ebert auf Reichsebene, den Entscheid über die künftige Staatsform der badischen „Nationalversammlung" (= Landesversammlung) überlassen wollte, musste im Auftrag der Regierung den Großherzog zum Verzicht auf die Regierung überreden. Für diese Aufgabe gewann er die Unterstützung des an sich nur unter dem Zwang der Umstände mitwirkenden früheren Staatsministers Heinrich von Bodman, mit dem er zusammen am gleichen Tag in einer allerdings auffallenden Limousine nach Zwingenberg reiste. Geiß wunderte sich, dass die Limousine den aufmerksamen Zeitgenossen nicht entging. Während Bodman, dem eine liberale Haltung zugesprochen wird[358], den Fußpfad zum Schloss ging, um allein mit dem Großherzog zu sprechen, stieg Anton Geiß im Zwingenberger Gasthaus „Zum Schiff" ab, wo ihn der Gastwirt aufgrund seiner früheren Tätigkeit als Wirt erkannte[359]. Dort aß Geiß zusammen mit den sie begleitenden Soldaten *Bibbeleskäse* (weißer Käse oder Quark)[360].

Schließlich wurde Präsident Geiß gegen 19.30 Uhr telefonisch auf das Schloss gerufen, wo ihn von Bodman erwartete und eine dem Großherzog abgerungene Erklärung vorlas, worin dieser auf die Ausübung aller *Rechte der StaatsGewalt* einstweilen verzichtete, die ihm nach § 5 der Verfassungsurkunde von 1818 zustanden[361]. Eine weitergehende Entscheidung lehnte der Großherzog gegenüber von Bodman vehement ab und verwies stattdessen auf den Entscheid der Landesversammlung, d. h. der neu zu wählenden badischen „Nationalversammlung“. Geiß hatte eine vollständige Abdankung erwartet, gab sich aber persönlich mit der erreichten Erklärung zufrieden. Von Bodman brachte das Einverständnis des Präsidenten zum wartenden Großherzog, schließlich kurz darauf Geiß selbst. Geiß hat die Situation im Schloss in einem Bericht vom 6. Mai 1919 sehr ausführlich geschildert, der in der Literatur schon mehrfach wiedergegeben wurde[362]. Der Großherzog, der einen dunklen Zivilanzug trug, empfing den ihm als Parlamentarier der SPD bekannten „Präsidenten der Provisorischen Regierung“ stehend zusammen mit der Großherzogin. Er hatte Anton Geiß zuletzt am 21. August 1918, bei der Jahrhundertfeier[363] der badischen Verfassung von 1818, gesehen. Gegenüber dem Großherzog bedauerte Geiß ausdrücklich die revolutionär vollzogene Entwicklung, an der er keine Schuld trage. In höflicher Form, in der ein bestimmter Hintersinn durchschimmert, kommentierte der Großherzog die Äußerung mit den Worten: *Wenn Sie mir das sagen, habe ich das Bewußtsein, daß es Ihre volle Überzeugung ist.* Als Geiß darauf den großherzoglichen Entschluss ansprach, entließ ihn der ergriffene, aber gefasst wirkende Großherzog mit den Worten: *Gut... Sie haben Kenntnis genommen. Nun, dann will ich Sie nicht länger aufhalten. Sie haben schon lange warten müssen, und nachdem Sie*

Abb. 64: Großherzog Friedrich II. und Großherzogin Hilda (um 1910).

*Kenntnis haben, ist die Sache erledigt.* Und er fügte noch hinzu: *Also adjeu, Herr Geiß, ich wünsche Ihnen zu Ihrem Unternehmen und zu Ihrem neuen Amt recht viel Glück im Interesse unseres schönen Badener Landes*[364]. Alle an dem Gespräch beteiligten Personen, Anton Geiß, das großherzogliche Paar und der frühere Staatsminister von Bodmann waren emotional berührt. Eine Abdankung bzw. ein Thronverzicht war zwar mit der Verzichtserklärung noch nicht verbunden, ließ sich aber durch die Ereignisse in den anderen deutschen Bundesstaaten (wie etwa Bayern) nicht mehr umgehen. Die monarchistische Staatsform hatte in Baden keine Zukunft mehr, die Herrschaft der Zähringer war beendet.

Der Aufenthalt des Großherzogs war offenbar trotz der heimlich vollzogenen Abreise aus Karlsruhe der Öffentlichkeit nicht verborgen geblieben. Dem Eberbacher Bürgermeister Dr. John Gustav Weiss, einem Nationalliberalen und Mitglied der zweiten Kammer des Landtags, war am 13. November die Anwesenheit des Großherzogs und seiner Familie auf Zwingenberg gemeldet worden. Dr. Weiss beobachtete gegen Mittag des 13. November eine Fliegerformation, die über dem Schloss kurz kreiste, offenbar, wie Weiss mutmaßte, um dem Großherzog seine Entdeckung zu symbolisieren. Der bereits erwähnte Forstmeister Hugo Kirchgessner (1859–1940) berichtete dem Eberbacher Bürgermeister, dass der Großherzog wegen eines Übergriffs auf das Schloss in Karlsruhe nach Zwingenberg geflohen sei. Er schilderte (wie schon zuvor Geiß) den Großherzog als *ernst und bedrückt, aber gefasst, die Großherzogin guten Mutes* und ... *voll guter Zuversicht*. Von einer weiteren Flucht habe der Großherzog nichts wissen wollen. Weiss beobachtete am Abend zwischen 17.00 und 18.00 Uhr einen eleganten Wagen, der durch Eberbach fuhr und den er für einen großherzoglichen Kraftwagen hielt. Erst später erfuhr er, dass darin der frühere Staatsminister von Bodman und Anton Geiß unterwegs zum Großherzog waren.

Zwar hatte der Eberbacher Arbeiter- und Soldatenrat die Sicherheit des Großherzogs und der großherzoglichen Familie auf Schloss Zwingenberg zugesichert, doch kam es anscheinend zu ungeschicklichen oder individuellen Übergriffen von Mitgliedern des Soldatenrats gegenüber dem Großherzog und seiner Familie[365]. Wegen des Verhaltens des Soldatenrats, der eine Wache gestellt hatte[366], verließ der Großherzog mit seiner Familie schon nach einigen Tagen Schloss Zwingenberg. *So still und unvermerkt, wie sie gekommen war, fuhr sie wieder ab*[367]. Die großherzogliche Familie reiste zusammen mit dem Grafen Robert Douglas und mit Unterstützung der Regierung, einer ministeriellen Begleitung und mit einer Sicherheitswache in einem Sonderzug in der Nacht vom 17./18. November 1918 von Zwingenberg nach der Station Hohenkrähen (bei Singen) und von dort in das ihr vom Grafen Douglas als Wohnsitz angebotene Schloss Langenstein (nordwestlich von Konstanz) weiter. Schloss Langenstein war bis 1830 im direkten Besitz des Großherzogs Ludwig gewesen, der es an seinen nichtehelichen Sohn, den Grafen Ludwig von Langenstein weitergegeben hatte. Seit seinem Tod 1872 war das Schloss im Besitz der Grafen Douglas, den Nachkommen seiner Schwester Louise. Noch in Zwingenberg ließ sich der Großherzog die mitfahrenden Minister der neuen Regierung vorstellen und bewahrte bei dieser Situation eine würdevolle Haltung. Erst auf Schloss Langenstein dankte Großherzog Friedrich II. am 22. November 1918 ab und verzichtete auf seinen Thron[368], wobei die Regierung wiederum die vermittelnde Hilfe von Bodmans in Anspruch nahm[369]. Allerdings war der endgültige Verzicht des Großherzogs keineswegs ohne Bitternis erfolgt – im Gegenteil, Friedrich II., der *tief bewegt* war, beklagte gegenüber von Bodman *etwas unangenehm berührt, daß man ihm sozusagen die Pistole auf die Brust setzte, daß man ihm keine Zeit zur Überlegung* lasse[370].

Zwischen 5. Januar und 13. April 1919 gewann die neue „Republik Baden" ihre verfassungsrechtlichen Konturen. Die am 5. Januar 1919 neugewählte Badische

„Nationalversammlung" verabschiedete am 21. März die neue Verfassung, die nach Billigung durch das Volk am 13. April 1919 in Kraft trat. Schon in § 1 bezeichnete sich Baden als eine *demokratische Republik* und als *Bestandteil des Deutschen Reichs*[371]. Auf Reichsebene hatte sich die Republik konstituiert. Die am 19. Januar 1919 gewählte Deutsche Nationalversammlung – die Wahl hatte nur wenige Tage **nach** der Wahl in Baden stattgefunden – billigte am 11. August 1919 eine neue Verfassung für das Deutsche Reich, die auf demokratischen Prinzipien beruhte.

gegen den Neckar.

# Kapitel 14
# Die Markgrafen und Großherzöge auf Zwingenberg

## Besuche und Abläufe

Seit der Inbesitznahme der Burg Zwingenberg hatten die Markgrafen von Baden tage- oder wochenweise auf der Burg gelebt. Sie hielten sich aber nicht ständig auf Zwingenberg auf, meist nur im Frühjahr oder im Herbst zur Jagdsaison. Dann waren sie wieder längere Zeit abwesend, mitunter zu Auslandsreisen (etwa Italien (Neapel, Sizilien) oder Frankreich). Ihre An- oder Abreise erfolgte im frühen 19. Jahrhundert entweder über Heidelberg oder Sinsheim mit Hilfe der Post, die in Neunkirchen einen Haltepunkt erhielt. Die Markgrafen wurden zu dieser Zeit oft in feierlicher Form und unter Abschuss von Böllern in das Schloss geleitet oder von dort verabschiedet, auch ihre Geburtstage mit Böllerschüssen gebührend gewürdigt. Daneben gab es Gratulationen durch die Dienerschaft und der aufwartenden Beamten und Pfarrer der Umgebung. Selbst bei Geburten junger badischer Prinzen feuerte die Dienerschaft die Schlossböller ab und ließ die Glocken der Umgebung läuten. Beamte und Pfarrer wurden meist zur Tafel gebeten[372]. Ende Oktober 1815 waren Markgraf Wilhelm von Baden und seine Brüder nach Zwingenberg gereist, *wo wir ein paar Tage verweilten. Wir jagten viel, und ich lernte zum erstenmal unsere Waldungen näher kennen. Da das Schloß sehr baufällig war, beschlossen wir manches herstellen zu lassen, wobei uns der Geheime Sekretär Leger, früher Hausmeister des herrschaftlichen Hauses in Heidelberg, mit seinem Rat unterstützte*[373]. Ein Jahr später, vom 26. September bis 3. Oktober und vom 30. Oktober bis 10. November 1816 waren Leopold und Wilhelm wieder auf Zwingenberg. Dabei wurde *der große Jagdpokal ... eingeweiht und festgesetzt, daß er jedesmal durch den, der einen Hirsch erlegt, geleert werden müsse*[374]. Anfang April 1817 war Markgraf Wilhelm wieder auf Zwingenberg. Wegen der herrschenden Not in den Dörfern, die den Markgrafen bedrückte, ließ er Mehl herbeischaffen und verteilen. Für die ausgehungerten Menschen besorgte er Kartoffeln und Heidekorn aus dem Bauland und aus hessischen Gebieten. Diese wurden zum Anbau der Felder verteilt und waren nach der Ernte wieder zu ersetzen. Markgraf Wilhelm freute sich selbst über die positive Wirkung seiner Handlungsweise: *Meine Brüder und ich hatten die Freude, daß in unserer Standesherrschaft niemand am Hunger starb*[375].

Eine ausgezeichnete Quelle über das Leben der Markgrafen auf Schloss Zwingenberg ist das im Schloss aufbewahrte, handschriftlich von dem *geheimen Secretaire* Leger aus Heidelberg bis 1823 geführte „Jagdbuch“. Das „Jagdbuch“ befindet sich in privatem Besitz des Hauses Baden, ist für jegliche Benutzung gesperrt und durfte nur ausnahmsweise für die vorliegende Publikation ausgewertet werden. Es spiegelt die höfische Distanz zwischen den Markgrafen als Angehörige eines hochadligen Geschlechts gegenüber ihren niedergestellten Bediensteten sowie gegenüber den aufwartenden Amtleuten oder Pfarrern der Umgebung wie nicht minder gegenüber niederadligen Besuchern wider. In ihm wird der Tagesablauf der Markgrafen auf Zwingenberg beschrieben, besonders den eng an ihre Jagdleidenschaft gebundenen Rhythmus mit dem äußerst frühmorgendlichen Beginn. Der Jagd wurde nicht nur in den eigenen, sondern auch in gepachteten Wäldern nachgegangen, woran sich die Markgrafen und ihre Gäste und Bedienstete, vor allem die Förster und Jäger, beteiligten. Selbst Pfarrer verschiedener Orte folgten einer Einladung der Markgrafen, an der Jagd teilzunehmen. Die erlegten Tiere und gefallenen Schüsse wurde am Ende einer Besuchszeit sorgsam gezählt und notiert, natürlich besonders Gewicht und Aussehen der Jagdbeute. Das sich nach einer Jagd anschließende gesellige Zusammensein, bei dem Lobpreisungen und Gedichte auf die Markgrafen vorgetragen wurden, fand darin ebenfalls seinen Widerhall, wie nicht minder das Verhalten der „Jagdkönige" oder deren Missgeschicke beim Bewältigen des eingefüllten Inhalts im Schlosshumpen oder sonstiger trinkbarer Gefäße. Nicht immer kehrten die Markgrafen zur Nachtruhe in das Schloss zurück. Sehr oft übernachteten sie in Privat- oder in Gasthäusern der Umgebung (so etwa im „Hirsch" in Schollbrunn, im „Löwen" in Neunkirchen oder in der „Pfalz" in Strümpfelbrunn, auch in der Weisbacher Mühle). Mitunter besuchten sie an Sonn- oder Feiertagen den Gottesdienst in der evangelischen Kirche in Strümpfelbrunn, genauso den Gottesdienst in der Zwingenberger Schlosskapelle[376]. Einige Male wird im Jagdbuch über das Baden der Markgrafen im Neckar berichtet[377]. Das Jagdbuch gibt zudem Hinweise über ihre Bemühungen, die Burg in einen wohnlichen Zustand zu versetzen und den Lebensstandard in den Dörfern der Standesherrschaft zu heben. Neben dem Aufenthalt der Markgrafen wurden darin Besuche der Großherzöge notiert. Großherzog Ludwig I., der von Mosbach zu Pferd kam, besuchte Zwingenberg am 16. September 1820. Die Bevölkerung hatte ihm längs der Strecke ein besonderes Geleit gegeben, an der Amtsgrenze war ein Triumphbogen aufgestellt, und das Amtspersonal der Umgebung wurde dem Großherzog auf Zwingenberg vorgestellt[378].

Abb. 65: Jagdbuch der Markgrafen.

Was bewog die Markgrafen, ihre Besitzung Zwingenberg zu besuchen und sich dort wochenweise aufzuhalten? Im Jagdbuch wird ihre Intention in einem Eintrag deutlich sichtbar: *Zudem die jeweiligen hiesige Anwesenheit Seiner Hoheit des Herren Marckgrafen Wilhelm neben dero angewöhnten Beschäftigungen auch die Höchste Absicht zum Zweck hat, um die allerdings angenehme Lage der hiesigen Burg und deren Angehörungen und Jagdgelegenheiten zum ongestört ländlich geselligen Vergnügen vom Stadtgetümmel entfernt zu geniesen…*[379].

## Ausstattung und Räumlichkeiten auf Zwingenberg im 19. Jahrhundert

Pfarrer Karl Jäger beschrieb 1822 seine Eindrücke über die „Neckargegenden", darunter seine Beobachtungen auf Zwingenberg. Er schilderte die Bauwerke der Burg und ihre Geschichte, auch die Innenausstattung der Wohnräume, die er mit 27 Zimmern und Sälen angab und alle als recht möbliert bezeichnete. Besonders fiel ihm der sog. Rittersaal auf, *in welchem durch die Sorgfalt der jetzigen Eigentümer die Wappen aller früheren Besitzer der Burg in geordneter Zeitfolge aufgestellt* seien. *In einem anderen Saale findet man eine Reihe Bildnisse der Baden'schen Regenten u. Prinzen.* Besonders hob er die Sammlung der Jagdtrophäen hervor. Er sah unter diesen eine *graue Sturmmöve (larus canus), welche der Herr Markgraf Wilhelm von Baden auf der Rückreise von Petersburg im Sommer 1819 bei Sarckau* [Sarkau, Kr. Fischhausen / Ostpreußen] *an den Diemen der Ostsee i. Fluge mit der Pistole schoß*. Markgraf Wilhelm hielt sich um diese Zeit, im September 1824, wieder in der Burg auf[381].

Um 1838 verwies Grimm in seiner Beschreibung des Neckartals auf die Jagdtrophäen in der Burg: *Die Burg selbst bietet manches Interessante … Besonders interessant ist für den Kenner und Jagdfreund die reichhaltige Sammlung seltener Hirschgeweihe und Rehgehörne, auch die ausgestopften Jagdtiere.* Er lobte weiter die Bemühungen der Markgrafen um die Wohnlichkeit der Burg und den schöpferischen Aufbau von bestimmten Formen der „culturellen" Anlagen: *Diese bringen jährlich einige Zeit hier zu, und ihre schöne Jagd in den weit ausgedehnten Forsten gewährt ihnen eine willkommene Unterhaltung in der ziemlich abgeschiedenen Lage des Schlosses. Ihrem Besuche verdankt das Innere der Burg eine wohnliche Einrichtung, so wie auch die ganze Gegend durch ihre Aufmerksamkeit an Cultur gewinnt. Durch die Anlage einer trefflich gediehenen Baumschule sind schon die Wege der Umgebung, selbst des rauhen Winterhauches, einer hochgelegenen Gegend des Odenwaldes allenthalben mit kräftigen Obstbäumen besetzt*[382]. Im Okto-

Abb. 66: Inschrift für Rentamtmann Wetzel mit Burghumpen an einem präparierten Geweih.

ber 1816 führten die Grafen Leopold und Wilhelm von Hochberg einen *große[n] Schlosshumben* ein. Dieser Glashumpen, der ein beträchtliches Quantum Wein fasst, von einfacher Form ist und eingeschliffene Jagdszenen aufweist, musste der jeweilige Jagdkönig, der ein Stück Großwild schoss, als besondere Ehre in einem Zug leeren. Der Rentamtmann und (damalige) Oberförster Wetzel war der erste „Jagdkönig", dem diese Ehre widerfuhr (s. Abb. 66)[383].

Doch nicht immer vertrugen Jagdgäste diese „Ehre". Weniger Trinkfreudige oder Ungeübte wie Pfarrer verhielten sich zögerlich, was von der Tischrunde in ihrer allgemeinen Fröhlichkeit und ihren Trinksitten nicht sehr positiv angesehen wurde. Ein besonderes Hirschgeweih von etwa 18 Enden kam im Herbst 1824 in die Geweihsammlung des Schlosses. Der amerikanische Schriftsteller Samuel Langhorne Clemens genannt Mark Twain (*1835–†1910), der im Jahr 1878 das Neckartal befahren hatte, aber über einige Örtlichkeiten wie etwa über das Städtchen Hirschhorn wenig Schmeichelhaftes zu berichten wusste, überging Zwingenberg offenbar völlig[384].

Einige Zimmer im Schloss Zwingenberg trugen schon im 18. Jahrhundert Namen, welche die Grafen von Hochberg bzw. die Markgrafen von den Vorbesitzern übernahmen. Der Zwingenberger Amtsdiener Peter Conrad unterschrieb im Dezember 1814 ein Verzeichnis über die herrschaftlichen Möbel und Geräte im Schloss. Er erwähnte darin u.a. das *Hornegg*-Zimmer, das *Pfarrer*-Zimmer und das *Langhansen*-Zimmer, der darin inhaftiert gewesen sein soll. Ob mit „Langhans" der Räuber Georg Philipp Lang, genannt Hölzerlips, gemeint war, lässt sich nicht klären, ist aber zu vermuten. Das *Hornegg*-Zimmer deutet auf *Fridrich Wilhelm Horneck von Hornberg* hin, einen der Gölerschen Erben, welche 1733 die Glocke im Glockenturm stifteten. Im *neuen Bau* befand sich im obersten Stock ein Speisesaal. Dort hingen *Gemählde*, auch stand dort *Napolons Brustbild von Gips*. Im mittleren Stock war ein Saal, im untersten Stock hatte Rentamtmann Friedrich Wetzel sein Zimmer[385].

Aufgrund einer herrschaftlichen Anordnung wurde Peter Conrad im August 1816 erneut befragt, der eigenes Wissen weitergab, das allerdings von Erzählungen seiner Eltern geprägt war. Die Schlossanlage unterschied er zwischen *altem Bau*, dem eigentliche Schloss, und dem *Neue*[m] *Bau*, worunter er den Wiser'schen Anbau verstand. Dort hatten die Beamten ihre Wohnung. Nach dem Zwingenberger Amtsvogt Jacob Salomo Clemm, der als Vertreter der jeweiligen Herrschaft im 18. Jahrhundert auf Zwingenberg lebte[386], war das *große Wohnzimmer* im *unteren Stock* genannt, es hieß *Clemms Zimer*. Clemm war darin verstorben. Im Jahr 1816 lebte in dieser Wohnung der Rentamtmann Friedrich Wetzel. Zuvor hatte der Freiherr von Schweickhardt in seiner Funktion als gräflicher Vertreter auf Zwingenberg gewohnt, offenbar in den Räumen der Herrschaft. Linker Hand der Kapelle (im *alten Bau*) befand sich ein Gefängnis, genannt die *Petkammer*. Im zweiten Stock gab es die Amtsstube und *neben daran* die *alte* ursprünglich katholische *Schloßkapel mit Gemählden*. In einer Stube des dritten Stocks hatte im Jahr 1742 Pfalzgraf Karl Theodor die Huldigung der Zwingenberger Untertanen abgenommen, sie wurde deshalb als *Huldigungsstube* bezeichnet. Auf der anderen Seite, links daneben, folgte, so der befragte Amtsdiener, die *alte Pfarrers Stube*, worin ein lutherischer Pfarrer gewohnt habe. Gleich dabei, in der Wohnung des Grafen Leopold von Hochberg, war das *Hornegg Zimmer*. Ging man den Gang hinunter (in Richtung Bergfried), kam man zum Zimmer des Grafen Wilhelm von Hochberg, das vermutlich nach dem Odenwälder Räuber *Langhansen Zimmer* genannt werde. Der Amtsdiener beteuerte, dieser soll darin inhaftiert gewesen sein – offenbar eine abenteuerliche Vermutung, die trotz der Zeitnähe zu dem entwichenen Räuber „Mannefriedrich" völlig aus der Luft gegriffen war. Peter Conrad nannte weiter das Burgverlies, das eine etwas verschüttete Wendeltreppe besitze. Zwei Stockwerke tiefer, unterhalb der Huldigungsstube, befinde sich ein *zugemauerter Plaz…, welcher der Sage nach in die Schloßklinge* [= Wolfsschlucht] *führe*[387]. War darunter ein Fluchtweg zu verstehen, wie er bei vielen Burgen vermutet wird? Wie auch immer – der Bericht des alten Amtsdieners enthält einige Behauptungen und nicht belegbare Vermutungen. Im Jagdbuch wird im August 1823 auch ein Wappen- oder Huldigungs-Zimmer erwähnt, in dem die Markgrafen zu Mittag speisten[388].

Die Ausstattung im Schloss war nach den Beschreibungen des frühen 19. Jahrhunderts nicht allzu üppig. Kein Wunder, dass die Markgrafen seit 1817 die als *herrschaftliche Effecten* bezeichnete Ausstattung an *Weiszeug* (Handtücher), Bettzeug, Porzellan, Küchen- und *Steingutgeschirr*, *Blechware* (Gefäße aus Blech), Möbel und sonstige Gegenstände ergänzten, die zum Teil aus Karlsruhe kamen. Markgraf Wilhelm ließ im August 1818 aus seinem Besitz stammende Kupferstiche nach Zwingenberg schaffen. Diese zeigten Jagdmotive und waren gerahmt und unter Glas. Ihm persönlich gehörte ein großer Teil der Ausstattung in seinen Räumen. Im Jahr 1820 werden als Zugang unter dem Inventar im *Wappen- und Nebenzimmer 2 genealogische Stammtafeln der v. Hirschhornischen Famillie* erstmals erwähnt. Im Juli 1820 ergänzten *5 Stuck Grund und Aufrisse des Schloßes Zwingenberg*, die in schwarzem Rahmen

Abb. 67: Aufriss von Burg bzw. Schloss Zwingenberg.

unter Glas waren, ferner ein Portrait des verstorbenen Großherzogs Karl Friedrich die Beständeliste. Viele der in den „Reisebeschreibungen“ genannten Jagdtrophäen mit *ausgestopften Vögeln* kamen erst im Februar 1820 von Karlsruhe nach Zwingenberg. Die Geweihe von Großwild wie Hirsche sind seit 1832 im Schloss nachweisbar[389].

Die bewohn- und nutzbaren Räume und ihre Ausstattung werden in den umfangreichen Inventarlisten, die seit der Mitte des 19. Jahrhunderts erhalten sind, nach Stockwerken und Zimmern beschrieben. Die älteste, komplette Beschreibung stammt aus dem Jahr 1838 und wurde bis zum Jahr 1848 fortgeschrieben. Sie listet zwar die einzelnen Zimmer im Schloss und deren Ausstattung auf, lässt allerdings sonst keine Rückschlüsse auf die Einteilung der Burg und die Zuordnung der Zimmer zu[390]. Eine nähere Bestimmung ist erst nach den jüngeren Inventarlisten seit 1858 möglich. Die Burg Zwingenberg besaßen seit dem Verzicht des Markgrafen Leopold seine beiden Brüder, Markgraf Maximilian, der ledig war, und sein verheirateter Bruder Markgraf Wilhelm. Jeder der beiden Markgrafen sowie die Markgräfin Elisabeth, die Ehefrau Wilhelms, hatten im ersten Stock des Schlosses für ihren persönlichen Bedarf ihre eigenen Wohnbereiche (Schlaf- wie Wohnzimmer, auch Zimmer für Gouvernanten). Hinzu kamen gemeinschaftliche Räume, die Funktionsräume, darunter der sog. Wappensaal. Im zweiten Stock, dem *alten Bau*, gab es ein sog. *Naturalienkabinet*, das mit mittelalterlichen Waffen und Jagdtrophäen ausgestattet war. Im dritten Stock lag der *große Wappensaal*, worin u. a. Stammbäume der Vorbesitzer, der Herren von Zwingenberg, vom Hirschhorn und der Göler von Ravensburg aufbewahrt wurden. Hinzu kamen Speicher und einige Dienstzimmer, u. a. für den *Stallmeister* und das sog. *Adjutantenzimmer*. Der vierte Stock im Wiser'schen Neubau, der vom Hauptbau aus erreichbar war, verwahrte die *Garderobe* des Markgrafen Wilhelm. Im zweiten Stock des Hauptbaus befand sich die *alte Kapelle* und im Wiser'schen Neubau das *Rentamts-Bureau*. Der unterste Stock des Hauptbaus beherbergte die *herrschaftliche Küche*, die *Schloßkapelle* und das sog. *Hölzerlips-Zimmer*, das offenbar nach dem bekannten Räuber benannt wurde. Darin werden u. a. *Vorhangschlösser* sowie *Hand- und Fußschellen* aufgelistet. Im Wiser'schen Bau hatte der Rentamtmann seine Wohnung. In der (unteren) Vorburg befanden sich das *Waschhaus*, die *Schloßwachtstube* sowie der Marstall und Ökonomiegebäude. Der Stock unterhalb des Wiser'schen Neubaus beherbergte das Rentamt (Büro), die Gärtnerei (mit Wohnung) und die Bezirksforstei Zwingenberg. In Waldkatzenbach als weitere Bezirksforstei stand ein eigenes *Försterhaus*[391]. Nachdem in der Vorburg in den Jahren 1886/1887 das neue *Verwaltungsgebäude* errichtet worden war, wurden dorthin die Büroräume aus dem Wiser'schen Bau verlegt. Das Verwaltungsgebäude enthielt im ersten Stock Büroräume für Buchhalter und Amtsvorstand, eine Registraturkammer, aber auch Küche, Wohnung und Speisekammer. Im zweiten und dritten Stock hatte es weitere Wohnungen nebst Küchen[392].

Nach dem Grundriss, der im Inventarverzeichnis von 1897 zu finden ist, umschloss der erste Stock des (oberen) Schlosshofs neben dem spätmittelalterlichen Bergfried und dem Treppenturm aus dem späten 16. Jahrhundert das sog. *Hölzerlips-Gefängnis*, worin *alte Ketten* mit *Fuß-* oder *Handschellen* erwähnt werden, die Kapelle und die Küche. Direkt vor der Küche stand der Treppenturm. Auf der anderen Seite stießen an den Bergfried eine Speisekammer und die alte Waschküche an. Links neben dem Bergfried waren ein Brunnen und ein Ausgang in den Zwinger. Der zweite Stock beherbergte das *Archiv*, das direkt über der Kapelle lag und *altes Bureau* genannt wurde. Archivalien wurden darin 1897 nicht aufgelistet, wohl aber Stammbäume des Hauses Baden, der Herren von Zwingenberg, vom Hirschhorn und der Göler von Ravensburg, ferner die Dienstsiegel der Bezirksforsteien Waldkatzenbach und Zwingenberg sowie Siegel verschiedener Ortsgerichte der Herrschaft Zwingenberg aus der Zeit der Grafen von Hochberg sowie Gemeindesiegel, die noch unter den Fürsten von Bretzenheim benutzt wurden. Die *alte Burgkapelle* grenzte rechts an das *Archiv* an. Schräg gegenüber dem *Archiv* (jenseits des Treppenturms) befand sich die *Geweih-Halle*. Auf der anderen Seite, direkt unterhalb des Bergfrieds, schlossen sich das *Kupferstich-Kabinet* und das *Naturalien-Kabinet* an. Im dritten Stock, über der *Kapelle* im ersten Stock, hatte der Großherzog sein Schlafzimmer, über dem *Archiv* lag sein *Salon*. Rechts neben seinem Schlafzimmer waren ein Vorplatz mit *Abort* sowie zwei Dienerzimmer. Auf der anderen Seite unterhalb des Bergfrieds gab es das *Langhansen Zimmer* und den Wappensaal. Im vierten Stock befanden sich der *Salon* und das Schlafzimmer des Erbgroßherzogs. Auf der anderen Seite waren der Vorplatz mit dem Zugang zum Bergfried und zum *Burgverlies* sowie *Wetzels Studierzimmer*. Der Wiser'sche Bau, der über die Wendeltreppe erreicht wurde, beherbergte im ersten und zweiten Stock die alte Wohnung des Forstmeisters. Beim zweiten Stock gab es einen Ausgang in den (oberen) Schlosshof, der dritte Stock hatte einen Speisesaal sowie einen Übergang zum Hauptbau[393].

## Zwingenberg als Privatvermögen des Großherzogs

Eine Änderung in den Eigentumsverhältnissen an Zwingenberg trat im Jahr 1865 ein. Nach dem Tode des Markgrafen Wilhelm (†11.10.1859) verkauften seine drei Töchter, die Prinzessinnen Sophie (verheiratete Prinzessin zu Lippe), Elisabeth und Leopoldine von Baden (verheiratete Fürstin zu Hohenlohe-Langenburg) zum 1. Juni 1865 ihre Hälfte an der früheren Standesherrschaft Zwingenberg mit allem Zubehör an ihren Oheim, den Markgrafen Maximilian von Baden für 400.000 Gulden[394].

Markgraf Maximilian war fortan alleiniger Eigentümer des Schlosses Zwingenberg. Als er am 6. März 1882 verstarb (Maximilian wurde am 13. März 1882 beigesetzt[395]), fiel der Besitz Zwingenberg auf-

Abb. 68: Markgraf Wilhelm.

Abb. 69: Großherzog Friedrich I. und Großherzogin Luise.

grund seiner testamentarischen Verfügung vom Januar 1876 und vom Juni 1881 als privates Erbe an Großherzog Friedrich I.[396].

Burg Zwingenberg war seit diesem Zeitpunkt Privatvermögen des Großherzogs. Bei der Vermögensauseinandersetzung des Großherzoglichen Hauses mit dem badischen Staat nach dem Ersten Weltkrieg wurde Zwingenberg als Privatbesitz der Zähringer anerkannt. Der Kauf von 1808 war nicht mit Landesmitteln, sondern aus dem (zugewiesenen) Vermögen der Grafen von Hochberg bestritten worden. Das Ausgangsvermögen zu hinterfragen, wäre letztendlich eine fehlgeleitete Methode, heutige Interpretationen in die Bedingungen vergangener Strukturen kritiklos zu übertragen[397].

Die Vermögenswerte des Großherzogs wurden vom Rentamt Zwingenberg erfasst, dargestellt und an die *Generalintendanz der Gr*[oßherzoglichen] *Civilliste – Verwaltung des Privatvermögens Seiner Königlichen Hoheit des Großherzogs Friedrich von Baden* gemeldet[398]. Der Rentamtmann und Forstmeister Hugo Kirchgessner bezifferte am 22. April 1895 den Wert der *Gesamtsumme des hiesigen Schloß- und Rentamts-Inventars* zum *1. Januar 1895 auf 3507 M 51 Pfennig* und die *Summe der Grund-, Häuser- und Gefällsteuerkapitalien nach Abzug der Lastenkapitalien auf 944.717 M 78 Pf.* In der letzteren Summe waren noch *76.790 M Häusersteuerkapitalien* enthalten[399].

Das Haus Baden nutzte Zwingenberg als sein Privateigentum, auch zu offiziellen Abstechern in der Umgebung. Am Morgen des 16. Mai 1903 hielt sich Friedrich von Baden, der Erbgroßherzog, in Eberbach zu einem offiziellen Empfang auf, den Vertreter des Bezirksamts wie der Stadt ihm gaben. Er kam von Schloss Zwingenberg, das er einige Tage zur Erholung bewohnt hatte. Von Eberbach aus fuhr er gegen Mittag mit der Eisenbahn zurück nach Karlsruhe[400]. Am Nachmittag des 11. Mai 1910 besuchten Großherzog Friedrich II. und seine Gemahlin, die Großherzogin Hilda, die Stadt Eberbach. Das großherzogliche Paar kam von Zwingenberg, wo es sich seit Ende April aufgehalten hatte, mit dem Wagen um 14.30 Uhr an. Es suchte zunächst das Bezirksamt (Amtsgebäude, heute: Standort der Stadthalle) und das Rathaus (heute: Museum) auf. Das vorher abgestimmte Programm war gut organisiert und besonders festlich – unter Beteiligung von Schulkindern und verschiedener Vereine, darunter des Eberbacher Zweigvereins des Frauenvereins mit seiner Präsidentin Maria Knecht-Frey. Trotz Regens bildeten

Abb. 70: Das Großherzogspaar in Eberbach 1910 vor dem damaligen Rathaus.

Schüler und Vereinsmitglieder Spalier. Während der An- und Abfahrt des großherzoglichen Paares durch die Straßen der Altstadt läuteten zudem die Glocken. Die Großherzogin besuchte die Ausstellung weiblicher Handarbeiten in der Turnhalle, das Bezirksspital und die Kleinkinderschule, dem Großherzog wurden zur gleichen Zeit im Bezirksamt (genannt: „Amthaus") die (staatlichen) Beamten, Geistliche und weitere Persönlichkeiten sowie im Rathaus die Bürgermeister und Lehrer des Bezirks sowie Vereinsvorstände vorgestellt. Gegen 18.00 Uhr kehrte das großherzogliche Paar nach Zwingenberg zurück[401].

Großherzog Friedrich I. hatte nach seinem Testament vom September 1907 seine Liegenschaften, darunter die *Herrschaft Zwingenberg*, seinem Sohn, dem Erbgroßherzog Friedrich, vorbestimmt. Darin hielt

Abb. 71: Max-Wilhelmshöhe im Winter.

Abb. 72: Großherzog Friedrich I.

der Großherzog fest, sich an den Wunsch, den Markgraf Maximilian von Baden in seinem Testament vom 21. Januar 1876 festgelegt hatte, zu halten. Danach sollte das Besitztum Zwingenberg mit allem Zubehör und das Jagdhaus Max-Wilhelmshöhe an den Regierungsnachfolger des Großherzogs fallen[402].

Seit Juni 1917 waren 24 städtische Kinder aus Karlsruhe auf Schloss Zwingenberg als *Ferienkinderkolonie* auf sechs Wochen untergebracht, um ihnen wegen der kriegsbedingt bestehenden Knappheit der Lebensmittel eine bessere Verpflegung bieten zu können. Die Väter der Kinder waren zu einem Großteil gefallen oder vermisst. Die Kinder wurden auf Bitten der Großherzogin Hilda im Schloss untergebracht. Alle *gefährlichen Stellen* waren dort abzusperren. Die Handarbeitslehrerin Lina Weiß aus Eberbach und die gelernte Kindergärtnerin Frl. Elisabeth Kirchgessner (*4.12.1897) wurden zu ihrer Aufsicht bestimmt. Die Versorgung lief über den Kommunalverband. Die Kosten der Unterbringung und Verpflegung wurden aber von der Großherzogin übernommen. Die zweite Gruppe an Kindern, die den *Ferienhort* nutzen durfte, kam im Herbst 1917 an. Die gleiche Aufnahme von 24 Ferienkindern erfolgte im Juni 1918, Leiterin war wieder Lina Weiß. Eine zweite Gruppe folgte unmittelbar danach. Diese Kosten wurden im Oktober 1918 wiederum vom großherzoglichen Paar übernommen – trotz der sich abzeichnenden revolutionären Situation in Baden und in Deutschland[403].

Noch einmal vor der Revolution, am 13. und 14. Juni 1918, hielt sich das großherzogliche Paar auf Zwingenberg auf. Einen Tag später kamen die bereits an anderer Stelle erwähnten Ferienkinder, die dort auf Kosten des Hauses Baden einen Sommerurlaub verbringen durften[404]. Wenige Monate später, nach der Revolution in Karlsruhe, warteten der Großherzog und die Großherzogin zwischen 12. und 17. November 1918 die weitere Entwicklung auf ihrem Schloss Zwingenberg ab, bevor das Paar nach Schloss Langenstein weiterfuhr. Erst dort, am 22. November, verzichtete der Großherzog auf seine Rechte am Thron.

Das von der Familie im Schloss Zwingenberg schon vor 1914 geführte (ältere) Gästebuch weist Einträge vieler bekannter Persönlichkeiten auf, natürlich die der Hausherren selbst, wie der (seit 1907 verwitweten) Großherzogin Luise, ihres Sohnes, des Großherzogs Friedrich II., und dessen Gemahlin Hilda. Auch der letzte großherzogliche Staatsminister Freiherr von Bodman war im Juni 1911 in Zwingenberg. Von großer landesgeschichtlicher Bedeutung ist der Vermerk über den Aufenthalt der großherzoglichen Familie auf Schloss Zwingenberg im November 1918. Die Großherzogin Luise, Großherzog Friedrich II. und seine Frau Hilda sowie dessen Schwester Victoria, Königin von Schweden, (*1862–†1930) kamen am 12. November 1918 um *½ 3 Uhr* auf Zwingenberg an. In ihrer Begleitung befand sich der Oberhofmeister Freiherr von Göler. Angesichts der politisch gefährlichen Situation schrieben sie bei ihrer Abreise am 17. November 1918 *Auf Wiedersehen!* ins Gästebuch. Bereits am 15. November 1918 war Graf Douglas nach Zwingenberg gekommen, der die großherzogliche Familie auf sein Besitztum Schloss Langenstein begleitete und als schwedischer Staatsbürger für sie einen gewissen Schutz verkörperte.

[Luise]

[Victoria]

[Friedrich]

[Hilda]

[Freiherr von Göler]

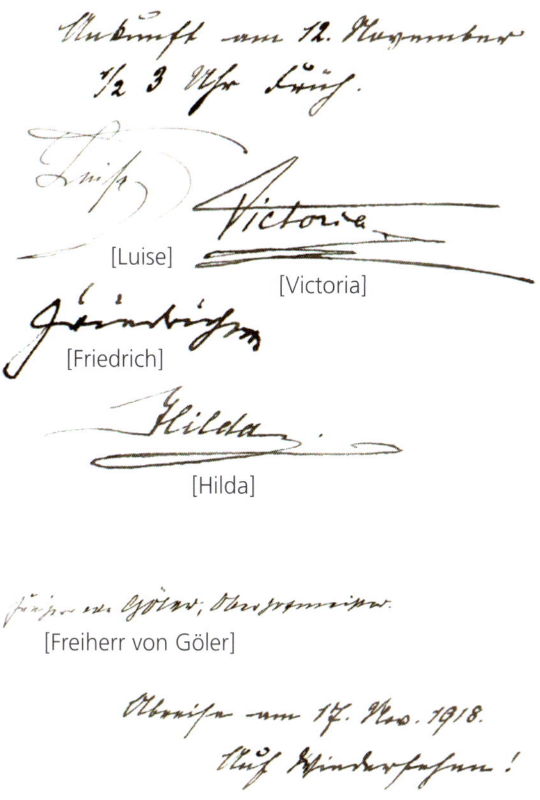

Abb. 73: Aufenthalt der großherzoglichen Familie auf Zwingenberg im November 1918 (Gästebuch).

Als ihr Privateigentum konnte Zwingenberg von der großherzoglichen Familie ungestört genutzt werden. Weiterhin blieben die Besuche sporadisch. Im Frühsommer 1930 hatte eine Klassenfahrt Buchener Volksschüler an den Neckar und zum Katzenbuckel gebracht. Sie waren mit der Eisenbahn angereist und in Zwingenberg ausgestiegen, um die Burg zu besichtigen. Eine Schülerin, Anna Pfügler, schilderte den Besuch auf der Burg, die zu dieser Zeit von der Großherzogin Hilda von Baden bewohnt war. Eine Besichtigung des Schlosses wurde ihnen abgeschlagen, da nach Auskunft des Verwalters *zur Zeit … die Herrschaft da* wäre. Mit dessen Erlaubnis durften die Schüler dann aber doch in den Schlosshof[405]. Nach dem Gästebuch hielt

Abb. 74: Gedenkstein für Markgraf Berthold.

sich die ehemalige Großherzogin Hilda, welche den Aufenthalt auf Zwingenberg liebte und sehr genoss, im August 1939 wieder auf dem Schloss auf. Die Burg war ein beliebter Aufenthalt im Sommer. Manchen Besuchern wurde über den sog. „Rundgang“, der entlang der Ringmauer an der Wolfsschlucht und an Außentürmen vorbei führte, die Burg gezeigt[406].

Das Ende des Zweiten Weltkriegs hatte für das Schloss Auswirkungen. Zwar war es nicht von Kriegshandlungen betroffen, doch durch *Plünderungen und Requisitionen … stark mitgenommen*. Ein Teil der darin aufbewahrten Gemälde und Bilder hatte die großherzogliche Familie schon vorher nach Schloss Eberstein verbracht, das ebenfalls ihr Privateigentum war. Im Schloss Zwingenberg gab es jedoch verschiedene Ausweichlager. Die Universitätsbibliothek Heidelberg hatte Bücher nach Zwingenberg ausgelagert. Nach der Besetzung wurde das Zwingenberger Verwaltungsgebäude beschlagnahmt. Es musste Hausrat an die alliierte Kommandantur in Mosbach, an freigelassene Gefangene sowie für ehemalige KZ-Insassen abgegeben werden. Das eigentliche Schloss war im Sommer 1945 auf Anweisung der Militärregierung in Mannheim geschlossen[407]. Nach dem Krieg wurde das Schloss wie zuvor von den Angehörigen des Hauses Baden bewohnt und besonders zu Jagden genutzt. Zu Ostern 1953 (6.–9. April) hielt sich die gesamte Familie auf Zwingenberg auf, wie das Gästebuch belegt: Markgraf Berthold von Baden und seine Ehefrau Theodora, Prinzessin von Griechenland, sowie ihre Kinder Margarita, Max und Ludwig (der heutige Hausherr). Noch kurz vor seinem Tod erlegte Markgraf Berthold von Baden während eines Aufenthalts Mitte September 1963 im Brummersberg (bei der Max-Wilhelmshöhe) seinen „besten Hirsch von 16 Enden“, woran dort ein Gedenkstein erinnert (s. Abb. 74).

# Kapitel 15
# Schloss Zwingenberg als kultureller Mittelpunkt

## Die Bedeutung der Wolfsschlucht

Mit der Wolfsschlucht besitzt das Neckartal nicht nur einen urwüchsigen klingenartigen Landschaftseinschnitt, sondern mit ihr wird auch seit gut 100 Jahren ein Stück deutscher Musikgeschichte verbunden. Die Burg Zwingenberg ist gegen Norden von einer scharf eingeschnittenen Talklinge, der *Wolfsschlucht*, begrenzt. Sowohl hinter dem Schloss wie vom Ortsausgang von Zwingenberg ist die Wolfsschlucht zu erreichen. Sie ist steil in dem aus Buntsandstein bestehenden Odenwald eingeschnitten, besitzt zum Teil treppenartig anmutende Felsstufen und hat eine Länge von ca. 800 m. Die Klinge entwässert bei Starkregen oder Schneeschmelze aus dem Odenwald in den Neckar. Sie steht im Eigentum des Hauses Baden und ist touristisch mit einem Wanderweg erschlossen. Da die Schlucht unmittelbar am Schloss vorbeiführt, trug sie ursprünglich den Namen „Schlossklinge“[408]. Erst 1826 gab Markgraf Wilhelm dem Distrikt, der zwischen der Schlossklinge und dem sog. „Ebenenweg“ lag, den neuen Namen „Wolfsschlucht“, da hier früher häufig Wölfe aufgetaucht und in Gruben gefangen worden waren[409]. Nach verschiedenen Literaturangaben soll von ihr der Komponist Carl Maria von Weber für seine romantische Oper *Der Freischütz* inspiriert worden sein, worin eine Wolfsschlucht-Szene eine bedeutende Rolle hat. Aus diesem Grunde, so wird behauptet, wurde der geschichtlich überlieferte Name abgelegt und die Bezeichnung „Wolfsschlucht“ angenommen. Carl Maria von Weber, der zwischen 1786 und 1826 lebte, zählte (anscheinend) zu den (noch wenigen) Gästen des 19. Jahrhunderts am unteren Neckar[410]. Der Komponist, der Ende Februar 1810 nach Mannheim kam, hielt sich – nach den Eintragungen in seinem Tagebuch – Ende Mai und Mitte August 1810 für je zwei Tage auf Stift Neuburg bei Heidelberg auf, das von den Heidelberger Romantikern besucht wurde. Ein Abstecher nach Zwingenberg ist im Tagebuch nicht vermerkt, wohl aber ein Aufenthalt Webers in der Schlucht am Schlierbacher Wolfsbrunnen, der gegenüber von Stift Neuburg liegt. Das Neckartal östlich von Heidelberg war zu diesem Zeitpunkt, vor dem Beginn der Dampfschifffahrt, touristisch noch nicht entdeckt[411]. Das volkstümliche Gespensterbuch, das Carl Maria von Weber als Grundlage für den „Freischütz“ gedient haben soll, hatte der Komponist nach der jüngsten Interpretation von Meinhold Lurz, der die Fehlinformation bei Max Maria von Weber, dem Sohn des Komponisten, vermutet, anscheinend nicht auf Neuburg gesehen, sondern in Mannheim[412]. In der Oper „Der Freischütz“, die erst 1821 in Berlin uraufgeführt wurde, spielt der Schauplatz der Wolfsschlucht-Szene eine wichtige Rolle: Diese wird im Opernbuch als *furchtbare Schlucht, größtenteils mit Schwarzholz bewachsen* und *von hohen Gebirgen rings umgeben* beschrieben. Weiter heißt es: *Von einem derselben stürzt ein Wasserfall.* Diesen Schauplatz kann man in der Zwingenberger Wolfsschlucht wiederfinden. Und lässt sich nicht der Schauplatz des *ehemaligen fürstlichen Jagdschlosses*, wo die Braut „Ännchen" wartet, auf das Jagdschloss Max-Wilhelmshöhe transponieren[413]? Die Wirkung der Oper von Carl Maria von Weber hinterließ ihre Spuren im Neckartal. August Ludwig Grimm hat um 1838 auf den Namenswandel der Wolfsschlucht hingewiesen: *Der Besucher der Burg* [Zwingenberg] *versäume nicht, die sogenannte Wolfsschlucht zu sehen. Diesen Namen hat nämlich seit der Erscheinung des „Freischützen" auf dem Theater ein wildromantisches enges Tal oder vielmehr eine Bergschlucht erhalten, durch welche sich ein kleiner Bach in vielen Wasserfällen herabstürzt*[414].

In ähnlicher Art wie bei der Zwingenberger Wolfsschlucht entstand in der Mitte des 19. Jahrhunderts die Legende über die (angebliche) Geburt der späteren englischen Königin Victoria, die im ehemals Leiningenschen Jagdpalais in Eberbach, dem heutigen Thalheimschen Haus, das Licht der Welt erblickt habe. Ein Mitglied der Heilbronner *Direction der Neckar-Dampfschifffahrt*, der *fünf englische Damen* auf der Fahrt von Heidelberg bis Neckarsteinach und dann den Neckar aufwärts bis nach Heilbronn begleitete, berichtete beim Passieren von Eberbach über den Aufenthalt von Viktoria von Kent, verwitwete von Leiningen, der Mutter der späteren Königin Victoria, im Thalheimschen Haus. Er hielt sogar fest: *Diese Mittheilung war für die englischen Damen von so großem Interesse, daß ich sie ihnen in ihr Reisebuch eintragen musste.* Aus diesem realen Interesse dürfte sich die spätere und in Eberbach gern genutzte Legende entwickelt haben[415].

## Die Zwingenberger Schlossfestspiele

Vor der romantischen Kulisse des Schlosses im unteren Burghof finden jährlich die „Schlossfestspiele Zwingenberg" statt. Sie wurden 1983 nach einer Idee des damaligen Musikstudenten Guido Johannes Rumstadt aus Eberbach begründet, der heute ein bekannter Dirigent ist.

Nach seiner Idee begannen die Aufführungen mit drei ausverkauften Vorstellungen der Oper „Der Freischütz", die von Carl Maria von Weber (1786–1826) stammt. Neben dem herrlichen Burghof bietet die Wolfsschlucht genügend Ansatzpunkte für eine Aufführung. Das Haus Baden und Prinzessin Marianne und Prinz Ludwig von Baden hatten das Anliegen unterstützt und ihren schönen Wohnsitz als Kulisse zur Verfügung gestellt. Die Festspiele werden seit 1985 von einem Verein getragen, dem der Neckar-Odenwald-Kreis und die Kommunen Zwingenberg, Neckargerach und Waldbrunn sowie die Städte Eberbach und Mosbach angehören. Die aufgeführten Opern selbst werden von einer Mischung aus Profisängern, die in Opern- und Konzerthäusern engagiert sind, und aus Amateursängern, die zu örtlichen oder benachbarten Gesangvereinen gehören, einstudiert und aufgeführt. Die Opern stammen nicht nur aus der Romantik, wie des „Teufels Lustschloß" von Franz Schubert (1797–1828), ja sogar „Theseus" von Georg Friedrich Händel (1685–1759). Selbst selten gespielte Opern werden aufgeführt. Eine deutsche Erstaufführung war eine vergessene und rekonstruierte Oper des Königlich-Schwedischen Kapellmeisters Joseph Martin Kraus (1756–1792), der – gebürtig aus Miltenberg am Main – in

Abb. 75: Guido Johannes Rumstadt.

Buchen gelebt hat und als „Odenwälder Mozart“ bezeichnet wird. Die Schlossfestspiele sind eine Kombination zwischen Freilichtbühne und Oper und ein Genuss für Musikkenner. Die Besucherzahlen haben schon im Jahr 1995 die Hunderttausend-Marke übersprungen. Guido Rumstadt inszenierte und dirigierte die Aufführungen bis 2001[416]. Seine Nachfolger als künstlerische Leiter oder Intendanten, Dr. Friedemann Eichhorn (2002–2007) und Karsten Huschke (2008–2014, ab 2015: Rainer Roos) setzten und setzen für die Schlossfestspiele mit ihren Ideen neue Akzente und Neuerungen[417].

Abb. 76: Schloss Zwingenberg während der Schlossfestspiele.

## Kulturelle Funktionen

Schloss Zwingenberg ist heute ein touristischer Anziehungspunkt. Das Angebot ist sehr vielfältig. Die Umgebung gleich hinter der Burg bietet jede Möglichkeit zu ausgiebigen Spaziergängen und Wanderungen, auch durch die romantisch wirkende Wolfsschlucht. Räume in der Burg können zu privaten Feiern gemietet werden, etwa die sog. „Alte Küche“ oder in der Vorburg die wunderschöne Schlossterrasse. Die „Alte Küche“ in der Hauptburg schafft mit ihrem großen Kamin, ihrer Steinsäule und ihren schönen Wandmalereien eine besondere Atmosphäre. Die angebotenen Führungen in der Burg oder durch den Wald zum Unterschlupf der Odenwälder Räuber beim Felsenhaus bieten einen besonderen emotionalen Bezugspunkt.

Abb. 77: Der Pflanzen- und Gartenmarkt auf Schloss Zwingenberg.

Das Markgräfliche Forstamt betreut heute den umfangreichen Waldbesitz des Prinzen Ludwig von Baden in der früheren Waldgemarkung Zwingenberg, der hauptsächlich im Hohen Odenwald und im Neckartal liegt. Die Holznutzung wird gewerblich betrieben, aber nicht in substanzgefährdender Form. Neben dem geschlagenen Stammholz für verschiedene Kundenwünsche wird vom Forstamt Brennholz vermarktet. Daneben bietet das Markgräfliche Forstamt Möglichkeiten der Jagd sowie Wildpretprodukte an. Eine weitere, neuere Attraktion ist der Pflanzen- und Gartenmarkt, der unter der Schirmherrschaft und dem persönlichen Interesse der Prinzessin Marianne von Baden im Jahr 2014 zum zehnten Mal im unteren Burghof stattfand. Eine Vielzahl von Ausstellern präsentieren auf dem Markt ihre Produkte für Haus und Garten, aber auch *Accessoires wie Schmuck, Hüte und Dekoratives.*

# Schlusswort

Als eine der bedeutendsten Burgen am unteren Neckar ist Burg und Schloss Zwingenberg seit ihrer Erbauung eine ständig von niederadligen Familien bewohnte und genutzte Anlage gewesen – mit Ausnahme vermutlich in der zweiten Hälfte des 14. Jahrhunderts. Selbst nach ihrer Zerstörung 1362 blieb zumindest die Vorburg bewohnt. Insgesamt überrascht die umbaute Fläche, die Platz und Wohnung bot für mehrere niederadlige Familien. Die von den namensgleichen Erbauern, den Reichsministerialen von Zwingenberg, errichtete Burg, die von ihren Nachfolgern, den Herren vom Hirschhorn, nach ihrer Zerstörung neu geschaffen wurde, ist aus dem Kontext der regionalen Geschichte nicht hinweg zu denken. Sie wurde baulich ständig verändert, erweitert und schließlich im frühen 19. Jahrhundert durch Kauf Wohnsitz einer ehemals regierenden hochadligen Familie, einer nachfolgenden Linie des Hauses Baden, die zwischen 1830 und 1918 als Großherzöge Staatsoberhaupt des ehemaligen Großherzogtums Baden gewesen sind und mit vielen europäischen Fürstenhäusern verwandtschaftliche Bande besitzen.

Mit der Übernahme der Burg 1808 durch die Grafen von Hochberg und späteren Markgrafen und Großherzöge von Baden änderte sich der Charakter der Burg völlig. Als abgewohnte und aufbesserungsbedürftige Burg ließen die Markgrafen von Baden Zwingenberg in einen fürstlichen Ansprüchen genügenden Stand versetzen, ohne von ihnen als ständiger Wohnsitz genutzt zu werden. Als Mittelpunkt einer hochadligen Standesherrschaft im Großherzogtum Baden war Zwingenberg zunächst Verwaltungssitz, dann grundherrlicher Verwaltungsbezirk mit weitreichenden Waldflächen am großen Neckarbogen um Eberbach und im Odenwald. Die obrigkeitlichen Befugnisse einer badischen Standesherrschaft mit abgegrenzten oder abgrenzbaren Hoheitsrechten zur Staatsgewalt des Großherzogs wurden bereits 1824 aufgegeben und nicht mehr aktiviert. Die innere Erschließung des standesherrlichen Gebiets ist und bleibt ein Verdienst der Markgrafen von Baden, welche die gesamte, noch weitgehend unberührte und verarmte Gegend mit ihren Maßnahmen durchdrungen und geprägt haben, sich auch gegenüber der Notlage der Untertanen nicht unempfänglich zeigten. Die Namen der Markgrafen oder von Familienangehörigen hängen an Waldschlägen, der Markgrafenwald wurde begründet und durch Hinzuerwerb von Waldflächen erweitert, das Gebiet gleichzeitig mit Wegebau und mit der Anlage von steinernen Tischen oder von Jagdhütten für die eigenen Bedürfnisse erschlossen. Als einen gesellschaftlichen Höhepunkt zur Jagdzeit kann man die Tafel der Markgrafen bewerten, denen führende weltliche und geistliche Beamte der Umgebung wie Angehörige des benachbarten Adels ihre Aufwartung machten. Die Spuren der Markgrafen finden sich in unzähligen Kleindenkmalen oder an Gebäuden, wie der ihren Namen tragenden Max-Wilhelmshöhe. Den bleibenden Eindruck hinterlässt ihr Turm auf dem Katzenbuckel, der über die Schönheit des Odenwalds einen herrlichen und weitreichenden Blick in andere Naturräume ermöglicht. Die letzten grundherrlichen Befugnisse der Markgrafen endeten fast zwangsläufig mit der Revolution von 1848/49 in Baden und im Odenwald. Gleichwohl scheint der revolutionäre Funke in den Dörfern der Standesherrschaft kaum erglommen zu sein, die revolutionäre Erregung wurde eher von angrenzenden Dörfern der Fürsten zu Leiningen in das Gebiet der markgräflichen Standesherrschaft hinein getragen, obwohl doch die hier lebenden Untertanen auf ihren kargen Böden nur sehr mühsam ihren Lebensunterhalt fanden. Als besonders drückendes Beispiel steht das Schicksal der beiden Weiler Ober- und Unterferdinandsdorf, die gerade wegen ihrer schmalen Erwerbsbasis zu einem großen Teil ihre Zukunft in Amerika suchten. Dieser anhaltende Prozess führte schließlich zur staatlich verfügten Aufhebung der beiden recht jungen Siedlungen. Als Folge der Revolution ist die frühere Funktion als Grundherrschaft wie in anderen badischen Standesherrschaften verloren gegangen und allenfalls noch bei dem im privaten Rechtsbereich fußenden Markgräflichen Forstamt zu spüren.

Die Rolle von Burg und Schloss Zwingenberg änderte sich im Jahr 1882 noch einmal, als der amtierende Großherzog Friedrich I. Zwingenberg als privaten Besitz nach dem Testament des letzten Markgrafen Maximilian von Baden erbte. Seitdem ist Zwingenberg Wohnsitz einer Fürstenfamilie, deren Privatsphäre wie bei allen Bürgern zu respektieren ist. Schon unter den Markgrafen hatte die Burg bauliche Veränderungen erfahren, die Umgestaltung des unteren Burghofes mit dem weithin sichtbaren Verwaltungsgebäude aus Odenwälder Sandstein stammt von Großherzog Friedrich I. Mit dem Reichskanzler Prinz Max von Baden stellte die fürstliche Familie den letzten, noch vom deutschen Kaiser ernannten Regierungschef, der zwar selbst in Zwingenberg nicht gelebt hat, aber mit seinen politischen Entscheidungen das Ende eines mörderischen Krieges herbeiführte und innere Reformen anschob, die jedoch letztendlich den Sturz der monarchistischen Gesellschaftsordnung nicht mehr verhindern konnten. Mit dem Verzicht auf jede Regierungstätigkeit des Großherzogs Friedrich II. im November 1918 bleibt Schloss Zwingenberg ein markanter Wendepunkt der badischen Geschichte. Der Verlust von Thron und Regierungsfunktion des großherzoglichen Hauses ließ das Privateigentum unberührt, und so erfreut Zwingenberg als mittelalterlich wirkende Burg nicht nur Touristen oder heimatkundlich Interessierte, sondern bleibt selbst mit den auch überregional bekannten und geschätzten Schlossfestspielen sowie dem von der fürstlichen Familie organisierten Garten- und Pflanzenmarkt ein kultureller Mittelpunkt des Neckar-Odenwald-Kreises wie des gesamten Neckartals und Odenwalds.

ein [illegible] Herren zu

der ausschließlich und [illegible]

der herzoglichen Gallalivrée zu

der [illegible]

[illegible] mit der Weisung

selben dem Amtsbott [illegible]

auszustellen, daß er sich ferner

ngen sollen, bei feierlichen Gelegen

herzoglichen Gallauniform

ng seinen [illegible] mit

rüten zu erscheinen. Weimar

96.

ichstfürstlich Braunschweigischen

# Anmerkungen

1 So Georg Heinrich Krieg von Hochfelden in seiner Vorrede seiner Darstellung „Die Veste Zwingenberg am Neckar. Ihre Geschichte und ihr gegenwärtiger Zustand", Frankfurt am Main 1843, S. III–IV; vgl. dazu: Landesarchiv Baden-Württemberg Abt. Generallandesarchiv Karlsruhe (künftig: GLA Karlsruhe) 236/7710.

2 Stadtpfarrer Herr aus Kuppenheim hielt sich zwischen 27. August und 4. September 1821 erstmals auf Zwingenberg auf. Eine Urkundensammlung mit Abschriften von Urkunden des 14.–16. Jahrhunderts aus Archiven oder aus gedruckten Quellenbänden (etwa Valentinus Ferdinandus Gudenus de: Codex Diplomaticus Anecdotorum, res Moguntinas, Francias, Trevirenses, Hassiacas Finitimarumque Regionum, nec non ius Germanicum ... Tomus III, Francofurti et Lipsiae 1751) wurde 1816 von dem Sekretär Leger bzw. Oberförster Friedrich Wetzel angelegt, der zudem statistische Beobachtungen und Berichte erstellte.

3 Denkwürdigkeiten des Markgrafen Wilhelm von Baden, hrsg. von der Badischen Historischen Kommission, bearb. von Karl Obser. Erster Band 1792–1818. Mit einem Porträt und 2 Karten, Heidelberg 1906; sonst Landesarchiv Baden-Württemberg Abt. Generallandesarchiv Karlsruhe Bestand 46 (Hausarchiv 46/7395-7399).

4 Wirtembergisches Urkundenbuch (künftig: WUB), hrsg. von dem Königlichen Staatsarchiv in Stuttgart, Fünfter Band, Stuttgart 1889 (Neudruck Aalen 1974), S. 6 nr. 1248 (1253 Jan. o.T.).

5 Or. in Bayrisches Hauptstaatsarchiv München Bestand KU Memmingen Oberspital (Urkunde 1257 VI 8), Abbildung und Transkription bei Görlich, Horst: Herkunft und Verwandte des Wilhelm von Wimpfen. Ergebnisse neuer Urkundenforschung, in: Regia Wimpina. Beiträge zur Wimpfener Geschichte Band 2 (= Sonderdruck aus: Forschungen und Berichte der Archäologie des Mittelalters in Baden-Württemberg, Band 8 des Landesdenkmalamtes Baden-Württemberg), Bad Wimpfen 1983, S. 369–381, hier: S. 370–371.

6 Görlich, Herkunft und Verwandte des Wilhelm von Wimpfen (wie Anm. 5), S. 374ff.

7 WUB Neunter Band, Stuttgart 1907 (Neudruck Aalen 1978), S. 284 nr. 3865 (1289 VI 12).

8 Vgl. den Überblick bei Lenz, Rüdiger: Die Herrschaft Zwingenberg und die Geschichte ihrer Dörfer auf dem Winterhauch, in: 650 Jahre Oberdielbach mit Unterdielbach. Chronik eines Dorfes auf dem Winterhauch, hrsg. von der Gemeinde Waldbrunn, Limbach-Wagenschwend 2010, S. 24–26 (mit allen archivalischen Angaben).

9 Krieg von Hochfelden, Veste Zwingenberg (wie Anm. 1), nr. 22, S.153–154 (Urkunde 1404 I 17); kopiale Abschrift GLA Karlsruhe 67/801, 205r–205v und Stadtarchiv Eberbach MF Zwingenberger Kopialbuch fol. 1r.

10 Krieg von Hochfelden, Veste Zwingenberg (wie Anm. 1), S. 13–14, 22–23; vgl. Die Kunstdenkmäler der Amtsbezirke Mosbach und Eberbach (Kreis Mosbach). Bearb. von Adolf von Oechelhaeuser. Mit 144 Textbildern, 21 Lichtdrucktafeln und 1 Karte (= Die Kunstdenkmäler des Grossherzogthums Baden. Beschreibende Statistik. Im Auftrag des Grossherzoglichen Ministeriums der Justiz, des Kultus und Unterrichts hrsg. von Jos. Durm, A. von Oechelhaeuser und E. Wagner, Vierter Band: Kreis Mosbach, Vierte Abtheilung), Tübingen 1906, S. 186–187.

11 Vgl. die Urkunde von 1296 VI 21 über die darin ablesbare Spannung zwischen Wilhelm und Dietrich von Zwingenberg und dem Mainzer Erzbischof, in: Regesten der Erzbischöfe von Mainz von 1289–1396. Erste Abteilung, bearb. von Ernst Vogt. 1289–1353: Erster Band 1289–1328 (= Regesten der Erzbischöfe von Mainz von 1289–1396, hrsg. von Goswin Freiherr von der Ropp), Leipzig 1913 (Nachdruck Berlin 1970), S. 78 nr. 448; Krieg von Hochfelden, Veste Zwingenberg (wie Anm. 1), S. 11–13.

12 Staatarchiv Würzburg MU 3807 (Urkunde 1338 III 23); Schröder, Bernd Philipp: *Daz man daz hus Furstenstein ab tu* – Zur Geschichte der Burg Fürstenstein über Zwingenberg am Neckar, in: Der Odenwald 34 (1987), S. 22–30; zur Belagerung der Burg Fürstenstein vgl. Lenz, Rüdiger:

Belagerung von Burgen – Adlige Verhaltensnormen, Formen und Abläufe von Fehden, in: Der Odenwald 50 (2003), S. 83–94, hier: S. 84–85.

13 Acta Imperii inedita saeculi XIII et XIV. Urkunden und Briefe zur Geschichte des Kaiserreichs und des Königreichs Sizilien, hrsg. von Eduard Winkelmann, Band 2: In den Jahren 1200 bis 1400, Innsbruck 1885 (Neudruck Aalen 1964), S. 867–868 (Urkunde 1363 IX 30).

14 Chronica der weitberühmten Kaiserlichen freien und des H. Reichs Stadt Augsburg in Schwaben: von derselben altem Ursprung, schöne gelegene zierliche Gebäwen unnd namhafften gedenckwürdigen Geschichten ... / abgetheilt auß deß ... Marx Welser deß Juengern ... acht Buechern, so er in lateinischer Spraach beschrieben. Faks.-Ed. d. Ausg. ,Franckfurt am Mayn 1595–1596, S. 109; Die Urkunden und Akten der oberdeutschen Städtebünde. Band 2: Städte- und Landfriedensbündnisse von 1347 bis 1380. Zweiter Teil. Bearb. von Konrad Ruser. Hrsg. durch die Historische Kommission bei der Bayerischen Akademie der Wissenschaften), Göttingen 1988, S. 1076, 1078–1079, 1082–1083, 1095.

15 Baumgärtner, Fritz: Das Burgschloß Zwingenberg. Sein Bergfried, in: Der Katzenbuckel. Heimatblätter für das Neckartal, den Winterhauch und den kleinen Odenwald, Nr. 1 (Oktober 1926); ein sehr ausschmückender phantasievoller Bericht darüber findet sich bei: Müller, Josef: Die Zerstörung der Raubveste Zwingenberg am Neckar, in: Unter der Dorflinde 3/4 (1954), S. 39–42.

16 Staatsarchiv Würzburg Mainzer Bücher verschiedenen Inhalts 20, 363r–365r (1364 X 3); MU 1448 (1364 X 3); GLA Karlsruhe 67/866, 281r–281v (1364 VII 27); 43/5722-5723; Krieg von Hochfelden, Veste Zwingenberg (wie Anm. 1), S. 139–144 (Urk. nr. 14–15).

17 Lenz, Herrschaft Zwingenberg (wie Anm. 8), S. 37–41.

18 Lenz, Herrschaft Zwingenberg (wie Anm. 8), S. 37–38; Krieg von Hochfelden, Veste Zwingenberg (wie Anm. 1), S. 166–172.

19 Arens, Fritz: Der Steinmetz Heinrich Isenmenger von Wimpfen. Der Erbauer der Burg Zwingenberg, in: Regia Wimpina. Beiträge zur Wimpfener Geschichte, Band 2 (= Sonderdruck aus: Forschungen und Berichte der Archäologie des Mittelalters in Baden-Württemberg, Band 8 des Landesdenkmalamtes Baden-Württemberg), Bad Wimpfen 1983, S. 447–451.

20 Lenz, Herrschaft Zwingenberg (wie Anm. 8), S. 38–48.

21 GLA Karlsruhe 67/1021, 176. Sein Sarg befand sich bis zum Bombenangriff von 1944 in der Kilianskirche in Heilbronn; Möller, Walther: Stamm-Tafeln westdeutscher Adels-Geschlechter im Mittelalter, Zweiter Band, Darmstadt 1933 (Nachdruck Neustadt an der Aisch 1996), S. 172–174 (und Tafel LXIV); Lohmann, Eberhard: Die Herrschaft Hirschhorn. Studien zur Herrschaftsbildung eines Rittergeschlechts (= Quellen und Forschungen zur hessischen Geschichte 66), Selbstverlag der Hessischen Historischen Kommission Darmstadt und der Historischen Kommission für Hessen, Darmstadt/Marburg 1986, S. 51 und Stammtafel 2.

22 Testament Friedrichs vom Hirschhorn (Auszug) vom 13. September 1630, Abschrift des 19. Jahrhunderts.

23 GLA Karlsruhe 65/709, 9v–10r, 194/115 (Memoriale); Krieg von Hochfelden, Veste Zwingenberg (wie Anm. 1), S. 69–71, 210–211 (Urk. nr. 49: Ehevertrag von 1546); Lenz, Herrschaft Zwingenberg (wie Anm. 8), S. 49–50; zu den Göler von Ravensburg vgl. Gehrig, Franz: Der Rabe als Wappen. Die Herkunft der drei Adelsgeschlechter von Helmstatt, von Mentzingen und Göler von Ravensburg, in: Kraichgau 2 (1970), S. 173–179.

24 Befehl vom 18. März 1633 und Notariatsinstrument vom 5. April 1633, Abschriften des 19. Jahrhunderts; Krieg von Hochfelden, Veste Zwingenberg (wie Anm. 1), S. 72–73, 212–216 (Dok. nr. 50–53); Ebersold, Günther: Alter, neuer und „natürlicher" Adel – Karrieren am kurpfälzischen Hof des 18. Jahrhunderts (= Mannheimer historische Schriften Band 10), Ubstadt-Weiher u.a. 2014, S. 147.

25 GLA Karlsruhe 65/709, 10r–11v, 194/115 (Considerationes: Beilagen nr. 1–2 und Memoriale Beilage nr. 2); Berichte vom 23. Dezember 1637, 5. August 1647, 4. März 1649, Abschriften (Auszüge) des 19. Jahrhunderts; Krieg von Hochfelden, Veste Zwingenberg (wie Anm. 1), S. 73–74,

217–226 (Dok. nr. 54–55); Maier, Franz: Die bayerische Unterpfalz im Dreißigjährigen Krieg. Besetzung, Verwaltung und Rekatholisierung der rechtsrheinischen Pfalz durch Bayern 1621 bis 1649 (= Europäische Hochschulschriften, Reihe III: Geschichte und ihre Hilfswissenschaften, Bd. 428), Frankfurt u.a. 1990, S. 315, 530 (Anm. 5); Ebersold, Günther: Herrschaft Zwingenberg – ein gescheiterter Staatsbildungsversuch im südöstlichen Odenwald (1504–1806). Ein Beitrag zur kurpfälzischen Geschichte (= Europäische Hochschulschriften, Reihe III: Geschichte und ihre Hilfswissenschaften, Bd. 721), Frankfurt am Main u.a. 1997, S. 33–35.

26 Berichte vom 15. März und 12. Dezember 1649, Abschriften (Auszüge) des 19. Jahrhunderts; Krieg von Hochfelden, Veste Zwingenberg (wie Anm. 1), S. 73–74, 227–228 (Dok. nr. 56).

27 Berichte 1650–1652, Abschriften (Auszüge) des 19. Jahrhunderts; Ebersold, Herrschaft Zwingenberg (wie Anm. 25), S. 33–35; Lenz, Herrschaft Zwingenberg (wie Anm. 8), S. 51.

28 GLA Karlsruhe 44/11513 (1696 I 9); 65/709, 13r–13v; 194/111; 194/115; 229/26950 (Neunkirchen 1664/65, 1697/98); Ebersold, Herrschaft Zwingenberg (wie Anm. 25), S. 39–40; ders., Alter, neuer und „natürlicher" Adel (wie Anm. 24), S. 148; Schreiben von Franz Melchior Freiherr von Wiser an Friedrich Jakob Göler von Ravensburg vom 10. Januar 1699, Abschriften (Auszüge) des 19. Jahrhunderts.

29 Zu den Grafen von Wiser vgl. Drös, Harald: Heidelberger Wappenbuch. Wappen an Gebäuden und Grabmälern auf dem Heidelberger Schloß, in der Altstadt und in Handschuhsheim (= Buchreihe der Stadt Heidelberg, Band II), Heidelberg 1991, S. 245–246; Gutjahr, Rainer: Die Grafen Wiser als Inhaber des Hirschberger Lehens 1700 bis 1864 – Orts- und Grundherren in Leutershausen an der Bergstraße und Ursenbach, in: Beiträge zur Erforschung des Odenwaldes und seiner Randlandschaften VII, hrsg. von Winfried Wackerfuß, Breuberg-Neustadt 2005, S. 205–314, hier: S. 208–210, 220–222; Stockert, Harald: Im höfischen Niemandsland? Adel im Pfälzer Raum während des 18. Jahrhunderts, in: Mitteilungen des Historischen Vereins der Pfalz 108 (2010), S. 507–529, hier: S. 519–521; Ebersold, Alter, neuer und „natürlicher" Adel (wie Anm. 24), S. 144–146.

30 GLA Karlsruhe 65/709, 13r–14r; 194/111; 194/115; 229/26950 (Neunkirchen 1664/65, 1697/98); Krieg von Hochfelden, Veste Zwingenberg (wie Anm. 1), S. 77, 235–236 (Dok. nr. 62: Schertel´sche Erben); Urkunde vom 26. Januar 1718, Abschriften (Auszüge) des 19. Jahrhunderts.

31 Ebersold, Günther: Zur Geschichte Ferdinandsdorf, in: Eberbacher Geschichtsblatt (künftig EG) 97 (1998), S. 111–121, hier: S. 115 (Gründungsdatum 1712); ders.: Alter, neuer und „natürlicher" Adel (wie Anm. 24), S. 152–153; GLA Karlsruhe 349/667 (darin Bericht des Zwingenberger Forstmeisters Wetzel vom 29. April 1822, wonach Oberferdinandsdorf vor 112 Jahren angelegt worden sei); Hahl, Michael: Ferdinandsdorf – Amerika! Schicksalhafte Geschichte einer Wüstung im südöstlichen Odenwald, in: EG 107 (2008), S. 75–83, hier: S. 75–76; Bleienstein, Rudolf / Sauerwein, Friedrich: Die Wüstung Ferdinandsdorf. Ein Beitrag zur Historischen Geographie des südöstlichen Odenwaldes, in: Der Odenwald 25,1–3 (1978), S. 3–16, 43–56, 99–109; Slama, Hans: 900 Jahre Mudauer Odenwald. Vom Fronhofsverband zur Gemeinde Mudau, hrsg. von der Gemeinde Mudau, Buchen 2002, S. 591–593.

32 GLA Karlsruhe 65/709, 13v–14v, 194/115 (Considerationes: Beilagen nr. 5–8 und Memoriale); Supplikation vom 28. Oktober 1718, Abschriften (Auszüge) des 19. Jahrhunderts; Krieg von Hochfelden, Veste Zwingenberg (wie Anm. 1), S. 78–82, 235–236, 238–242 (Dok. nr. 62, 64–65); Ebersold, Herrschaft Zwingenberg (wie Anm. 25), S. 43–113; Ders., Alter, neuer und „natürlicher" Adel (wie Anm. 24), S. 155–157; Gscheidlen, Wolfgang: Jacob Salomo Clemm, Amtsvogt in Zwingenberg, und seine Zeit, in: EG 77 (1978), S. 135–142.

33 GLA Karlsruhe 65/709, 14v–17r; 67/937, 70v–79v (1746 II 8/9/10), 194/2; 194/111; Krieg von Hochfelden, Veste Zwingenberg (wie Anm. 1), S. 82–87, 239–255 (Dok. nr. 65–68); Ebersold, Herrschaft Zwingenberg (wie Anm. 25), S. 127–129; Lenz, Herrschaft Zwingenberg (wie Anm. 8), S. 52–53; ders: Kellerei und Unteramt Eberbach – eine regionale Verwaltungsinstanz der Kurpfalz am unteren Neckar, in: EG 105 (2006), S. 61–88, hier: S. 84–86.

34 GLA Karlsruhe 44/1332 (1778 II 15); 65/709, 17r; 194/111 (Belehnung und Lehenbrief 1778 II 15); 194/146 (Übergabe an Bretzenheim); Urkunde vom 15. Februar 1778, Abschriften (Auszüge) des 19. Jahrhunderts; Lenz, Herrschaft Zwingenberg (wie Anm. 8), S. 54–55.

35 Spohr, Wolfgang: Interessante Grenzsteine, in: 600 Jahre Waldkatzenbach. Chronik eines Dorfes auf dem Winterhauch, hrsg. von der Gemeinde Waldbrunn, Limbach-Wagenschwend 2004, S. 247–261, hier: S. 252–261.

36 Ebersold, Herrschaft Zwingenberg (wie Anm. 25), S. 247–281; Ebersold, Günther: Karl August Fürst von Bretzenheim, ein vergessener Herrscher des Odenwalds, in: EG 85 (1986), S. 78–87; Lenz, Herrschaft Zwingenberg (wie Anm. 8), S. 55.

37 Arens, Fritz: Die Baugeschichte der Burgen Stolzeneck, Minneburg und Zwingenberg, in: Jahrbuch für schwäbisch-fränkische Geschichte 26 (1969), S. 5–24, erneut abgedruckt in: EG 76 (1977) S. 35–72, hier: S. 45–46.

38 Stadtarchiv Eberbach MF Zwingenberger Kopialbuch (Urkunde 1360 XII 21 fol. 12v–13v).

39 Krieg von Hochfelden, Veste Zwingenberg (wie Anm. 1), S. 22–24, 139–140; Lenz, Rüdiger: Burg Eberbach – eine staufische Burgenkette auf der Burghälde? Darstellung ihrer Geschichte bis zum frühen 20. Jahrhundert, in: EG 102 (2003), S. 86–105.

40 Krieg von Hochfelden, Veste Zwingenberg (wie Anm. 1), S. 29.

41 Arens, Baugeschichte (wie Anm. 37), S. 45–49; Oechelhaeuser, Kunstdenkmäler (wie Anm. 10), S. 193, 199–200, 204–206; Naeher, J[ulius]: Die Burg Zwingenberg im Neckarthal. Beschreibung und Geschichte mit einer Tafel Original-Aufnahmen, Karlsruhe 1885, S. 6–15; überholt in der baugeschichtlichen Analyse: Krieg von Hochfelden, Veste Zwingenberg (wie Anm. 1), S. 29–32, 96–112.

42 Arens, Baugeschichte (wie Anm. 37), S. 48–49; Oechelhaeuser, Kunstdenkmäler (wie Anm. 10), S. 204–206; Krieg von Hochfelden, Veste Zwingenberg (wie Anm. 1), S. 104–105.

43 Arens, Baugeschichte (wie Anm. 37), S. 12–13; Krieg von Hochfelden, Veste Zwingenberg (wie Anm. 1), S.104–105; Oechelhaeuser, Kunstdenkmäler (wie Anm. 10), S. 186, 220–222.

44 Arens, Baugeschichte (wie Anm. 37), S. 13–14; Krieg von Hochfelden, Veste Zwingenberg (wie Anm. 1), S. 105–107; Oechelhaeuser, Kunstdenkmäler (wie Anm. 10), S. 206–214, 221; [Baumgärtner, Fritz?]: Die Burg Zwingenberg, in: Der Katzenbuckel. Heimatblätter für das Neckartal, den Winterhauch und den kleinen Odenwald, Nr. 7 (April 1927).

45 Stadtarchiv Eberbach MF Zwingenberger Kopialbuch fol. 2r–3r (Urkunde 1403 XI 23).

46 Arens, Steinmetz Heinrich Isenmenger (wie Anm. 19), S. 447–451; Oechelhaeuser, Kunstdenkmäler (wie Anm. 10), S. 210.

47 Krieg von Hochfelden, Veste Zwingenberg (wie Anm. 1), S. 170–172 (Urk. 1410 XI 30). Heinrich Niester stellte bei Renovierungsmaßnahmen an diesem Gebäudeteil eine ältere Fenstergliederung und Raumhöhe fest, die er dem Wiederaufbau des frühen 15. Jahrhunderts zuwies (Niester, Heinrich: Die Instandsetzungsarbeiten auf der Burg Zwingenberg am Neckar, Rhein-Neckar-Kreis [sic!], in: Denkmalpflege in Baden-Württemberg 2 (1973, 2), S. 18–27, hier: S. 24.

48 Oechelhaeuser, Kunstdenkmäler (wie Anm. 10), S. 210.

49 Druck der Urkunde von 1410 XI 30, in: Krieg von Hochfelden, Veste Zwingenberg (wie Anm. 1), S. 170–172 nr. 34.

50 Druck der Urkunde von 1424 VIII 14, in: Krieg von Hochfelden, Veste Zwingenberg (wie Anm. 1), S. 175 nr. 37; Oechelhaeuser, Kunstdenkmäler (wie Anm. 10), S. 201; Arens, Steinmetz Heinrich Isenmenger (wie Anm. 19), S. 447.

51 Leutz, Ludwig: Die Gothischen Wandgemälde in der Burgkapelle zu Zwingenberg am Neckar. Ein Beitrag zur vaterländischen Kunstgeschichte, Karlsruhe 1886, S. 5–6, 34–38.

52 Stadtarchiv Eberbach MF Zwingenberger Kopialbuch (Urkunde 1415 VII 13 fol. 36r–37r).

53 Lenz, Rüdiger: Geschichte der Burg Stolzeneck am Neckar, in: EG 90 (1991), S. 7–40, hier: S. 24.

54 Krieg von Hochfelden, Veste Zwingenberg (wie Anm. 1), S. 110–111; Oechelhaeuser, Kunstdenkmäler (wie Anm. 10), S. 194–195. Am Treppenturm des Palas' der Minneburg ist eine Replik

angebracht, vgl. dazu Lenz, Rüdiger: Geschichte der Minneburg am Neckar, in: Der Odenwald 46 (1999), S. 101–111, hier: S. 103.

55 Krieg von Hochfelden, Veste Zwingenberg (wie Anm. 1), S. 98; Oechelhaeuser, Kunstdenkmäler (wie Anm. 10), S. 195.

56 Arens, Baugeschichte (wie Anm. 37), S. 46–51; vgl. dazu Oechelhaeuser, Kunstdenkmäler (wie Anm. 10), S. 201–206, 214–216, 220–221 (mit irriger Ansicht über die unterschiedlichen Bauperioden des Stumpfs des Bergfrieds, des Palas´, der Halle und der Schildmauer); Krieg von Hochfelden, Veste Zwingenberg (wie Anm. 1), S. 40–41, 98, 118 und Urkunden nr. 34 und 37 (1410 und 1424); Arens, Steinmetz Heinrich Isenmenger (wie Anm. 19), S. 447.

57 Oechelhaeuser, Kunstdenkmäler (wie Anm. 10), S. 210.

58 GLA Karlsruhe 67/1028–1029, 1033–1035 (Belehnungen der Vormünder vom 29.3.1585 und 5.3.1593, Belehnung vom 17.3.1602), Abschriften des 19. Jahrhunderts; Krieg von Hochfelden, Veste Zwingenberg (wie Anm. 1), S. 67.

59 Krieg von Hochfelden, Veste Zwingenberg (wie Anm. 1), S. 105, 110–111; Naeher, Burg Zwingenberg (wie Anm. 41), S. 11–12; Arens, Baugeschichte (wie Anm. 37), S. 16; Oechelhaeuser, Kunstdenkmäler (wie Anm. 10), S. 200, 206–207, 210; Die Inschriften der Landkreise Mosbach, Buchen und Miltenberg. Auf Grund der Vorarbeiten von Ernst Cucuel gesammelt und bearb. von Heinrich Köllenberger (= Die Deutschen Inschriften, 8. Band, Heidelberger Reihe, 3. Band), Stuttgart 1964, S. 35, 257–258 (nr. 86, 691, 697).

60 Arens, Baugeschichte (wie Anm. 37), S. 14, 17; Krieg von Hochfelden, Veste Zwingenberg (wie Anm. 1), S. 98; Gutjahr, Die Grafen Wiser (wie Anm. 29), S. 222; Ebersold, Alter, neuer und „natürlicher“ Adel (wie Anm. 24), S. 154; Die Burg Zwingenberg, in: Der Katzenbuckel (wie Anm. 44).

61 Arens, Baugeschichte (wie Anm. 37), S. 17; Oechelhaeuser, Kunstdenkmäler (wie Anm. 10), S. 197; Ebersold, Alter, neuer und „natürlicher“ Adel (wie Anm. 24), S. 144, 146.

62 Baumgärtner, Das Burgschloß Zwingenberg (wie Anm. 15).

63 GLA Karlsruhe 69/B 205 (Zusammenstellung des Inventarbestands 1905); Oechelhaeuser, Kunstdenkmäler (wie Anm. 10), S. 197.

64 Oechelhaeuser, Kunstdenkmäler (wie Anm. 10), S. 197; Deutscher Glockenatlas, begründet von Günther Grundmann, fortgeführt von Franz Dambek, hrsg. von Bernhard Bischoff und Tilmann Breuer, Band 4: Baden, unter Mitwirkung von Frank T. Leusch bearb. von Sigrid Thurm, Berlin 1985, S. 484–485 nr. 1471.

65 Krieg von Hochfelden, Veste Zwingenberg (wie Anm. 1), S. 105–106; Ebersold, Herrschaft Zwingenberg (wie Anm. 25), S. 330 Anm. 400 (deutsche Übersetzung des Epitaphs der Gräfin Heydeck).

66 Roth, Eugen: Eine Fahrt in's Zwingenberger Burgverlies 1882!, in: Der Katzenbuckel. Heimatblätter für das Neckartal, den Winterhauch und den kleinen Odenwald, Nr. 3 (Dezember 1926).

67 Jagdbuch I. Teil. Die Höhe des Turms wurde auf über 100 Schuhe geschätzt, seine Tiefe von der Haspel aus gesehen etwa 24 Schuh.

68 GLA Karlsruhe 194/4.

69 GLA Karlsruhe 194/5; Auszug aus: Pfarrer Jäger: Burgen im Neckartal. Als man vor hundert Jahren durchs Neckartal wanderte. Ein Besuch auf Burg Zwingenberg, in: Der Katzenbuckel. Heimatblätter für das Neckartal, den Winterhauch und den kleinen Odenwald, Nr. 12 (Sept./Okt. 1930).

70 Die Bauunterhaltung (1808–1820); Die Baukosten (1815–1844) (z.T. mit Plänen wg. Blitzableiter). Die Anbringung von Blitzableitern erfolgte im Jahr 1821.

71 Oechelhaeuser, Kunstdenkmäler (wie Anm. 10), S. 195, 200.

72 Jagdbuch I. Teil; Die Baukosten (1815–1844) (z.T. mit Plänen wg. Blitzableiter; Zeichnung des Schlosses Zwingenberg (um 1820) und Schreiben des Architekten Conrad Hengst bei der Anbringung von Blitzableitern im Jahr 1821.

73 Aufstellung Wetzels vom 28. Mai 1830, Angebot vom 8. Juni 1830 des *Tapeten Fabrikants* Carl Eyth aus Karlsruhe.

74 Jagdbuch I. Teil.

75 Schlossbauten, Baukosten (1845–1846); Oechelhaeuser, Kunstdenkmäler (wie Anm. 10), S. 217.

76 Auszug aus: Pfarrer Jäger, Burgen im Neckartal (wie Anm. 69).

77 Naeher, Burg Zwingenberg (wie Anm. 41), S. 12 (und Grundriss); Krieg von Hochfelden, Veste Zwingenberg (wie Anm. 1), hier: nach S. 64.

78 Bauauftrag für den Architekten Gustav Hafner vom 13./28. Mai 1886 (Abschrift), enthält Grundrisse. Mit dem Maurermeister Gustav Trunzer gab es nach der Fertigstellung des Baus Auseinandersetzungen, da er sich bei seinem Angebot wegen des Baumaterials, das nicht in der Nähe des Baus gebrochen werden konnte, offensichtlich verkalkuliert hatte; Oechelhaeuser, Kunstdenkmäler (wie Anm. 10), S. 194; Arens, Baugeschichte 1969 (wie Anm. 37), S. 17.

79 Furtwängler, Martin: Luise Caroline Reichsgräfin von Hochberg (1768–1820). Handlungsspielräume einer morganatischen Fürstengattin am Karlsruher Hof, in: Zeitschrift für die Geschichte des Oberrheins (künftig ZGO) 146 (1998), S. 271–292, bes. nach S. 286ff.; ders.: Luise Caroline Reichsgräfin von Hochberg. Hofdame, morganatische Ehefrau und Fürstenmutter 1768–1820, in: Lebensbilder aus Baden-Württemberg 22 (2007), S. 108–135, hier: S. 132ff.; zur Hochberger Linie vgl. Baden und Württemberg im Zeitalter Napoleons. Ausstellung des Landes Baden-Württemberg unter der Schirmherrschaft des Ministerpräsidenten Dr. h.c. Lothar Späth, Band 1.1 Katalog, Stuttgart 1987, S. 156–161.

80 *HausGesetz und Familien-Statut* vom 4. Oktober 1817, in: Großherzoglich Badisches Staats- und Regierungs-Blatt 1817, S. 93–94, S. 94-96 (künftig: GrBadStauRegBl). *Die Declaration vom 4. Oktober 1817 (Hausgesetz) wurde zu einem wesentlichen Bestandtheil der Verfassung von 1818 erklärt* (§ 4 der Verfassungs-Urkunde für das Großherzogtum Baden vom 22. August 1818, in: GrBadStauRegBl 1818, S. 101–115, hier: S. 102).

81 Erklärung des Großherzogs Karl vom 4. Oktober 1817 über die Erbfolgerechte der Markgrafen Leopold, Wilhelm und Maximilian, in: GrBadStauRegBl 1817, S. 93–94; Verordnung vom 2. September 1806, in: Kur-Badisches Regierungsblatt 1806, S. 59-60. Die Änderung in der Titulatur und Rechtsstellung ist auch im Jagdbuch des Schlosses Zwingenberg vermerkt (Jagdbuch I. Teil).

82 Stiefel, Karl: Baden. 1648–1952, Band I, Karlsruhe 2001 (Nachdruck der 1. Aufl.), S. 243–246; Furtwängler, Luise Caroline Reichsgräfin (wie Anm. 79), S. 291; Ders., Luise Caroline Reichsgräfin von Hochberg. Hofdame (wie Anm. 79), S. 131–133.

83 Schwarzmaier, Lore: Der badische Hof unter Großherzog Leopold und die Kaspar-Hauser-Affäre: Eine neue Quelle in den Aufzeichnungen des Markgrafen Wilhelm von Baden, in: ZGO 134 (1986), S. 245–262; zum Fall Kaspar Hauser: Schiener, Anna: Der Fall Kaspar Hauser, Regensburg 2010, S. 201–214.

84 Kur-Badisches Regierungsblatt 1806 Nro. 18, S. 55–56; auch in: Weiss, John Gustav: Hundert Jahre badisch!, in: EG 5 (1906), S. 1–6, hier: S. 4.

85 Furtwängler, Martin: Die Standesherren in Baden (1806–1848). Politische und soziale Verhaltensweisen einer bedrängten Elite (= Europäische Hochschulschriften, Reihe III: Geschichte und ihre Hilfswissenschaften, Bd. 693), Frankfurt am Main u.a. 1996, S. 49–56; Ders.: Konflikt und Kooperation. Das zwiespältige Verhältnis zwischen der Stadt Eberbach und den Fürsten zu Leiningen (1803–1848), in: EG 103 (2004), S. 15–52, hier: S. 23–27; Albert, Peter P.: Baden zwischen Neckar und Main in den Jahren 1803–1806 (= Neujahrsblätter der Badischen Historischen Kommission, Neue Folge 4), Heidelberg 1901, S. 38–39.

86 Press, Volker: Südwestdeutschland im Zeitalter der Französischen Revolution und Napoleons, in: Baden und Württemberg im Zeitalter Napoleons (wie Anm. 79), Band 2: Aufsätze, Stuttgart 1987, S. 9–24; Schulz, Thomas: Die Mediatisierung des Adels, in: ibid., S. 157–174; Rödel, Volker: Badens Aufstieg zum Großherzogtum, in: 1806 Baden wird Großherzogtum. Begleitpublikation zur Ausstellung des Landesarchivs Baden-Württemberg / Generallandesarchivs Karlsruhe und des

Badischen Landesmuseums im Karlsruher Schloß, 30. Juni bis 20. August 2006, hrsg. von Volker Rödel, Karlsruhe 2006, S. 9–43; Schaab, Meinrad / Haller, Hans: Baden in napoleonischer Zeit, in: Historischer Atlas von Baden-Württemberg. Erläuterungen. Beiwort zur Karte VII.1, hrsg. von der Kommission für geschichtliche Landeskunde in Baden-Württemberg, Stuttgart 1974, S. 1–2; König, Bruno: Mosbach im Fürstentum Leiningen (1803–1806), in: Mosbacher Museumshefte 3 (1985), S. 1–44; Hug, Wolfgang: Geschichte Badens, Stuttgart 1992, S. 192–196; Lenz, Rüdiger: Der Übergang Eberbachs an das Großherzogtum Baden 1806, in: EG 105 (2006), S. 15–25.

87 GLA Karlsruhe 194/105; Ebersold, Herrschaft Zwingenberg (wie Anm. 25), S. 272ff.; Ders., Karl August Fürst von Bretzenheim (wie Anm. 36), S. 78–87; Lenz, Herrschaft Zwingenberg (wie Anm. 8), S. 55–57.

88 GLA Karlsruhe 194/40 (Protokoll vom 22. März 1808).

89 GLA Karlsruhe 194/62 (Protokoll vom 7. April 1808); 194/42; 233/5310 (Zusammenstellung der Beschlüsse am 25.2.1846); Verfügung vom 14. März 1808, Protokoll vom 23. April 1808, Kaufvertrag vom 11. Januar 1808 zwischen den Beauftragten Ernst Philipp Sensburg für den Großherzog und Joh. Nep. Ziwny für den Fürsten zu Bretzenheim, Abschrift des 19. Jahrhunderts; Denkwürdigkeiten des Markgrafen Wilhelm von Baden (wie Anm. 3), S. 30, 47; Krieg von Hochfelden, Veste Zwingenberg (wie Anm. 1), S. 91.

90 GLA Karlsruhe 236/6147 (besiegelte Kopie vom Original des Justiz-Departements, datiert 11. November 1807).

91 Denkwürdigkeiten des Markgrafen Wilhelm von Baden (wie Anm. 3), S. 47.

92 GLA Karlsruhe 194/41 (Protokoll datiert Zwingenberg, am 8. Juni 1808); Krieg von Hochfelden, Veste Zwingenberg (wie Anm. 1), S. 91; Die Bediensteten wurden 1808 beim Eigentumswechsel verpflichtet (Amtsdiener Peter Conrad, Förster Ignatius Lohner zu Zwingenberg, Förster Andreas Schmitt zu Strümpfelbrunn und Förster Franz Brummer zu Strümpfelbrunn, gleichnamiger Vater und Sohn (sein Sohn versah seinen Dienst seit 1796)).

93 Schreiben des Fürsten von Bretzenheim vom 18. Januar 1809, Aufstellungen vom 4. Juli 1828 und 9. Januar 1841.

94 Jagdbuch I. und II. Teil; Kühne, Ingo: Der südöstliche Odenwald und das angrenzende Bauland. Die wirtschaftliche Entwicklung des badischen Hinterlandes um Mosbach seit der Mitte des 19. Jahrhunderts. 20 Tabellen im Text, 23 Tabellen und 22 Karten im Anhang (Heidelberger Geographische Arbeiten, Heft 13), Heidelberg 1964, S. 73.

95 Die malerischen und romantischen Stellen des Neckartales in ihrer Vorzeit und Gegenwart, geschildert von A. L. Grimm, Darmstadt o. J. [nach 1838], S. 60.

96 Jagdbuch I. Teil.

97 Ebd.

98 Ebd.

99 Ebd.

100 Jagdbuch II. Teil.

101 Jagdbuch I. und II. Teil.

102 Jagdbuch I. Teil.

103 Jagdbuch I. und II. Teil.

104 Jagdbuch I. Teil.

105 Der Katzenbuckel. Heimatblätter für das Neckartal, den Winterhauch und den kleinen Odenwald, Nr. 1 (Oktober 1926). Die Schriftleitung übte der Unterschwarzacher Lehrer Gustav Heybach aus. Das Stadtarchiv Eberbach verwahrt Exemplare dieser „Heimatblätter“, die Sammlung ist allerdings nicht komplett.

106 Die Grundlagen der badischen Landesvermessung. Nach dem amtlichen Aktenmaterial bearb. von Vermessungsrat Dipl.-Ing. Erwin Granget. Hrsg. von der Badischen Wasser- & Straßenbaudirektion Karlsruhe, [Karlsruhe] 1933 (Nachdruck 1973), S. 30ff., 88ff., 214f.; Klinge, Hans: Das Lindacher „Dörndl“ – Ein heimatgeschichtlicher Beitrag aus der Zeit der „Triangulierung“ des Großherzog-

tums Baden, in: EG 107 (2008), S. 84–94, hier: S. 84, Auszüge aus dem Scriptum zur Vorlesung von Herrn Hansjörg Schönherr im Herbst 2006 – Landesvermessungsamt Baden- Württemberg.

107 Signalturm auf dem Katzenbuckel (mit Kostenvoranschlag 1821 (1820–1835, 1820–1893) Signalturm auf dem Katzenbuckel); Jagdbuch I. Teil.

108 Aufstellung der Kosten des Baumeisters Conrad Hengst vom 8. Dezember 1821 und Bericht des Rentamtmanns Wetzel vom 8. August 1821 über den Zustand des Turms.

109 Jagdbuch II. Teil. Für den Turm sollte ein Fremdenbuch angelegt werden.

110 GLA Karlsruhe 349/1042.

111 Ebd.; Jagdbuch II. Teil.

112 Glaser, Otmar: Der Aussichtsturm auf dem Katzenbuckel. Drei Markgrafen ließen ihn 1820 errichten, in: Unser Land 2003, S. 103–105.

113 Gemeindearchiv Waldbrunn, Historisches Archiv Waldkatzenbach, Akten 69 und 670.

114 Glaser, Der Aussichtsturm auf dem Katzenbuckel (wie Anm. 112), S. 105.

115 Widder, Johann Goswin: Versuch einer vollständigen Geographisch-Historischen Beschreibung der Kurfürstl[ichen] Pfalz am Rheine. Zweiter Theil, Frankfurt, Leipzig 1786, Neustadt an der Aisch 1995 (unveränderter Nachdruck), S. 179. In den „Fundstätten und Funde aus vorgeschichtlicher, römischer und alamannisch – fränkischer Zeit im Grossherzogtum Baden", im Auftrage des grossherzoglichen Ministeriums des Kultus und Unterrichts, bearb. von Ernst Wagner. Mit Beiträgen von Ferdinand Haug. Zweiter Teil: Das badische Unterland. Kreise Baden, Karlsruhe, Mannheim, Heidelberg, Mosbach. Mit 354 Textbildern, 1 Farbendrucktafel und 2 Karten, Tübingen 1911, S. 379 gibt es darüber keinen Vermerk.

116 Stadtarchiv Eberbach IIa 1231; im Einzelnen: Weiss, John Gustav: Geschichte der Stadt Eberbach am Neckar, Eberbach 1927, 2. Aufl., S. 191–194, Aufstellung der Eberbacher Kriegsteilnehmer zwischen 1806 und 1815, s. ebd. S. 457–458; Hug, Baden (wie Anm. 86), S. 200–202.

117 Ullmann, Hans-Peter: Baden 1800 bis 1830, in: Handbuch der Baden-Württembergischen Geschichte. Dritter Band: Vom Ende des Alten Reiches bis zum Ende der Monarchien. Im Auftrag der Kommission für geschichtliche Landeskunde in Baden-Württemberg, hrsg. von Hansmartin Schwarzmaier, Stuttgart 1992, S. 25–38; Hug, Baden (wie Anm. 86), S. 205–206.

118 Verfassungs-Urkunde für das Großherzogtum Baden vom 22. August 1818, in: GrBadStauRegBl 1818, S. 101–115, hier: S. 105.

119 Furtwängler, Standesherren in Baden (wie Anm. 85), S. 56–68; Stiefel, Baden, Band I (wie Anm. 82), S. 212–221; Der Aufbau des Staates im Zusammenhang der allgemeinen Politik, bearbeitet von Willy Andreas (= Geschichte der badischen Verwaltungsorganisation und Verfassung in den Jahren 1802–1818), hrsg. von der Badischen Historischen Kommission, Erster Band, Leipzig 1913, S. 168–181.

120 Zweites Konstitutionsedikt vom 14. Juli 1807, *die Verfassung der Gemeinheiten, Körperschaften und StaatsAnstalten betreffend*, in: Großherzoglich Badisches Regierungs-Blatt 5 (1807), S. 125–131; vgl. Andreas, Aufbau des Staates (wie Anm. 119), S. 173 ff.

121 Gesetz über die Verfassung und Verwaltung der Gemeinden vom 31. Dezember 1831, in: GrBadStauRegBl 30 (1832), S. 81–115.

122 Landesherrliche Verordnung über *Die GrundVerfassung der Verschiedenen Stände* vom 4. Juni 1808, in: GrBadStauRegBl 6 (1808), S. 145–158, 161–176, vgl. Andreas, Aufbau des Staates (wie Anm. 119), S. 180–181.

123 Landesherrliche Verordnung über die *StandesHerrlichkeitsVerfassung in dem Großherzogthum Baden* vom 22. Juli 1807, in: GrBadStauRegBl 5 (1807), S. 141–152; *OrganisationsRescript* vom 26. November, 1809, in: ebd. 7 (1809), S. 395–398, 403–414, 419–454; Furtwängler, Standesherren in Baden (wie Anm. 85), S. 56–68; ders., Konflikt und Kooperation (wie Anm. 85), S. 25–27; Andreas, Aufbau des Staates (wie Anm. 119), S. 175–180.

124 Verordnung des Großherzogs Karl vom 14. Mai 1813, in: GrBadStauRegBl 11 (1813), S. 87–99; Furtwängler, Standesherren (wie Anm. 85), S. 56–68; ders., Konflikt und Kooperation (wie Anm. 85), S. 27; Andreas, Aufbau des Staates (wie Anm. 119), S. 346ff.

125 Gesetze vom 5. Oktober 1820 über die Aufhebung der Leibeigenschaft (Abkaufgesetz über die Abgaben zur Leibeigenschaft, über den Loskauf der Frohnden und Frohndgelder (Herrenfrohnden) und über den Loskauf der Grundgülten und Zinsen, in: GrBadStauRegBl 1820, S. 104, 105–108, 109–111.

126 Denkwürdigkeiten des Markgrafen Wilhelm von Baden (wie Anm. 3), S. 475.

127 Verordnung vom 14. Mai 1828, in: GrBadStauRegBl 1828, S. 57–58; Gesetz vom 28. Mai 1831 über die *Aufhebung der Straßenbau-, Militair- und Gerichtsfrohnden*, in: GrBadStauRegBl 1831, S. 69.

128 Art. 14 der deutschen Bundesakte vom 6. Juni 1815, Abdruck in: Quellen zum Verfassungsorganismus des Heiligen Römischen Reiches Deutscher Nation 1495–1815. Hrsg. und eingeleitet von Hanns Hubert Hofmann (= Ausgewählte Quellen zur Deutschen Geschichte der Neuzeit. Freiherr vom Stein – Gedächtnisausgabe. In Verbindung mit vielen Fachgenossen hrsg. von Rudolf Buchner Band XIII), Darmstadt 1976, S. 404–406 und *Edict* vom 16. April 1819, *die Standes- und Grundherrlichen Rechtsverhältnisse im Großherzogthum Baden betreffend*, in: GrBadStauRegBl 1819, S. 3–18 (Beilage zu nr. XIV, vor S. 79).

129 Gesetz vom 31. Dezember 1831 über die *Verfassung und Verwaltung der Gemeinden*, in: GrBadStauRegBl 1832, S. 81–115, vor allem: § 6.

130 Vgl. dazu Furtwängler, Standesherren in Baden (wie Anm. 85), S. 191–208; ders., Konflikt und Kooperation (wie Anm. 85), S. 29–42; Stadtarchiv Eberbach IIa 1 (Aufhebung alter Abgaben), IIa 2 (*Sistierung* der Hintersassengelder), IIa 3 (Leibeigenschaft), IIa 4 (Aufhebung der Abgaben aus der Forst- und Jagdhoheit) und IIa-5 (Aufhebung der Bedegelder).

131 GLA Karlsruhe 194/62 (Protokoll vom 7. August 1808).

132 Dazu allgemein: Furtwängler, Standesherren in Baden (wie Anm. 85), S. 128ff., 253–258; auch bei Stockert, Harald: Adel im Übergang. Die Fürsten und Grafen von Löwenstein-Wertheim zwischen Landesherrschaft und Standesherrschaft 1780–1850 (= Veröffentlichungen der Kommission für geschichtliche Landeskunde in Baden-Württemberg, Reihe B: Forschungen, 144. Band), Stuttgart 2000.

133 GLA Karlsruhe 233/5311.

134 Verkaufsurkunde vom 30. Mai 1822 (Kopie).

135 Verordnung des Großherzogs Ludwig vom 1. Juli 1824, in: GrBadStauRegBl 1824, S. 95–96; Regulierung der staatsrechtlichen Verhältnisse (1808–1824).

136 Verordnung vom 12.12.1823, in: GrBadStauRegBl 1824, S. 1–16; dazu: Furtwängler, Standesherren in Baden (wie Anm. 85), S. 148, 153, 160–164.

137 § 24 der Verordnung vom 22.4.1824, in: GrBadStauRegBl 1824, S. 76; GLA Karlsruhe 236/6167; Jagdbuch I. Teil.

138 GLA Karlsruhe 233/5311 (Erklärung der Markgrafen Wilhelm und Maximilian von Baden vom 24. Juni 1824); 194/174; Verordnung vom 1. Juli 1824, in: GrBadStauRegBl 1824, S. 95–96; dazu: Furtwängler, Standesherren in Baden (wie Anm. 85), S. 149.

139 Verordnung vom 25. Juni 1827, in: GrBadStauRegBl 1827, S. 149–151; Verordnung vom 12. Oktober 1829, in: GrBadStauRegBl 1829, S. 165.

140 Furtwängler, Standesherren in Baden (wie Anm. 85), S. 11f., besonders S. 144ff.; ders., Konflikt und Kooperation (wie Anm. 85), S. 20–21.

141 *General-Ausschreiben über die Eintheilung des Großherzogthums Baden in Bezirke* vom 7. Juli 1807, in: GrBadRegBl 1807, S. 93–100, hier: S. 99.

142 *Landesherrliche Verordnung* vom 27. Dezember 1807, in: GrBadRegBl 1807, S. 281–288, hier: S. 283.

143 Verordnung vom 24. Juli 1813, in: GrBadStauRegBl 1813, S. 129–139, hier: S. 137; Schultz, Gudrun: Die Bezirksgliederung im 19. und 20. Jahrhundert, in: Der Neckar-Odenwald-Kreis Band I: A. Allgemeiner Teil. B. Gemeindebeschreibungen Adelsheim bis Höpfingen, bearb. von der Abteilung Landesbeschreibung des Generallandesarchivs Karlsruhe, hrsg. von der Landesarchivdirektion Baden-Württemberg in Verbindung mit dem Neckar-Odenwald-Kreis (= Kreisbeschreibungen des Landes Baden-Württemberg), Sigmaringen 1992, S. 166–173, hier: S. 168–169.

144 *Eintheilung des Großherzogthums in vier Kreise und Aufstellung von Regierungen*, in: GrBadStauRegBl 1832, S. 133–134.

145 GLA Karlsruhe 236/6175; 233/5311.

146 Verordnung über die standesherrlichen Verhältnisse des Fürsten von Leiningen vom 22. Mai 1833, in: GrBadStauRegBl 1833, S.135–142.

147 *Declaration* vom 30. Juli 1840, in: GrBadStauRegBl 1840, S. 177–186; zu den Fürsten zu Leiningen, vgl. Furtwängler, Standesherren in Baden (wie Anm. 85), S. 153–154, 168–175.

148 Bestimmung vom 13. Oktober 1840 über die Ämter wegen der landesherrlichen *Declaration*, in: GrBadStauRegBl 1840, S. 263–265, hier: S. 265.

149 Gesetz vom 24. Februar 1849, in: Großherzoglich Badisches Regierungsblatt 1849, S. 120 (Nr. IX) (künftig: GrBadRegBl); Furtwängler, Standesherren in Baden (wie Anm. 85), S. 196, 279.

150 Verordnung vom 8. September 1849, in: GrBadRegBl 1849, S. 442–443.

151 Drittes Konstitutionsedikt vom 22. Juli 1807 über die *StandesHerrlichkeitsVerfassung in dem Großherzogthum Baden*, in: GrBadStauRegBl 1807, S. 141–151, hier: S. 146 (§ 24); vgl. Andreas, Aufbau des Staates (wie Anm. 119), S. 175ff.; Stiefel, Baden, Band I (wie Anm. 82), S. 212 ff.; GLA Karlsruhe 48/5545; 194/38 (Protokoll vom 7. Mai 1808); 194/39; 194/42; 194/62 (Erhebung zur Standesherrschaft und mittlere Gerichtsbarkeit); Regulierung der staatsrechtlichen Verhältnisse (1808–1824, darin: Protokolle vom 13. April und 14. Mai 1808); Denkwürdigkeiten des Markgrafen Wilhelm von Baden (wie Anm. 3), S. 471; Hug, Baden (wie Anm. 86), S. 194–198, 209–210 (Hausgesetz 1817); Furtwängler, Standesherren in Baden (wie Anm. 85), S. 49–56.

152 Verfügung des *Directoriums des Odenwälder Kreises* vom 20. April 1810, in: Regulierung der staatsrechtlichen Verhältnisse (1808–1824); Stadtarchiv Eberbach IIa 1231; im Einzelnen: Weiss, Geschichte der Stadt Eberbach (wie Anm. 116), S. 191–194, Aufstellung der Eberbacher Kriegsteilnehmer zwischen 1806 und 1815, s. ebd. S. 457–458; Hug, Baden (wie Anm. 86), S. 200–202.

153 GLA Karlsruhe 194/41; 194/75; Regulierung der staatsrechtlichen Verhältnisse (1808–1824, darin: Schreiben v. Schweickhardts, datiert Zwingenberg, den 26. April 1810).

154 GLA Karlsruhe 194/173; 349/1041.

155 Stadtarchiv Eberbach Gemeindearchiv Pleutersbach Kart. 1 Urkundenbuch (1751–1832) vom 2. Februar 1833 (Urkunde vom 29. Mai 1813 mit Unterschrift des Amtmanns Carl August Beeck, Schreiben des Amtmanns Beeck vom 12. Mai 1813, Quittung des Oberförsters F[riedrich] Wetzel vom 6. März 1815; Schriftstücke entnommen dem Vorgang über die Aufgabe des Obereigentumsrechts 1813 der Grafen von Hochberg als Inhaber der Herrschaft Zwingenberg über den sog. Zwingenberger Rain, der sich auf der östlichen Seite des Pleutersbaches bis zum Neckar hinzieht; vgl. dazu den schuldrechtlichen Eintrag vom 14.2.1814 im Unterpfandsbuch der Vier Weiler Band I, S. 271 nr. 372 (Stadtarchiv Eberbach Bestand Vier Weiler); GLA Karlsruhe 194/5 (s. besonders Bericht Beecks vom 6. September 1811); 194/44 Bericht des Amtmanns Beeck, datiert Zwingenberg, den 31.3.1814. Am 5.11.1815 berichtete Beeck als Vertreter des Amts Eberbach, vgl. dazu Jagdbuch I. Teil; dazu: Die Amtsvorsteher der Oberämter, Bezirksämter und Landratsämter in Baden-Württemberg 1810 bis 1972, hrsg. von der Arbeitsgemeinschaft der Kreisarchive beim Landkreistag Baden-Württemberg. Redaktion: Wolfram Angerbauer, Stuttgart 1996, S. 177.

156 Stadtarchiv Eberbach, Gemeindearchiv Pleutersbach Kart. 1 Urkundenbuch (1751–1832) vom 29. Mai 1813.

157 Pfister, L[udwig]: Aktenmäßige Geschichte der Räuberbanden an den beiden Ufern des Mains, im Spessart und im Odenwalde. Enthaltend vorzüglich auch die Geschichte der Beraubung und

Ermordung des Handelsmanns Jacob Rieder von Winterthur auf der Bergstraße. (Nebst einer Sammlung und Verdollmetschung mehrerer Wörter aus der Jenischen oder Gauner-Sprache), Heidelberg 1812 (Reprint Berlin o.J.), S. 8, 26–30; Seidenspinner, Wolfgang: Hölzerlips und Schwarzer Peter. Zur Raub- und Bandenkriminalität im badisch-hessisch-fränkischen Grenzraum im frühen 19. Jahrhundert, in: ZGO 129 (1981), S. 368–398, hier: S. 377–379, 385, 397 (mit Fehlern bei den örtlichen Namen); Ders.: Hölzerlips – eine Räuberkarriere. Zur Kriminalität der Odenwälder Jauner im frühen 19. Jahrhundert, in: Schurke oder Held? Historische Räuber und Räuberbanden, hrsg. von Harald Siebenmorgen, Redaktion: Johannes Brümmer (Volkskundliche Veröffentlichungen des Badischen Landesmuseums Karlsruhe, Band 3), Sigmaringen 1995, S. 75–80, hier: S. 78; Schreiber, Karl: Räuberbanden im Odenwald und Bauland – Die Hölzerlipsbande, in: 600 Jahre Waldkatzenbach. Chronik eines Dorfes auf dem Winterhauch, hrsg. von der Gemeinde Waldbrunn, Limbach-Wagenschwend 2004, S. 371–380, hier: S. 374; Ebersold, Günther: Im Wald da sind die Räuber. Geschichte und Geschichten aus Odenwald und Bauland, Buchen 1990, S. 64–77; König, Bruno: Sebastian Lutz – Räuber der Hölzerlips-Bande, in: Unser Land 2007, S. 95–102, hier: S 97; Slama, Hans: Der Anfang vom Ende der Hölzerlips-Bande, in: ebd., S. 103–105 und Ders., in: Unser Land 2009, S. 83–85.

158 Pfister, Aktenmäßige Geschichte der Räuberbanden (wie Anm. 157) erschien noch im gleichen Jahr 1812.

159 GLA Karlsruhe 194/5 (darin: Bericht Beecks vom 6. November 1811; Beschluss des Neckarkreises vom 17. Februar 1812); Pfister, Geschichte der Räuberbanden (wie Anm. 157), S. 8, 77; Seidenspinner, Hölzerlips (wie Anm. 157), S. 378–379; Preuss, Dieter/Dietrich, Peter: Bericht vom poetischen Leben der Vaganten und Wegelagerer auf dem Winterhauch, besonders aber vom Aufstieg des Kastenkrämers Hölzerlips zum Odenwälder Räuberhauptmann, Modautal-Neunkirchen 1978, S. 43, 81.

160 GLA Karlsruhe 194/5; Pfister, Geschichte der Räuberbanden (wie Anm. 157), S. 14–18, 67,77, 116, 129.

161 Stadtarchiv Eberbach IIa 289 (Briefbogen des Rentamts vom 2. März 1826), IIa 746 (1878–1880).

162 GLA Karlsruhe 236/7710.

163 Denkwürdigkeiten des Markgrafen Wilhelm von Baden (wie Anm. 3), S. 471.

164 GLA Karlsruhe 349/1271; Rent- und Forstamtsdienst (Wetzel, 1819–1857); Stadtarchiv Eberbach, Gemeindearchiv Pleutersbach Kart. 1 Urkundenbuch (1751–1832) (darin: Quittung des Oberförsters F. Wetzel vom 6. März 1815).

165 GLA Karlsruhe 69/B 205 (Zusammenstellung des Inventarbestands 1905); Rent- und Forstamtsdienst (Wetzel, 1819–1857); Jagdbuch II. Teil; Koltermann, Marianne: Das Steinhaus an der Straße von Zwingenberg am Neckar nach Neunkirchen, in: Der Odenwald 43 (1996), S. 105–124, hier: S. 105, 117; verkürzte Fassung von Ders., in: Unser Land 1997, S. 89–93.

166 Stadtarchiv Eberbach IIa 609; Forstmeister Wetzel – Krankheit und Ableben (1846–1853) und Rentamtmann Heinrich Braun (1853–1856).

167 Jagdbuch II. Teil (Der Zwingenberger Schullehrer Georg Kirsch wird als Forst- und „*Rentamtsactuar*" erwähnt). Georg Kirsch war wegen seiner revolutionär geprägten politischen Ideen als Lehrer nach Eppingen versetzt worden (Röcker, Bernd: Eppingen, in: Revolution im Südwesten. Stätten der Demokratiebewegung 1848/49 in Baden-Württemberg, hrsg. von der Arbeitsgemeinschaft hauptamtlicher Archivare im Städtetag Baden-Württemberg, Karlsruhe 1997, S. 154).

168 GLA Karlsruhe 349/1271, Stadtarchiv Eberbach IIa 730 (31.5.1832–6.11.1836), IIa 235 (26.1.1851–4.1.1851); Rentamtmann Heinrich Braun (1853–1856), Rent- und Forstamtsdienst Wetzel (1819–1857, Verfügungen vom 5.11.1813, 26.4.1826 und 3.12.1829). Julius Wetzel war zeitweise beim Vater Friedrich Wetzel als Praktikant tätig. Er wurde ebenfalls Förster und stand in großherzoglichen Diensten. Auch der Bruder Wetzels, ein *ForstAdjunct*, hielt sich 1820 in Zwingenberg auf (Jagdbuch I. Teil).

169 Jagdbuch II. Teil; Scheifele, Max: Die Forstorganisation in Baden seit 1803. Ein Beitrag zur Forstgeschichte Südwestdeutschlands, Inaugural-Dissertation, Karlsruhe 1957, S. 40–41.
170 Rentamtsdienst 1855–1876 (Forstmeister Roth, Forstpraktikant Kirchgessner, Dienstinstruktion des Zwingenberger Oberförsters vom 14. Februar 1856); Stadtarchiv Eberbach IIa 235 (Protokoll vom 6. April 1851: Ablösung des standesherrlichen Jagdrechts auf Gemarkung Eberbach).
171 Stadtarchiv Eberbach IIa 609; Förster Hecht und Krautinger (1820–1864, Bericht Wetzels vom 16. April 1842).
172 GLA Karlsruhe 349/1046; Stadtarchiv Eberbach IIa 609 (6. Juni 1823).
173 Jagdbuch II. Teil.
174 Rent- und Forstamtsdienst Wetzel (1819–1857, Bittgesuch Wetzels, datiert Langenbrücken vom 9.9.1852 zur Urlaubsverlängerung; Verfügungen der Domänenkanzlei vom 19. Mai und 31. Oktober 1857 über die Grabstätte Wetzels).
175 GLA Karlsruhe 349/1271; Rent- und Forstamtsdienst Wetzel (1819–1857, Bittgesuch Brauns vom 8. Januar 1853).
176 GLA Karlsruhe 349/1271; Stadtarchiv Eberbach IIa 746. Ob der Forstmeister Roth mit dem leiningenschen Rentamtmann Fr. Roth in Eberbach, der 1838 das sog. Rothsche Haus in der heutigen Friedrich-Ebert-Straße in Eberbach erbaut hatte, verwandt war, ist nicht bekannt. August Roth war ein Sohn des Generalkassiers Franz Roth und seiner Ehefrau Auguste Schumann aus Amorbach. Die Herkunft seiner Eltern aus Amorbach deutet diese Möglichkeit an. Das Rothsche Haus in Eberbach wurde 1857 von der Stadt Eberbach erworben, vgl. Viebig, Joachim: Wo die Forstmeister in Eberbach wohnten, in: EG 101 (2002), S. 167–174, hier: S. 138–169, auch Ders.: Bezirksforstei und „Roth'sches Haus", in: Wälder im Odenwald. Wald für die Odenwälder. Dokumente aus 150 Jahren Eberbacher Forstgeschichte, hrsg. vom Staatlichen Forstamt Eberbach, Schriftleitung: G. Bungenstab, Eberbach 1999, S. 93–95.
177 GLA Karlsruhe 69/A 634; Verordnung vom 28. September 1880 über die Organisation der Großherzoglichen Hofverwaltung, in: Gesetzes- und Verordnungs-Blatt für das Großherzogthum Baden 1880, S. 335–336 (künftig: GVoBl).
178 Besetzung und Verwaltung des Großherzoglichen Rentamts (1859–1906); Dienstinstruktionen (1872–1945).
179 Stadtarchiv Eberbach IIa 279.
180 Stadtarchiv Eberbach IIa 247.
181 Gesetz über die Zehntablösung vom 15.11.1833, in GrBadStauRegBl 1833, S. 265–288.
182 Gesetz über die *Aufhebung der Feudalrechte* vom 10.4.1848, in: GrBadRegBl 1848, S. 107–108.
183 GLA Karlsruhe 236/8952; Stadtarchiv Eberbach IIa 235.
184 Furtwängler, Standesherren in Baden (wie Anm. 85), S. 191–208, 201ff. (Standesherrschaft Leiningen).
185 Förster Hecht und Krautinger (1820–1864, Bericht vom 23. März 1836, Bericht Wetzels vom 16. April 1842); Schreiben des Oberförsters Wetzel vom 31. März und 24. September 1851, in: Stadtarchiv Eberbach IIa 235; Verordnung des Großherzogs vom 6. Juli 1842, in: GrBadStauRegBl 1842, S. 205.
186 Stadtarchiv Eberbach IIa 609.
187 Stadtarchiv Eberbach IIa 279.
188 Gesetz vom 31. Dezember 1831 *über die Verfassung und Verwaltung der Gemeinden*, in: GrBadStauRegBl 1832, S. 81–115, hier: S. 114–115 (§§ 3, 153–156).
189 Jagdbuch II. Teil.
190 GLA Karlsruhe 43/5700 und 67/821,139r-141r (1505 V 6 Jagdrecht); Krieg von Hochfelden, Veste Zwingenberg (wie Anm. 1), S. 208–210 (Urk. nr. 48). Der Forstbezirk Zwingenberg des 17. Jahrhunderts baute auf dieser Grenzziehung auf (GLA Karlsruhe 43/5699 (1672 IX 15)); vgl. auch Hausrath, Hans: Die Geschichte des Waldeigentums im Pfälzer Odenwald (= Festschrift zur

Feier des 56. Geburtstages Seiner Königlichen Hoheit des Großherzogs Friedrich II.), Karlsruhe 1913, S. 29–34.

191 Gemeindearchiv Waldbrunn, Historisches Archiv Strümpfelbrunn A 70; Historisches Archiv Mülben A 56, Amtsbücher 4 (Feuerversicherungsbuch der Waldgemarkung Zwingenberg 1909–1920); Historisches Archiv Weisbach A 32.

192 Gesetz vom 31. Dezember 1831 *über die Verfassung und Verwaltung der Gemeinden*, in: GrBadStauRegBl 1832, S. 81–115, hier: §§ 153–156.

193 GLA Karlsruhe 236/13412 (Bericht des Badischen Bezirksamtes Eberbach vom 11. Januar 1882 über die „Colonie" Unterferdinandsdorf an das Innenministerium); Ankauf von Wiesenstücken im Reisenbacher Grund (1857–1892, Entscheid des Großherzogs vom 3. Oktober 1882); Bleienstein/Sauerwein, Wüstung Ferdinandsdorf (wie Anm. 31), S. 103–106; Kühne, Odenwald (wie Anm. 94), S. 130–131; Weiss, John Gustav: Geschichte der Stadt Eberbach am Neckar, Eberbach 1900, S. 206.

194 Stadtarchiv Eberbach IIa 279.

195 Jagdbuch II. Teil; GLA Karlsruhe 349/663 (Bericht der Gemeinde Ferdinandsdorf vom 29. Dezember 1845).

196 Gemeindearchiv Waldbrunn, Historisches Archiv Mülben A 55; Bleienstein/Sauerwein, Wüstung Ferdinandsdorf (wie Anm. 31), S. 102–104; Kühne, Odenwald (wie Anm. 94), S. 131; Slama, 900 Jahre Mudauer Odenwald (wie Anm. 31), S. 993–994; Stadtarchiv Eberbach Abt. VIII Feuerversicherungsbuch von 1908 ff. fol. 293–294 und Feuerversicherungsbuch von 1941 fol. 328–329 sowie HA 1/77 nr. 4316; IIa 279; Gemeinderatsprotokolle vom 18. Mai und 1. Juni 1976; Eberbacher Zeitung vom 1. Juni 1976.

197 Gemeindearchiv Waldbrunn, Historisches Archiv Mülben A 55.

198 Koltermann, Marianne: Der Fluch der Max-Wilhelmshöhe, in: Unser Land 2004, S. 169–171.

199 Erbauung und Unterhaltung Max-Wilhelmshöhe (1844–1901).

200 GLA Karlsruhe 69/B 194 (Inventarliste des Rentamtmanns Roth vom 31.5.1858); 69/B 205 (Zusammenstellung des Inventarbestands 1905); Pläne Max-Wilhelmshöhe (1844–1901, darin: Grundriss und Inventarbeschreibung).

201 GLA Karlsruhe 349/1030 (Verfügung der *Markgräflich Badischen Domänen-Kanzley* in Karlsruhe vom 8. Juni 1846).

202 Walter, Max: Zur Geschichte der Emichsburg bei Eberbach, in: EG 58 (1959), S. 32–40.

203 Erbauung und Unterhaltung Max-Wilhelmshöhe (1844–1901); Auflösung der Gemeinde Ferdinandsdorf (1846–1854, 1844–1866).

204 Erbauung und Unterhaltung Max-Wilhelmshöhe (1844–1901).

205 GLA Karlsruhe 236/14682; Gemeindearchiv Waldbrunn, Historisches Archiv Mülben A 55; Das Großherzogthum Baden in geographischer, naturwissenschaftlicher, geschichtlicher, wirtschaftlicher und staatlicher Hinsicht dargestellt. Nebst vollständigem Ortsverzeichnis, Karlsruhe 1885, S. 991.

206 Gemeindearchiv Waldbrunn, Historisches Archiv Mülben A 55; Stadtarchiv Eberbach IIa 279; Das Großherzogthum Baden (wie Anm. 205), S. 991; GLA Karlsruhe 236/14682.

207 Lenz, Rüdiger: Mühle – Kolonie – Stadtteil. Geschichte der Gaimühle, in: EG 100 (2001), S. 71–81 (mit allen Quellenangaben); Jagdbuch II. Teil.

208 Zu den Archivalien: Stadtarchiv Eberbach, Historischer Bestand Gaimühle Rechnungen 1890–1900; Stadtarchiv Eberbach, Historisches Archiv Friedrichsdorf ON 369 (Colonie Sondernachsgrund); Auflösung der Kolonie Ferdinandsdorf und Sondernach (Gaimühle) (1881–1900, 1894–1901).

209 Stadtarchiv Eberbach IIa nr. 294; Auflösung der Kolonie Ferdinandsdorf und Sondernach (Gaimühle) (1881–1900, 1894–1901).

210 Verordnung vom 28. Juni 1900, in: GVoBl 1900, S. 833–834; Stadtarchiv Eberbach IIa nr. 294; Auflösung der Kolonie Ferdinandsdorf und Sondernach (Gaimühle) (1881–1900, 1894–1901); Spohr, Heinrich: Flurdenkmäler im Odenwald, in: EG 81 (1982), S. 133–141, hier: S. 134; Die Stadt- und die Landkreise Heidelberg und Mannheim. Amtliche Kreisbeschreibung, Band II: Die

Stadt Heidelberg und die Gemeinden des Landkreises Heidelberg, hrsg. von der Staatlichen Archivverwaltung Baden-Württemberg in Verbindung mit den Städten und den Landkreisen Heidelberg und Mannheim (= Die Stadt- und Landkreise in Baden-Württemberg), [Karlsruhe] 1968, S. 475; Weiss, Geschichte der Stadt Eberbach (wie Anm. 116), S. 212, Regest nr. 1261; Spohr, Heinrich: Grenzsteine der Gemarkung Eberbach, in: EG 64 (1965), S. 5–22, hier: S. 19–20.

211 *Vereinbarung über die Einverleibung der abgesonderten Gemarkung Gaimühle in die Stadtgemarkung Eberbach 1899*, in: Stadtarchiv Eberbach Iü nr. 31; Auflösung der Kolonie Sondernach (1894–1901, mit den älteren Vertragsentwürfen).

212 Gesetz über die *Aufhebung der Feudalrechte* vom 10.4.1848, in: GrBadRegBl 1848, S. 107–108; Lautenschlager, Friedrich: Die Agrarunruhen in den badischen Standes- und Grundherrschaften im Jahre 1848 (= Heidelberger Abhandlungen zur mittleren und neueren Geschichte, Heft 46), Heidelberg 1915, S. 42–46, 60.

213 Verzichtleistung auf grundherrliche Gefälle und Rechte, ferner die Volksbewegung (1848, Schreiben des Amtsvorstands Lindemann an Wetzel vom 9. März 1848).

214 Zu den Adelsheimer Unruhen vom 7. und 9. März 1848 vgl. Graef, Gottlieb: Heimatbilder aus der Geschichte der Stadt Adelsheim im badischen Frankenland, hrsg. von der Stadt Adelsheim, Adelsheim 1969, 2. Aufl., S. 131–140 und Weiss, Ernst [sic! = John Gustav]: Adelsheim im Wandel der Zeiten (= Zwischen Neckar und Main. Heimatblätter des Bezirksmuseums Buchen e.V., 11. Heft), Buchen 1927, S. 31–32; 700 Jahre Neunkirchen, Neckar-Odenwald-Kreis, hrsg. vom Bürgermeisteramt Neunkirchen, Buchen – Walldürn 1998, S. 61, 95.

215 Joho, Helmut (Hrsg.): Die Eberbacher Ortschronik von Anton Gillig, dem katholischen Pfarrer und Dekan von Eberbach in den Jahren 1840 bis 1849, in: EG 87 (1988), S. 86–117, hier: S. 105; anders der Bericht des Rentamtmanns Wetzel vom 11. März 1848 an die Markgrafen (Verzichtleistung auf grundherrliche Gefälle und Rechte, ferner die Volksbewegung, 1848).

216 Berichte des Rentamtmanns Wetzel vom 9., 11. und 13. März 1848 an die Markgrafen (Verzichtleistung auf grundherrliche Gefälle und Rechte, ferner die Volksbewegung, 1848); zu den nach Zwingenberg verlegten Soldaten vgl. Stephan, Joachim: Amtmann Wilhelm Christian Hübsch, in: Der Rhein-Neckar-Raum und die Revolution von 1848/49. Revolutionäre und ihre Gegenspieler, hrsg. vom Arbeitskreis der Archive im Rhein-Neckar-Dreieck, mit Beiträgen von Hans Fenske und Erich Schneider, Ubstadt-Weiher 1998, S. 184.

217 Lautenschlager, Friedrich: Zur Vorgeschichte der badischen Agrarunruhen im Jahre 1848, Inaugural-Dissertation (Ruprecht-Karls-Universität Heidelberg), Heidelberg 1915, S. 25–30.

218 Zusammenstellungen und Berechnungen des Rentamtmanns Wetzel (Verzichtleistung auf grundherrliche Gefälle und Rechte, ferner die Volksbewegung, 1848); Stadtarchiv Eberbach, Historisches Archiv Friedrichsdorf ON 370 (Or. Urkunde der Markgrafen Wilhelm und Maximilian von Baden vom 13. März 1848 für die Gemeinde Friedrichsdorf).

219 Stadtarchiv Eberbach II a nr. 266, 1280, 1549 (darin: Schreiben des Forstmeisters Wetzel vom 19. April 1848 an den Eberbacher Stadtrat); Joho, Eberbacher Ortschronik von Anton Gillig (wie Anm. 215), S. 102–104; Frey, Theodor: Lebens-Erinnerungen und Erlebnisse. Biographische Skizzen, Eberbach 1896, S. 51; Gesetz vom 1. April 1848 über die Entschädigungspflicht der Bürger, in: GrBadRegBl 1848, S. 90–91.

220 Lenz, Rüdiger: Vor 150 Jahren: Wege der Revolution von 1848/49 im Raum Eberbach, in: EG 98 (1999), S. 55–86, hier: S. 65–67 (dort mit allen Quellenbelegen).

221 Weiss, John Gustav: Lebenserinnerungen eines badischen Kommunalpolitikers, hrsg. und bearb. von Jörg Schadt unter Mitarbeit von Hans Ewald Keßler (= Veröffentlichungen des Stadtarchivs Mannheim Band 6), Stuttgart u. a. 1981, S. 92; vgl. dazu Weiss, Geschichte der Stadt Eberbach (wie Anm. 116), S. 203–204.

222 Seißler, Heinrich: Flucht, in: Der Katzenbuckel. Heimatblätter für das Neckartal, den Winterhauch und den kleinen Odenwald, Nr. 9 (Juni 1929).

223 Gemeindearchiv Neunkirchen Sterbebuch 1923–1931 (Eintrag vom 4. August 1924).

224 Widder, Beschreibung der Kurfürstl[ichen] Pfalz, Zweiter Theil (wie Anm. 115), S. 182; Ebersold, Ferdinandsdorf (wie Anm. 31), S. 111–121, hier: S. 115 (Gründungsdatum 1712); Ders., Alter, neuer und „natürlicher" Adel (wie Anm. 24), S. 152–153 (mit Gründungsdatum „21. März 1712" und den Namen der vier ersten Erbbeständer); Ernst, Fritz: Ferdinandsdorf – eine untergegangene Siedlung im Odenwald, in: Unter der Dorflinde im Odenwald 41 (1959), S. 10–12; GLA Karlsruhe 349/667 (darin Bericht des Zwingenberger Forstmeisters Wetzel vom 29. April 1822, wonach Oberferdinandsdorf vor 112 Jahren angelegt worden sei); Auszug aus dem Schatzungsbuch 1748 (Kauf von Grundstücken Ferdinandsdorf, 1822–1844); Hahl, Ferdinandsdorf (wie Anm. 31), S. 75–76; Bleienstein/Sauerwein, Wüstung Ferdinandsdorf (wie Anm. 31), S. 3–16, 43–56, 99–109; Slama, 900 Jahre Mudauer Odenwald (wie Anm. 31), S. 591–593.

225 Bericht des Forstmeisters Wetzel vom 14. Dezember 1849 an das Bezirksamt Eberbach, in: GLA Karlsruhe 349/663; Bericht des Bezirksamt Eberbach vom 11. Januar 1882, in: GLA Karlsruhe 236/13412.

226 GLA Karlsruhe 66/3480 fol. 132v (Zinsen aus *Rysenbuch*, um 1370); 236/13412; Bleienstein/Sauerwein, Wüstung Ferdinandsdorf (wie Anm. 31), S. 14–15.

227 GLA Karlsruhe 236/1579; Auflösung der Gemeinde Ferdinandsdorf (1846–1854); Ausverkauf von Ferdinandsdorf und Abzug der Einwohner (nur: Unterferdinandsdorf, 1845–1851); zum Lehrer Bansbach von Oberferdinandsdorf und seinem Bemühen um ein Schulhaus in Ferdinandsdorf vgl. Glaser, Otmar: Des Lehrers Bettstatt stand in einem Hinkelstall, in: Unser Land 2005, S. 245–247.

228 GLA Karlsruhe 349/667; 236/13412 (Bericht des Bezirksamts Eberbach vom 11. Januar 1882); Kauf von Grundstücken in Ferdinandsdorf (1822–1844); Jagdbuch II. Teil.

229 Bericht des Rentamts Zwingenberg vom 20. Oktober 1849 (Auflösung der Gemeinde Ferdinandsdorf, 1846–1854) und Jagdbuch II. Teil; GLA Karlsruhe 349/1329 (Beschluss vom 20. Februar 1848); 349/663 (Dekret vom 21. Dezember 1847); 236/13412 (Bericht des Bezirksamt Eberbach vom 11. Januar 1882); Stadtarchiv Eberbach IIa 242 (Renovation der Erbbestandswiesen in der Böhmenhaide vom 9. Oktober 1837 (mit Unterschrift des Bürgermeisters Franz Josef Rechner und mit dem Gemeindesiegels von Ferdinandsdorf)).

230 § 4 der Gemeindeordnung von 1831, in: GrBadStauRegBl 1832, S. 81.

231 Gesetz vom 28.12.1850 *über die Aufhebung der Gemeinde Ferdinandsdorf*, in: GrBadRegBl 1851, S. 2; GLA Karlsruhe 236/13412; 349/1329; 349/109; 349/663 (darin: Bericht der Gemeinde Ferdinandsdorf vom 29. Dezember 1845); zur Auflösung von Oberferdinandsdorf vgl. Bleienstein/Sauerwein, Wüstung Ferdinandsdorf (wie Anm. 31), S. 44–55, 99–103; Hahl, Ferdinandsdorf (wie Anm. 31), S. 81–83; Kühne, Odenwald (wie Anm. 94), S. 130–131.

232 GLA Karlsruhe 236/13412 (Bericht des Bezirksamts Eberbach vom 6. Dezember 1879).

233 GLA Karlsruhe 349/192; 349/663; Bleienstein/Sauerwein, Wüstung Ferdinandsdorf (wie Anm. 31), S. 44–55, 99–102.

234 Liste vom September 1846 mit Namen von Auswanderungswilligen aus Unterferdinandsdorf (Ausverkauf von Ferdinandsdorf und Abzug der Einwohner (nur: Unterferdinandsdorf, 1845–1851)); GLA Karlsruhe 349/1329; Bleienstein/Sauerwein, Wüstung Ferdinandsdorf (wie Anm. 31), S. 44–55, 99–102; Müller, Thomas: Vergessene Dörfer im südöstlichen Odenwald, in: Unser Land 2001, S. 61–64, hier: S. 63.

235 GLA Karlsruhe 349/663; 349/666.

236 GLA Karlsruhe 349/666 (Tabellen vom 17. Januar 1850, Bericht vom 29. April 1852); Auswanderungsgesuch vom 21.2.1849 (Ausverkauf von Ferdinandsdorf und Abzug der Einwohner (nur: Unterferdinandsdorf, 1845–1851)).

237 GLA Karlsruhe 236/13412 (Berichte des Bezirksamt Eberbach vom 11. Januar 1882 und des Landes-Commissärs vom 9. Mai 1882); Stadtarchiv Eberbach IIa 242; Auflösung der Kolonie Ferdinandsdorf und Sondernach (Gaimühle) 1881–1900.

238 Jagdbuch I. Teil.

239 Jagdbuch I. und II. Teil; Der Maximiliansstand bei Weisbach, in: Der Katzenbuckel. Heimatblätter für das Neckartal, den Winterhauch und den kleinen Odenwald, Nr. 10 (Juli 1928); Glaser, Otmar: Weidmannsheil. Zwei Jagdgeschichten aus dem Odenwald [Maximiliansstand], in: Unser Land 2014, S. 115–116.

240 Ausführlicher Bericht vom 14. September 1821 mit ärztlicher Untersuchung des Toten und der Verunglückten (Unglücksfälle durch Blitz und Donnerschläge und die Rettungsversuche der Verunglückten (1821–1848, Berichte über das Setzen des Steins 1848)); Jagdbuch II. Teil; Hirsch, Jörg: Afra Dehnerin, Tübingen 2005, S. 8, 13.

241 Gemeindearchiv Neckargerach Akten 970; Kirchesch, Peter: Mahnmal erinnert an Unglückstag reisender Musikanten, in: Unser Land 1997, S. 95–98; Liebig, Fritz: 1000 Jahre Neckargerach. 1200 Jahre Guttenbach, hrsg. von der Gemeinde Neckargerach 1976, S. 136–137.

242 Winkler, Joachim: Der „Prinzenstein" in Neunkirchen, in Unser Land 2013, S. 125.

243 Jagdbuch II. Teil.

244 Jagdbuch I. Teil.

245 GLA Karlsruhe 349/1042.

246 Koltermann, Marianne: Der Steinerne Tisch im Markgrafenwald, in: Unser Land 1996, S. 91–95.

247 Jagdbuch II. Teil.

248 Ebd.; Stadtarchiv Eberbach IIa 1783 (Beschwerde der Stadt vom 21. September 1831 an die zweite Kammer der Ständeversammlung).

249 Abbildung bei Koltermann, Steinhaus (wie Anm. 165), S. 105, 117.

250 GLA Karlsruhe 349/526, 349/528–529; 349/1500; Stadtarchiv Eberbach Hist. Archiv Neckarwimmersbach Akte Straßen, Wege, Brücken No. 7; Jagdbuch II. Teil; Koltermann, Steinhaus (wie Anm. 165), S. 105–124; verkürzte Fassung von Ders., in: Unser Land 1997, S. 89–93.

251 Bungenstab, Georg: Seltene Waldhütten im Staatswald Eberbach, in: Unser Land 1996, S. 141–143; Ders.: Seltene Waldhütten im Staatswald Eberbach, Distrikt „Roter Sohl" und Zitterberg, in: EG 91 (1992), S. 216–223.

252 GLA Karlsruhe 349/1500; Koltermann, Steinhaus (wie Anm. 165), S. 117–118.

253 Rullmann, Artur: Aus der Geschichte der Fähre Zwingenberg, in: Unser Land 2010, S. 85–86.

254 Neckarfähre bei Zwingenberg (1875–1923).

255 Rullmann, Fähre Zwingenberg (Anm. 251), S. 85–86; Kirchesch, Peter: Die Fähren in Neckargerach und Zwingenberg, in: Unser Land 1999, S. 157–160, hier: S. 158–160.

256 Kirchesch, Peter: 90 Jahre Fischreiherwald bei Zwingenberg am Neckar, in: Unser Land 2001, S. 49–51; Rullmann, Fähre Zwingenberg (wie Anm. 251), S. 86.

257 So der Bericht Ottos von Bismarck vgl. Otto von Bismarck. Werke in Auswahl. Achter Band. Teil A: Erinnerung und Gedanke. Unter Mitarbeit von Georg Engel hrsg. von Rudolf Buchner (= Otto von Bismarck. Werke in Auswahl. Acht Bände. Jahrhundertausgabe zum 23. September 1862. Hrsg. von Gustav Adolf Rein u.a. (= Ausgewählte Quellen zur Deutschen Geschichte der Neuzeit. Freiherr vom Stein – Gedächtnisausgabe. In Verbindung mit vielen Fachgenossen hrsg. von Rudolf Buchner, Band Xa), Darmstadt 1975, S. 383.

258 Stiefel, Baden, Band I (wie Anm. 82), S. 246.

259 Prinz Max von Baden: Erinnerungen und Dokumente, Berlin und Leipzig 1927, S. 335–643; vgl. dazu Burckhardt, Andreas: Zur Entstehung der „Erinnerungen und Dokumente", in: Prinz Max von Baden: Erinnerungen und Dokumente. Neu hrsg. von Golo Mann und Andreas Burckhardt. Mit einer Einleitung von Golo Mann, Stuttgart 1968, S. 61–62.

260 Mann, Golo: Prinz Max von Baden und das Ende der Monarchie in Deutschland, in: Prinz Max von Baden, Erinnerungen und Dokumente (wie Anm. 259), S. 9–60, hier: S. 11, dazu S. 60 sowie Burckhardt, Zur Entstehung der „Erinnerungen" (wie Anm. 259), S. 62–63.

261 Machtan, Lothar: Prinz Max von Baden. Der letzte Kanzler des Kaisers. Eine Biographie, Berlin 2013 (dort zur Entstehung der Erinnerungen" des Prinzen Max, S. 511–513). Schon Jahre zuvor hatte Machtan versucht, die „Homosexualität" Adolf Hitlers nachzuweisen, ohne letztlich schlüssig

belegen zu können, inwiefern diese Vermutung Auswirkungen auf Hitlers Politik hatte (vgl. Lothar Machtan: Hitlers Geheimnis. Das Doppelleben eines Diktators, Berlin 2001). Obwohl heute sexuelle Vorlieben im politisch-gesellschaftlichen Kontext als völlig unproblematisch gesehen werden, stößt die von Lothar Machtan auch beim Prinzen Max erörterte Frage sexueller Neigungen und deren mögliche Folgen bei Entscheidungen, die letztlich nur im spekulativen oder journalistischen Sinne beantwortet werden können, in Presse und Öffentlichkeit auf ein äußerst auffälliges Interesse.

262 Auch von Falkenhayn liegen „Erinnerungen" vor, die er kurz nach dem Ende des Krieges veröffentlichte, vgl. Falkenhayn, Erich von: Die Oberste Heeresleitung 1914–1916 in ihren wichtigsten Entschließungen. Mit 12 Karten, Berlin 1920. Falkenhayn ist mit seiner sog. Ermattungsstrategie verantwortlich für den für beide Seiten äußerst verlustreichen Angriff auf Verdun 1916.

263 Das Reichsland Elsass-Lothringen hatte zwar nach Art. I des *Gesetzes über die Verfassung Elsaß-Lothringens* vom 31. Mai 1911 (in: Reichs-Gesetzblatt 1911, S. 225–233) die Stellung eines Bundesstaates mit Parlament aus erster und zweiter Kammer, jedoch wurden die ihm zugebilligten drei Stimmen bei Abstimmungen im Bundesrat dann nicht gezählt, falls nur durch diese Stimmen die (preußische) Präsidialstimme die Mehrheit hatte. Gerade in dieser Einschränkung drückte sich die nicht gleichberechtigte Stellung zu anderen deutschen Bundesstatten besonders aus.

264 Haig, Feldmarschall Lord: England an der Westfront. Die Marschallsberichte an den Obersten Kriegsrat. Übertragen, hrsg. und eingeleitet von General Hoffmann, Berlin 1925, S. 184–185.

265 Ludendorff, Erich: Meine Kriegserinnerungen 1914 –1918. Mit zahlreichen Skizzen und Plänen, Berlin 3. Auflage 1919, S. 473ff. und Hindenburg, [Paul] von, Generalfeldmarschall: Aus meinem Leben. Illustrierte Volksausgabe, Leipzig 1934, S. 233–264, hier: S. 236; vgl. dazu die Einschätzung von Ludendorffs Nachfolger Wilhelm Groener, in: Groener, Wilhelm: Lebenserinnerungen. Jugend – Generalstab – Weltkrieg, hrsg. von Friedrich Frhr. Hiller von Gaertringen. Mit einem Vorwort von Peter Rassow (Deutsche Geschichtsquellen des 19. und 20. Jahrhunderts, Band 41), Göttingen 1957, S. 419–439, besonders: S. 421–423; Foch, [Ferdinand], Marschall: Meine Kriegserinnerungen 1914–1918. Übersetzt von Fritz Eberhardt, Leipzig 1931, S. 266, 273.

266 Ludendorff, Kriegserinnerungen (wie Anm. 265), S. 430, 470, 472.

267 Foch, Kriegserinnerungen (wie Anm. 265), S. 340; zum Bündnisverständnis der Amerikaner vgl. Wilson, Woodrow: Memoiren und Dokumente über den Vertrag zu Versailles anno MCMXIX. Band I bis III, hrsg. von R. St. Baker in autorisierter Übersetzung von Curt Thesing, Leipzig [1923], Band I, S. 47. Erich von Falkenhayn (Die Oberste Heeresleitung, wie Anm. 262, S. 183–184) begründet seine Überlegungen im Dezember 1915 in seinem Vortrag beim Kaiser über die Gesamtlage mit folgenden Worten: *Hinter dem französischen Abschnitt der Westfront gibt es in Reichweite Ziele, für deren Behauptung die französische Führung gezwungen ist, den letzten Mann einzusetzen. Tut sie es, so werden sich Frankreichs Kräfte* ***verbluten****, da es ein Ausweichen nicht gibt, gleichgültig, ob wir das Ziel selbst erreichen oder nicht... Verdun [ist] die mächtigste Stütze für jeden feindlichen Versuch, mit verhältnismäßig geringem Kraftaufwand die ganze deutsche Front in Frankreich und Belgien unhaltbar zu machen.* Zwar wäre mit der Einnahme Verduns die deutsche Westfront nicht mehr in zwei voneinander getrennte Frontbereiche zerfallen, doch war sich Falkenhayn offenbar gar nicht bewusst, dass er mit seinem Angriff auf Verdun auch die eigenen Truppen zum „Ausbluten" brachte.

268 Groener, Lebenserinnerungen (wie Anm. 265), S. 426; Sitzung des Kabinetts vom 5. November 1918, in: Amtliche Urkunden zur Vorgeschichte des Waffenstillstandes 1918. Auf Grund der Akten der Reichskanzlei, des Auswärtigen Amtes und des Reicharchivs hrsg. vom Auswärtigen Amt und vom Reichsministerium des Innern, Berlin 1928, 4. Aufl., S. 245–252 und in: Die Regierung des Prinzen Max von Baden, bearb. von Erich Matthias und Rudolf Morsey (= Quellen zur Geschichte des Parlamentarismus und der politischen Parteien. Erste Reihe: Von der konstitutionellen Monarchie zur parlamentarischen Republik. Im Auftrag der Kommission für Geschichte des Parlamentarismus und der politischen Parteien, hrsg. von Werner Conze, Erich Matthias, Georg Winter †, Band 2), Düsseldorf 1962, S. 526–545, hier: S. 527; vgl. auch S. LIII–LVII. Diese Quellenedition entstand mit Unterstützung des Privatarchivs Schloss Salem (hier: S. LXVIII).

269 Besprechung vom 14. August 1918, in: Amtliche Urkunden zur Vorgeschichte des Waffenstillstandes (wie Anm. 268), S. 3–5; Erzberger, M[atthias]: Erlebnisse im Weltkrieg, Stuttgart / Berlin 1920, S. 316; Groener, Lebenserinnerungen (wie Anm. 265), S. 435–436.

270 Brüning, Heinrich: Memoiren 1918–1934, Stuttgart 1970, S. 455.

271 Foch, Kriegserinnerungen (wie Anm. 265), S. 356–359. 365–366; Kaiser Wilhelm II.: Ereignisse und Gestalten aus den Jahren 1878–1918, Leipzig / Berlin 1922, S. 234–235.

272 Amtliche Urkunden zur Vorgeschichte des Waffenstillstandes (wie Anm. 268), S. 20–32, darin S. 20–25 (Note Österreich-Ungarns vom 14. September 1918).

273 Ludendorff, Kriegserinnerungen (wie Anm. 265), S. 580ff., 590ff.; dazu Prinz Max von Baden, Erinnerungen (wie Anm. 259), S. 340; Foch, Kriegserinnerungen (wie Anm. 265), S. 403; General Erich von Gündell. Aus seinen Tagebüchern: Deutsche Expedition nach China 1900–1901. 2. Haager Friedenskonferenz 1907. Weltkrieg 1914–1918 und Zwischenzeiten, Bearb. und hrsg. von Walther Obkircher, Hamburg 1939, S. 280; Hertling, Karl Graf von: Ein Jahr in der Reichskanzlei. Erinnerungen an die Kanzlerschaft meines Vaters, Freiburg im Breisgau 1919, S. 164–165, 180, 183. Sehr viel pessimistischer über die deutsche Widerstandsfähigkeit gegen die alliierten Offensiven seit dem Hochsommer 1918 war der bayrische Kronprinz Rupprecht, Oberbefehlshaber der 6. Armee und der ‚Heeresgruppe Kronprinz Rupprecht', der sich auch über die Schroffheit und Naivität preußischen Regierungshandelns besorgt zeigte (Kronprinz Rupprecht von Bayern: Mein Kriegstagebuch. Hrsg. von Eugen von Frauenholz. Zweiter Band: Mit acht Skizzen im Text und acht Bildtafeln, München 1929, S. 432–476).

274 Prinz Max von Baden, Erinnerungen (wie Anm. 259), S. 284, 426; Bericht vom 2. Oktober 1918 über die Stimmung Ludendorffs und Protokoll vom 9. Oktober 1918, in: Die Regierung des Prinzen Max von Baden (wie Anm. 268), S. 41f., 115–123, bes. S. 116–117; auch in: Amtliche Urkunden zur Vorgeschichte des Waffenstillstandes (wie Anm. 268), S. 39–40 (Bericht vom 15. September 1918 über den englischen Angriff vom 8. August 1918), S. 86–91; Lord Haig, England an der Westfront (wie Anm. 264), S. 267–271; Ludendorff, Kriegserinnerungen (wie Anm. 265), S. 547.

275 Urkunden der Obersten Heeresleitung über ihre Tätigkeit 1916/18, hrsg. von Erich Ludendorff, Berlin 1920, S. 533–535, 546–551; Hindenburg, Aus meinem Leben (wie Anm. 265), S. 271–286. Nach dem (Ersten) Weltkrieg bestritt Ludendorff seinen Anstoß für die Abgabe des Waffenstillstandsangebots. Er schob die Verantwortung den von ihm sog. *schwarz-rot-gelben Parteien* zu, deren Verhalten er als eine *Revolution von oben* und unter Täuschung der Obersten Heeresleitung bezeichnete (vgl. Ludendorff, Erich: Die Revolution von oben. General Ludendorff über das Kriegsende und die Vorgänge beim Waffenstillstand. Presse-Bericht über zwei Vorträge gehalten im Deutsch-völkischen Offiziersbund in München, Lorch 1926, S. 8–10).

276 Aufzeichnung im Auswärtigen Amt vom 28. September 1918, in: Amtliche Urkunden zur Vorgeschichte des Waffenstillstandes (wie Anm. 268), S. 47, 59–65; Ludendorff, Kriegserinnerungen (wie Anm. 265), S. 583–585; Hertling, Ein Jahr in der Reichskanzlei (wie Anm. 273), S. 63–64, 176, 180; vgl. die sehr „verwischende", oberflächliche Darstellung über die Abläufe bei Hindenburg, Aus meinem Leben (wie Anm. 265), S. 306–309.

277 Vortrag vom 2. Oktober 1918 vor den Parteiführern des Reichstags, in: Amtliche Urkunden zur Vorgeschichte des Waffenstillstandes (wie Anm. 268), S. 66–68; Erzberger, Erlebnisse im Weltkrieg (wie Anm. 269), S. 321.

278 Zur Vorbereitung der „Parlamentarisierung" vgl. Ludendorff, Kriegserinnerungen (wie Anm. 265), S. 583–585; Rauh, Manfred: Die Parlamentarisierung des Deutschen Reiches (= Beiträge zur Geschichte des Parlamentarismus und der politischen Parteien, Band 60), Düsseldorf 1977, S. 430–432.

279 Art. 6 der Verfassung des Deutschen Reiches vom 16. April 1871, in: Bundes-Gesetzblatt des Deutschen Bundes Nr. 16 (1871), S. 62–85, hier: S. 67.

280 Art. 15 der Verfassung des Deutschen Reiches vom 16. April 1871 (wie oben), S. 69, 70; Rauh, Die Parlamentarisierung des Deutschen Reiches (wie Anm. 278), S. 172ff. Trotz der heute zu Recht als überholt bewerteten Regierungsform hatte das „konstitutionelle" System Ansätze einer Gewaltenteilung. Zwar war der Kanzler vom Parlament unabhängig und damit dessen Einfluss entzogen, aber das Budgetrecht lag beim Reichstag und damit die Entscheidung zur Finanzierung eines Krieges – aber nicht über die Kriegserklärung selbst!

281 Prinz Max von Baden, Erinnerungen (wie Anm. 259), S. 341; Die Regierung des Prinzen Max von Baden (wie Anm. 268), S. 12–61; Payer, Friedrich: Von Bethmann-Hollweg bis Ebert. Erinnerungen und Bilder, Frankfurt am Main 1923, S. 82–85, 97–98; Hertling, Ein Jahr in der Reichskanzlei (wie Anm. 273), S. 182–183; vgl. dazu Ludendorff, Kriegserinnerungen (wie Anm. 265), S. 590–591 spricht den Politikern die Verantwortung für die Einleitung von Friedensverhandlungen zu. Zum interfraktionellen Ausschuss vgl. Rauh, Die Parlamentarisierung des Deutschen Reiches (wie Anm. 278), S. 363ff. Das „Zögern" Kaiser Wilhelms, den Prinzen Max zum Reichskanzler zu ernennen, deutet Lothar Machtan als Beleg für seine in Anm. 261 skizzierte These.

282 Der linksliberal eingestellte Vizekanzler Friedrich von Payer, der seit 1910 der „Fortschrittlichen Volkspartei" angehörte, hat die Einflussnahme der OHL aus seiner Sicht sehr deutlich kritisiert, vgl. Payer, Von Bethmann-Hollweg bis Ebert (wie Anm. 281), S. 82–87.

283 Rauh, Die Parlamentarisierung des Deutschen Reiches (wie Anm. 278), S. 431–443; Urkunden der Obersten Heeresleitung (wie Anm. 275), S. 522–523; Hertling, Ein Jahr in der Reichskanzlei (wie Anm. 273), S. 180–181 (Rolle des Staatssekretärs Paul von Hintze).

284 August Bebel am 16. Oktober 1891 auf dem Parteitag der Sozialdemokratischen Partei Deutschlands in Erfurt, in: Protokolle über die Verhandlungen der Parteitage der Sozialdemokratischen Partei Deutschlands Halle 1890 und Erfurt 1891. Mit einer wissenschaftlichen Einleitung von Marga Beyer, Leipzig 1983 (Reprint), S. 158; zur Radikalisierung der politischen Anschauungen der SPD vgl. Lenz, Rüdiger: Von einer unterdrückten Minderheit zur Bürgermeisterpartei: Die Geschichte der Eberbacher SPD, in: EG 97 (1998), S. 76–94, hier: S. 80.

285 Zu den politischen Vorstellungen der Parteien vgl. Unter Wilhelm II. 1890–1918, hrsg. von Hans Fenske (= Quellen zum politischen Denken der Deutschen im 19. und 20. Jahrhundert. Freiherr vom Stein-Gedächtnisausgabe. Gegründet von Rudolf Buchner und fortgeführt von Winfried Baumgart, Band VII), Darmstadt 1982 (Sonderausgabe 2012), S. 517–534; Scheidemann, Philipp: Der Zusammenbruch, Berlin 1921, S. 39–43, 80–83, vor allem S. 89–92; Erzberger, Erlebnisse im Weltkrieg (wie Anm. 269), S. 321; Rauh, Die Parlamentarisierung des Deutschen Reiches (wie Anm. 278), S. 156–172.

286 Prinz Max von Baden, Erinnerungen (wie Anm. 259), S. 343, vgl. S. 341; Payer, Von Bethmann-Hollweg bis Ebert (wie Anm. 281), S. 100–101; Urkunden der Obersten Heeresleitung (wie Anm. 275), S. 530–531.

287 Besprechungen der Parlamentarier des sog. Interfraktionellen Ausschusses, in: Die Regierung des Prinzen Max von Baden (wie Anm. 268), S. 12–61, hinsichtlich des Ausschlusses der Nationalliberalen S. 39; Payer, Von Bethmann-Hollweg bis Ebert (wie Anm. 281), S. 44–51, 91–93, 104–106; Erzberger, Erlebnisse im Weltkrieg (wie Anm. 269), S. 295–299; Urkunden der Obersten Heeresleitung (wie Anm. 275), S. 522–523; Rauh, Die Parlamentarisierung des Deutschen Reiches (wie Anm. 278), S. 425ff.

288 Der Abgeordnete Scheidemann (SPD) stand ursprünglich in Distanz zum Prinzen: *Prinz Max hatte im Reichstag einige Freunde, die ihn schon seit Jahr und Tag hatten lancieren wollen. Man erzählte Wunderdinge von seiner Klugheit und seinen modernen Anschauungen. Vielleicht hing seine Meinung mit einer stimmungsmäßigen Abneigung der Parteimitglieder gegen den Angehörigen eines Herrscherhauses und künftigen Monarchen zusammen* (vgl. Payer, Von Bethmann-Hollweg bis Ebert (wie Anm. 281), S. 104). Nachdem Scheidemann den Prinzen persönlich kennengelernt hatte, schätzte er ihn anders ein, vgl. Scheidemann, Der Zusammenbruch (wie Anm. 285), S. 173–174.

289 Prinz Max von Baden, Erinnerungen (wie Anm. 259), S. 357–358; Scheidemann, Der Zusammenbruch (wie Anm. 285), S. VII, S. 175–177; Payer, Von Bethmann-Hollweg bis Ebert (wie Anm. 281), S. 104–106; Erzberger, Erlebnisse im Weltkrieg (wie Anm. 269), S. 308–313.

290 Prinz Max von Baden, Erinnerungen (wie Anm. 259), S. 371; vgl. dazu Scheidemann, Der Zusammenbruch (wie Anm. 285), S. VII.

291 Scheidemann, Philipp: Memoiren eines Sozialdemokraten. Ungekürzte Volksausgabe, Dresden 1930, S. 175–309, 317, 363; Bülow, Bernhard Fürst von: Denkwürdigkeiten. Dritter Band: Weltkrieg und Zusammenbruch, hrsg. von Franz von Stockhausen, Berlin 1931, S. 292; Hertling, Ein Jahr in der Reichskanzlei (wie Anm. 273), S. 48–49.

292 Payer, Von Bethmann-Hollweg bis Ebert (wie Anm. 281), S. 44–48, 84, 87–89, auch S. 125–126.

293 Groener, Lebenserinnerungen (wie Anm. 265), S. 379.

294 Prinz Max von Baden, Erinnerungen (wie Anm. 259), S. 236–237.

295 Groener, Lebenserinnerungen (wie Anm. 265), S. 421–426.

296 Sitzung des Kabinetts vom 11. Oktober 1918, in: Die Regierung des Prinzen Max von Baden (wie Anm. 268), S. 137–144, hier: S. 139; auch bei Scheidemann, Der Zusammenbruch (wie Anm. 285), S. 184–185; Anfrage des Prinzen Max von Baden an Hindenburg und dessen Antwort, beide Dokumente datiert vom 3. Oktober 1918, in: Amtliche Urkunden zur Vorgeschichte des Waffenstillstandes (wie Anm. 268), S. 72–73.

297 Payer, Von Bethmann-Hollweg bis Ebert (wie Anm. 281), S. 84, 87–89; Erzberger, Erlebnisse im Weltkrieg (wie Anm. 269), S. 321–322; Groener, Lebenserinnerungen (wie Anm. 265), S. 379; vgl. Mann, Prinz Max von Baden (wie Anm. 259), S. 35.

298 Sitzung des Kabinetts vom 6. Oktober 1918, in: Die Regierung des Prinzen Max von Baden (wie Anm. 268), S. 87–92, hier: S. 87–88, vgl. auch S. 209–211 (Sitzung vom 16. Oktober 1918); Amtliche Urkunden zur Vorgeschichte des Waffenstillstandes (wie Anm. 268), S. 77; vgl. dazu Bericht über die Vorgänge am 2. Oktober 1918 in Berlin, in: Urkunden der Obersten Heeresleitung (wie Anm. 275), S. 535–540 und Payer, Von Bethmann-Hollweg bis Ebert (wie Anm. 281), S. 129–139.

299 Vorgänge am 2. Oktober 1918 in Berlin, in: Urkunden der Obersten Heeresleitung (wie Anm. 275), S. 535–540; Zum Schlieffenplan vgl. Ritter, Gerhard: Der Schlieffenplan. Kritik eines Mythos. Mit erstmaliger Veröffentlichung der Texte und 6 Kartenskizzen, München 1956; Foch, Kriegserinnerungen (wie Anm. 265), S. 406–407; Ludendorff, Kriegserinnerungen (wie Anm. 265), S. 599–601; Amtliche Urkunden zur Vorgeschichte des Waffenstillstandes (wie Anm. 268), S. 88; Lord Haig, England an der Westfront (wie Anm. 264), S. 288–295; Prinz Max von Baden, Erinnerungen (wie Anm. 259), S. 329.

300 Protokolle vom 9. Oktober und 11. Oktober 1918, in: Amtliche Urkunden zur Vorgeschichte des Waffenstillstandes (wie Anm. 268), S. 86–91, 97–99 und in: Urkunden der Obersten Heeresleitung (wie Anm. 275), S. 546–548; Cooper, Duff: Haig. Ein Mann und eine Epoche. Mit 20 Bildern und 6 Karten, Berlin [1935], S. 455 [mit Auswertung der damals noch unveröffentlichten Tagebücher Haigs].

301 Prinz Max von Baden, Erinnerungen (wie Anm. 259), S. 336, 352; Fragebogen des Prinzen Max von Baden vom 3. Oktober 1918 und deutsche Note vom 3. Oktober 1918, in: Urkunden der Obersten Heeresleitung (wie Anm. 275), S. 540–541, 535; Payer, Von Bethmann-Hollweg bis Ebert (wie Anm. 281), S. 94, 97; vgl. Scheidemann, Der Zusammenbruch (wie Anm. 285), S. 184–185.

302 Wortlaut des 14-Punkte-Programms abgedruckt in deutscher Übersetzung in: Quellen zum Friedensschluss von Versailles. Hrsg. von Klaus Schwabe. Unter Mitarbeit von Tilmann Stieve und Albert Diegmann (= Ausgewählte Quellen zur Deutschen Geschichte der Neuzeit. Freiherr vom Stein – Gedächtnisausgabe. Begründet von Rudolf Buchner und fortgeführt von Winfried Baumgart, Band XXX), Darmstadt 1997, S. 47–49.

303 Wilson, Memoiren und Dokumente (wie Anm. 267), S. 307–308; Prinz Max von Baden, Erinnerungen (wie Anm. 259), S. 353–356 (Anm. 1), S. 360–365.

304 Lansing, Robert: Die Versailler Friedens-Verhandlungen. Persönliche Erinnerungen, Berlin 1921, S. 21ff., 70ff., 74.

305 Vgl. die ähnlich strukturierte Kritik bei Rauh, Die Parlamentarisierung des Deutschen Reiches (wie Anm. 278), S. 449–453.

306 Bethmann Hollweg, Th[eobald] von: Betrachtungen zum Weltkriege, 2. Teil: Während des Krieges, Berlin 1921, S. 141–165; Hertling, Ein Jahr in der Reichskanzlei (wie Anm. 273), S. 15; Lansing, Die Versailler Friedens-Verhandlungen (wie Anm. 304), S. 11–12.

307 Kaiser Wilhelm II., Ereignisse und Gestalten (wie Anm. 271), S. 271.

308 Brief Stresemanns vom 29. Oktober 1918 an Robert Friedberg, Vizepräsident des preußischen Staatsministeriums, in: Gustav Stresemann Schriften – mit einem Vorwort von Willy Brandt, hrsg. von Arnold Harttung (Schriften grosser Berliner), Berlin 1976, S. 181–183, hier: S. 182–183.

309 Abdruck des am 12. Januar 1918 verfassten Briefes in der Berner „Freien Zeitung“ am 9. Oktober 1918, in: Prinz Max von Baden, Erinnerungen (wie Anm. 259), S. 183–185 und Scheidemann, Der Zusammenbruch (wie Anm. 285), S. 183–185; Die Regierung des Prinzen Max von Baden (wie Anm. 268), S. 136–137, 148–162, 168–176; Payer, Von Bethmann-Hollweg bis Ebert (wie Anm. 281), S. 130–131; zu Wilsons Haltung gegenüber dem Prinzen Max vgl. Mann, Prinz Max von Baden (wie Anm. 259), S. 38–39.

310 Wilson, Memoiren und Dokumente (wie Anm. 267), Band I, S. 47, 147, 192, 212, 214–216.

311 Foch, [Ferdinand], Marschall: Erinnerungen. Von der Marneschlacht bis zur Ruhr. Niedergeschrieben unter persönlicher Redaktion des Marschalls von Raymond Recouly, Dresden [1929], S. 175.

312 Prinz Max von Baden, Erinnerungen (wie Anm. 259), S. 345ff., S. 352 (Wortlaut des Telegramms vom 3. Oktober 1918); Aufzeichnung von Prinz Max von Baden vom 16. Oktober 1918, in: Die Regierung des Prinzen Max von Baden (wie Anm. 268), S. 216–217; ähnlich bei Payer, Von Bethmann-Hollweg bis Ebert (wie Anm. 281), S. 98.

313 Amtliche Urkunden zur Vorgeschichte des Waffenstillstandes (wie Anm. 268), S. 112–113; Urkunden der Obersten Heeresleitung (wie Anm. 275), S. 551–553; auch in: Ludendorff, Revolution von oben (wie Anm. 275), S. 15, 17–19.

314 Amtliche Urkunden zur Vorgeschichte des Waffenstillstandes (wie Anm. 268), S. 123–127 (mit Fragebogen), Protokoll vom 17. Oktober 1918, S. 128–150 und in: Die Regierung des Prinzen Max von Baden (wie Anm. 268), S. 220–253 sowie in: Urkunden der Obersten Heeresleitung (wie Anm. 275), S. 556–573; Prinz Max von Baden, Erinnerungen (wie Anm. 259), S. 385.

315 Lord Haig, England an der Westfront (wie Anm. 264), S. 304–309; vgl. die Erinnerungen der Generäle von Marwitz und von Einem (Tschischwitz, [Erich] von, General der Infanterie a.D.: General von der Marwitz. Weltkriegsbriefe, Berlin 1940, S. 328–336 und Ein Armeeführer erlebt den Weltkrieg. Persönliche Aufzeichnungen des Generalobersten von Einem. Hrsg. von Junius Alter, Leipzig 1938, besonders S. 429–444).

316 So auch die Kritik des Staatssekretärs Wilhelm Solf vom 5. November 1918, in: Die Regierung des Prinzen Max von Baden (wie Anm. 268), S. 545–546.

317 Über die Erkrankung des Prinzen Max von Baden vgl. Die Regierung des Prinzen Max von Baden (wie Anm. 268), S. 325–328, 460–464, 474–476; Payer, Von Bethmann-Hollweg bis Ebert (wie Anm. 281), S. 141–146; Scheidemann, Der Zusammenbruch (wie Anm. 285), S. 203; Kaiser Wilhelm II., Ereignisse und Gestalten (wie Anm. 271), S. 238–239.

318 Vgl. die abgedruckten Protokolle in „Die Regierung des Prinzen Max von Baden“ (wie Anm. 268); Scheidemann, Der Zusammenbruch (wie Anm. 285), S. VII.

319 Amtliche Urkunden zur Vorgeschichte des Waffenstillstandes (wie Anm. 268), S. 196; Die Regierung des Prinzen Max von Baden (wie Anm. 268), S. 359–365; Ludendorff, Revolution von oben (wie Anm. 275), S. 31–32 (darin: Weisung der OHL an die Truppe vom 24. Oktober 1918); Payer, Von Bethmann-Hollweg bis Ebert (wie Anm. 281), S. 167; Scheidemann, Der Zusammenbruch (wie Anm. 285), S. 186–190, Groener, Lebenserinnerungen (wie Anm. 265), S. 441; Vietsch, Eberhard von: Wilhelm Solf. Botschafter zwischen den Zeiten, Tübingen 1961, S. 206.

320 Foch, Kriegserinnerungen (wie Anm. 265), S. 449; Lord Haig, England an der Westfront (wie Anm. 264), S. 310; Cooper, Haig (wie Anm. 301), S. 459–460.

321 Foch, Kriegserinnerungen (wie Anm. 265), S. 343, 412–417, 440–441, 449; Marschall Foch zitiert von Ministerpräsident Georges Clemenceau, in: Clemenceau spricht. Unterhaltungen mit seinem Sekretär Jean Martet, Berlin 1930, S. 177; Cooper, Haig (wie Anm. 301), S. 460–464.

322 Brüning, Memoiren (wie Anm. 270), S. 23.

323 Prinz Max von Baden, Erinnerungen (wie Anm. 259), S. 388.

324 Prinz Max von Baden, Erinnerungen (wie Anm. 259), S. 409; Tirpitz, Alfred von: Erinnerungen (= Deutsche Denkwürdigkeiten), Leipzig 1919, S. 290–292 (Brief von Tirpitz an Prinz Max von Baden vom 17. Oktober 1918).

325 Amtliche Urkunden zur Vorgeschichte des Waffenstillstandes (wie Anm. 268), S. 166; Payer, Von Bethmann-Hollweg bis Ebert (wie Anm. 281), S. 138.

326 Wortlaut der amerikanischen Telegramme abgedruckt in: Quellen zum Friedensschluss von Versailles (wie Anm. 302), S. 54–62 und S. 67–69; auch in: Amtliche Urkunden zur Vorgeschichte des Waffenstillstandes (wie Anm. 268), S. 85, 109–110, 190–192, 253–254 und in: Urkunden der Obersten Heeresleitung (wie Anm. 275), S. 546 (erste Note Wilsons vom 8. Oktober 1918), S. 553–554 (zweite Note Wilsons vom 14. Oktober 1918), S. 576–577 (dritte Note Wilsons vom 23. Oktober 1918), S. 573–574 (Telegramm Hindenburgs vom 20. Oktober 1918); Payer, Von Bethmann-Hollweg bis Ebert (wie Anm. 281), S. 128–146; Erzberger, Erlebnisse im Weltkrieg (wie Anm. 269), S. 322–326.

327 Urkunden der Obersten Heeresleitung (wie Anm. 275), S. 577–578 (Telegramm vom 24. Oktober 1918); Prinz Max von Baden, Erinnerungen (wie Anm. 259), S. 376, 494–495.

328 Es ist unverständlich, dass in der wissenschaftlichen Literatur die amerikanischen Bestrebungen und ihre „Verbrämung“ mit ideologischen Schlagwörtern, mit Behauptungen und einseitigen Unterstellungen nicht kritisch hinterfragt, sondern sogar noch kritiklos zitiert und übernommen werden. Schon allein der Wortlaut und der Sinn der Wilson'schen Formulierungen und die des Außenministers Lansing (s. die abgedruckten Fassungen der Telegramme) müssten Anlass zum Nachdenken geben. Die Stimmungslage auf deutscher Seite lässt sich in den „Erinnerungen“ von Prinz Max von Baden gut ablesen (wie Anm. 259); vgl. dazu auch Rauh, Die Parlamentarisierung des Deutschen Reiches (wie Anm. 278), S. 453–454.

329 Brief vom 23. Juli 1921 an Staatssekretär von Jagow, zitiert nach: Vietsch, Wilhelm Solf (wie Anm. 319), S. 201.

330 Kaiser Wilhelm II., Ereignisse und Gestalten (wie Anm. 271), S. 273.

331 Wortlaut der vierten Note in: Quellen zum Friedensschluss von Versailles (wie Anm. 302), S. 67–69, auch in: Urkunden der Obersten Heeresleitung (wie Anm. 275), S. 580–581.

332 Diskussion in der Sitzung des Kabinetts vom 16. Oktober 1918, in: Die Regierung des Prinzen Max von Baden (wie Anm. 268), S. 212–213.

333 Rauh, Die Parlamentarisierung des Deutschen Reiches (wie Anm. 278), S. 430–432; Gesetz zur Abänderung der Reichsverfassung vom 28. Oktober 1918, in: Reichs-Gesetzblatt 1918, Nr. 6504, S. 1274–1275.

334 Groh, Dieter: Negative Integration und revolutionärer Attentismus. Die deutsche Sozialdemokratie am Vorabend des Ersten Weltkrieges, Frankfurt am Main / Berlin / Wien 1974, S. 57, 64ff.; Steinberg, Hans-Josef: Sozialismus und deutsche Sozialdemokratie. Zur Ideologie der Partei vor dem I. Weltkrieg (= Schriftenreihe des Forschungsinstituts der Friedrich-Ebert-Stiftung Band 50), Bonn-Bad Godesberg 1972, 3. Aufl., S. 60–75. Auch bei Scheidemann fällt dieser Denkansatz auf (Scheidemann, Der Zusammenbruch (wie Anm. 285), S. 1–2).

335 Die Regierung des Prinzen Max von Baden (wie Anm. 268), S. 35–36.

336 Steinberg, Sozialismus und deutsche Sozialdemokratie (wie Anm. 334), S. 48–53; Lenz, Eberbacher SPD (wie Anm. 284), S. 82–85; vgl. Scheidemann, Der Zusammenbruch (wie Anm. 285),

S. 39–43, 80–83, 89–92; ähnlich auch bei Rauh, Die Parlamentarisierung des Deutschen Reiches (wie Anm. 278), S. 159ff.

337 Flugblatt des Spartakus vom September 1918, in: Deutschland im Ersten Weltkrieg. Texte und Dokumente 1914–1918, hrsg. von Ulrich Cartarius (= dtv dokumente 2931), München 1982, S. 315–318, hier: S. 316.

338 Sitzung des Kriegskabinetts vom 31. Oktober 1918, in: Die Regierung des Prinzen Max von Baden (wie Anm. 268), S. 437–448, vor allem: S. 438–440, außerdem: S. 460–464; Groener, Lebenserinnerungen (wie Anm. 265), S. 448–451, 453–454; Erzberger, Erlebnisse im Weltkrieg (wie Anm. 269), S. 323–324; zu den Matrosenaufständen vgl. Müller, Hermann: Die November-Revolution. Erinnerungen, Berlin 1928, S. 23–41; Rauh, Die Parlamentarisierung des Deutschen Reiches (wie Anm. 278), S. 465–468.

339 Zu den Abläufen: Die Regierung des Prinzen Max von Baden (wie Anm. 268), S. 437–448, 455–459, 614–618; Scheidemann, Der Zusammenbruch (wie Anm. 285), S. 199–208; vgl. Mann, Prinz Max von Baden, Erinnerungen (wie Anm. 259), S. 43; Groener, Lebenserinnerungen (wie Anm. 265), S. 461–462 und Die Tragödie von Spaa. Des Kaisers Entthronung durch den Prinzen Max von Baden am 9. November 1918. Nach autentischen [sic!] Berichten des Generalfeldmarschalls von Hindenburg, Generaloberst v. Plessen, Staatssekretär v. Hintze, General Freiherr von Marschall und General Graf Schulenburg. Veröffentlicht in der Deutschen Zeitung vom 27. Juli 1919. Mit einem Anhang, Gibernhau (Sachsen) 1919, S. 15–16, 19–20.

340 Die Beschuldigungen und Unterstellungen sind in der zeitgenössischen Schrift „Die Tragödie von Spaa. Des Kaisers Entthronung durch den Prinzen Max von Baden am 9. November 1918“ (wie Anm. 339), S. 21–23 gut nachzuvollziehen; Kaiser Wilhelm II., Ereignisse und Gestalten (wie Anm. 271), S. 237, 239, 243–244; Stresemann, Gustav: Von der Revolution zum Frieden von Versailles. Reden und Aufsätze, Berlin 1919, S. 36–37 (veröffentlicht 6. November 1918).

341 Prinz Max von Baden, Erinnerungen (wie Anm. 259), S. 623–625, 634; vgl. dazu die Aussagen Groeners bei Brüning, Memoiren (wie Anm. 270), S. 551.

342 Stresemann, Von der Revolution (wie Anm. 340), S. 186 (veröffentlicht 5. November 1919).

343 Zitate nach Payer, Von Bethmann-Hollweg bis Ebert (wie Anm. 281), S. 163–164; Braun, Otto: Von Weimar zu Hitler, New York [1948], 2. Aufl., S. 9.

344 Prinz Max von Baden, Erinnerungen (wie Anm. 259), S. 642.

345 Ebd., S. 643; zur Bildung des „Rats der Volksbeauftragten“ aus SPD und USPD vgl. Payer, Von Bethmann-Hollweg bis Ebert (wie Anm. 281), S. 164–165.

346 Payer, Von Bethmann-Hollweg bis Ebert (wie Anm. 281), S. 166–167; Meszmer, Franz: Das Geschehen auf Schloß Zwingenberg im November 1918, in: Mosbacher Museumshefte 10 (1988), S. 25 – 32, hier: S. 28 (nach einer Notiz des Oberförsters Kirchgessner).

347 Prinz Max von Baden, Erinnerungen (wie Anm. 259), S. 643; vgl. Mann, Prinz Max von Baden (wie Anm. 259), S. 51.

348 Scheidemann, Der Zusammenbruch (wie Anm. 285), vor allem S. 173, auch S. 211–214; Die Regierung des Prinzen Max von Baden (wie Anm. 268), S. 630; Stresemann, Von der Revolution (wie Anm. 340), S. 41 (veröffentlicht 12. November 1918); zum „Rat der Volksbeauftragten“ vgl. Müller, Die November-Revolution (wie Anm. 338), S. 73–89.

349 Zum Abschluss des Vertrags von Compiègne vgl. die ausführliche Schilderung bei Erzberger, Erlebnisse im Weltkrieg (wie Anm. 269), S. 322–340; Groener, Lebenserinnerungen (wie Anm. 265), S. 466–467; Lloyd George, David: Mein Anteil am Weltkrieg. Kriegsmemoiren (War Memoirs). Dritter Band (Band V und VI der englischen Ausgabe), übertragen von Dagobert von Mikusch, Berlin 1936, 1. und 2. Aufl., S. 567; Foch, Kriegserinnerungen (wie Anm. 265), S. 478–484; Abdruck des Waffenstillstandsvertrags in: BadGVoBl 1918, S. 416–438.

350 Hitler, Adolf: Mein Kampf. Zwei Bände in einem Band. Ungekürzte Ausgabe. Erster Band: Eine Abrechnung. Zweiter Band: Die nationalsozialistische Bewegung, München 1938, S. 221–225.

351 Prinz Max von Baden, Erinnerungen (wie Anm. 259), S. 625.

352 Kaller, Gerhard: Johann Heinrich von und zu Bodman, in: Badische Biographien, Neue Folge, Band I. Im Auftrag der Kommission für geschichtliche Landeskunde, hrsg. von Bernd Ottnad, Stuttgart 1982, S. 68–70.

353 Kaller, Gerhard: Anton Geiß, in: Badische Biographien, Neue Folge, Band I. Im Auftrag der Kommission für geschichtliche Landeskunde hrsg. von Bernd Ottnad, Stuttgart 1982, S. 136–137; Furtwängler, Martin: *... ganz ohne Eitelkeit und Machtgier*. Der erste badische Staatspräsident Anton Geiß (1858–1944), in: ZGO 161 (2013), S. 297–324; Im Dienst an der Republik. Die Tätigkeitsberichte des Landesvorstands der Sozialdemokratischen Partei Badens 1914–1932, hrsg. und bearb. von Jörg Schadt unter Mitarbeit von Michael Caroli (= Veröffentlichungen des Stadtarchivs Mannheim Band 4), Stuttgart u.a. 1977, S. 59–64.

354 Lenz, Eberbacher SPD (wie Anm. 284), S. 85–86 (dort alle Quellenbelege).

355 Kaller, Gerhard: Die Abdankung des Großherzogs Friedrich II. von Baden im November 1918, in: Badische Heimat. Ekkhart. Jahrbuch für das Badner Land 1969, S. 71–82; Ders.: Zur Revolution 1918 in Baden. Klumpp-Putsch und Verfassungsfrage, in: Oberrheinische Studien, Band II. Neue Forschungen zu Grundproblemen der badischen Geschichte im 19. und 20. Jahrhundert, hrsg. von Alfons Schäfer im Auftrag der Arbeitsgemeinschaft für geschichtliche Landeskunde am Oberrhein e.V. in Karlsruhe, Bretten 1973, S. 175–202.

356 Meszmer, Schloß Zwingenberg (wie Anm. 346), S. 27 (nach einer Notiz des Oberförsters).

357 Ebd., S. 27; Viebig, Joachim: Die Forstmeister in Eberbach. Ein Lebens- und Berufsbild der leitenden Forstbeamten in Eberbach, in: EG 91 (1992), S. 72–96, hier: S. 85.

358 Kaller, Bodman (wie Anm. 352), S. 69.

359 Oeftering, W[ilhelm] E[ngelbert]: Der Umsturz 1918 in Baden (Die gelb-roten Bücher, Band 5), Konstanz 1920, S. 210–213; auch bei: Kaller, Gerhard: Die Revolution des Jahres 1918 in Baden und die Tätigkeit des Arbeiter- und Soldatenrats in Karlsruhe, in: ZGO 114 (1966), S. 301–350, hier: S. 334–336; Meszmer, Schloß Zwingenberg (wie Anm. 346), S. 28; Weiß, Lebenserinnerungen (wie Anm. 221), S. 159.

360 Weiß, Lebenserinnerungen (wie Anm. 221), S. 159.

361 *Verfassungs-Urkunde* für das Großherzogtum Baden vom 22. August 1818, in: GrBadStauRegBl 1818, S.101–115, hier: S. 102.

362 GLA Karlsruhe N Geiss Nr. 1, Manuskript Erinnerungen aus meinem Leben S. 139 ff; Oeftering, Der Umsturz 1918 (wie Anm. 359), S. 214–216; Die Lebenserinnerungen des ersten badischen Staatspräsidenten Anton Geiß (1858–1944), bearb. von Martin Furtwängler (= Veröffentlichungen der Kommission für Geschichtliche Landeskunde in Baden-Württemberg, Reihe A Quellen, Band 58) Stuttgart 2014, hier: S. 53–56; Kaller, Die Revolution des Jahres 1918 in Baden (wie Anm. 359), S. 334–336. Die Lokalität des Vorgangs auf Schloss Zwingenberg ist nicht mehr bekannt.

363 Zur Jahrhundertfeier der Verfassung vgl. Weiß, Lebenserinnerungen (wie Anm. 221), S. 155; Geiß, Lebenserinnerungen (wie Anm. 362), S. 41.

364 Kaller, Die Revolution des Jahres 1918 in Baden (wie Anm. 359), S. 335; Oeftering, Der Umsturz 1918 (wie Anm. 359), S. 215–216, 220; Meszmer, Schloss Zwingenberg (wie Anm. 346), S. 29–29; Abdruck der Erklärung Eberbacher Zeitung vom 15. November 1918.

365 Weiß, Lebenserinnerungen (wie Anm. 221), S. 159; Oeftering, Der Umsturz 1918 (wie Anm. 359), S. 233.

366 Eberbacher Zeitung vom 15. November 1918; Weiß, Lebenserinnerungen (wie Anm. 221), S. 159.

367 Weiß, Lebenserinnerungen (wie Anm. 221), S. 159.

368 Sitzungen der provisorischen Regierung vom 22. November 1918 und 7. März 1919, in: Die Protokolle der Regierung der Republik Baden. Erster Band: Die provisorische Regierung November 1918 – März 1919. Bearb. von Martin Furtwängler (Kabinettsprotokolle von Baden und Württemberg 1918–1933, hrsg. von der Kommission für geschichtliche Landeskunde in Baden-Württemberg, I. Teil, 1. Band), Stuttgart 2012, S. 28 (mit Abdruck der Erklärung des Großherzogs) und S. 277; auch bei Oeftering, Der Umsturz 1918 (wie Anm. 359), S. 238; Abdruck: Eberbacher

Zeitung vom 25. November 1918, Repro der Abdankungserklärung in: Hug, Baden (wie Anm. 86), S. 308; Geiß, Lebenserinnerungen (wie Anm. 362), S. 61.

369 Oeftering, Der Umsturz 1918 (wie Anm. 359), S. 237–239; Kaller, Die Abdankung des Großherzogs (wie Anm. 355), S. 80–82.

370 Sitzung der provisorischen Regierung vom 22. November 1918, in: Die Protokolle der Regierung der Republik Baden (wie Anm. 368), S. 28; Geiß, Lebenserinnerungen (wie Anm. 362), S. 61–62.

371 BadGVoBl 1919, S. 279.

372 Jagdbuch I. und II. Teil.

373 Denkwürdigkeiten des Markgrafen Wilhelm von Baden (wie Anm. 3), S. 422.

374 Ebd., S. 449–451.

375 Ebd., S. 456.

376 Jagdbuch II. Teil. Nach dem Tod des Sekretärs Leger (Januar 1823) übernahm Rentamtmann Wetzel die Einträge im Jagdbuch.

377 Ebd.

378 Jagdbuch I. Teil.

379 Jagdbuch II. Teil.

380 Auszug aus: Pfarrer Jäger, Burgen im Neckartal (wie Anm. 69); Die malerischen und romantischen Stellen der Bergstrasse, des Odenwaldes und der Neckar-Gegenden in ihrer Vorzeit und Gegenwart, geschildert von Albert Ludwig Grimm, Darmstadt [1842], S. 212.

381 GLA Karlsruhe 349/529 (Schreiben des Rentamtmanns Wetzel vom 14.9.1824: (darin: *S. Hoheit Herr Markgraf Wilhelm war gestern früh wieder von hier abgereist*)).

382 Die malerischen und romantischen Stellen des Neckartales in ihrer Vorzeit und Gegenwart (wie Anm. 95), S. 60.

383 Jagdbuch I. Teil; Berger: Jagdtrophäen auf Schloß Zwingenberg, in: Der Katzenbuckel. Heimatblätter für das Neckartal, den Winterhauch und den kleinen Odenwald, Nr. 5 (Februar 1928).

384 Jagdbuch II. Teil; Twain, Mark: Bummel durch Europa. Aus dem Englischen von Gustav Adolf Himmel. Mit Illustrationen der Erstausgabe von W. Fr. Brown, True W. Williams, B. Day und anderen Künstlern und einem Anhang mit Nachwort, Zeittafel und Bibliographie (= Mark Twains Abenteuer in fünf Bänden, hrsg. von Norbert Kohl, Band V), Frankfurt am Main / Leipzig 1997, S. 131–135.

385 Verzeichnis vom 15. Dezember 1814, unterzeichnet vom amtierenden Amtsdiener Peter Conrad (Inventarliste des Schlosses, 1814–1852) und Aufstellung des Sekretärs Leger August 1816 (Urkundensammlung für Pfarrer Kuppenheim, 1816).

386 Gscheidlen, Jacob Salomo Clemm (wie Anm. 32), S. 135–142.

387 Befragung des früheren Amtsdieners Peter Conrad vom 15. August 1816, der aus eigenem Wissen oder aus Mitteilungen seiner Eltern berichtete (Geschichte Zwingenberg – Auszüge aus älteren Akten, Fertigstellung des Buches von Krieg von Hochfelden, Benennung der Räume des Schlosses, Bevölkerungszahlen, 1816–1849).

388 Jagdbuch II. Teil.

389 Aufstellungen des Inventars 1817–1820 (Inventarliste Schloss, 1816–1852).

390 Inventarium von 1838 (Inventarliste Schloss, 1838).

391 GLA Karlsruhe 69/B 194 (Inventarliste des Rentamtmanns August Roth vom 31.5.1858); 69/ B 197 (Inventarliste Roths vom 1.7.1872); Inventarlisten des Schlosses (1857–1862).

392 GLA Karlsruhe 69/B 205 (Zusammenstellung des Inventarbestands 1905).

393 Ebd.

394 Kaufvertrag vom 2. Juni 1865 (Kopie, Verzichtleistung auf grundherrliche Gefälle und Rechte, ferner die Volksbewegung, 1848).

395 GLA Karlsruhe 69/ A 21.

396 Testament des Markgrafen Maximilian von Baden vom 2. Juni 1881; Laufs, Adolf u. a.: Das Eigentum an Kulturgütern aus badischem Hofbesitz (Veröffentlichungen der Kommission für

geschichtliche Landeskunde in Baden-Württemberg, Reihe B Forschungen, 172. Band), Stuttgart 2008, S. 91.

397 Stiefel, Baden, Band I (wie Anm. 82), S. 333; vgl. dazu Gesetz vom 7.4.1919 mit angeschlossenem Vertrag (BadGVoBl 1919, S. 179–185), Gesetz vom 14.4.1930 (ebd. 1930, S. 27–29).

398 GLA Karlsruhe 69/A 634.

399 Bericht Kirchgessners vom 22.4.1895 (GLA Karlsruhe 69/A 634).

400 Stadtarchiv Eberbach HA 1/77 nr. 949 (darin Bericht der Eberbacher Zeitung vom 17. Mai 1903).

401 GLA Karlsruhe 349/1714 (mit Skizze der An- und Abfahrt); Stadtarchiv Eberbach HA 1/77 nr. 948 (darin: Bericht der Eberbacher Zeitung vom 13. Mai 1910).

402 Abdruck des Testaments des Großherzogs Friedrich I. vom 8. September 1907, in: Das Eigentum an Kulturgütern aus badischen Hofbesitz (wie Anm. 396), S. 305–311, hier: S. 306.

403 GLA Karlsruhe 69/A 414.

404 Ebd. (Schreiben vom 10.6.1918).

405 Die Reise auf den Katzenbuckel. Volksschüler berichten, in: Der Katzenbuckel. Heimatblätter für das Neckartal, den Winterhauch und den kleinen Odenwald, Nr. 9 (Juni 1930).

406 Hilda. Badens letzte Großherzogin. Ein Gedenkbuch, hrsg. von Wilhelm Ilgenstein und Anna Ilgenstein-Katterfeld, Karlsruhe 1953, S. 67, 87, 94–97.

407 Inventarliste des Schlosses (1905–1946), darin: Schriftverkehr zweite Jahreshälfte 1945.

408 Information nach Ernst, Fritz: Die Herrschaft Zwingenberg vor 100 Jahren, in: Unter der Dorflinde 1/2 (1957), S. 17–18, hier: S. 18; vgl. die im 19. Jahrhundert übliche Bezeichnung „Schloßsteige" für den Weg von Zwingenberg nach [Ober-] Dielbach in Stadtarchiv Eberbach IIa 1783.

409 Jagdbuch II. Teil.

410 Kirchesch, Peter / Meszmer, Franz Sales: Zwingenberg und die Wolfsschlucht, in: Unser Land 2000, S. 109–112.

411 Spiegelberg, Ulrich: Eberbach im Spiegel früher landeskundlicher Schriften, alter Reisebeschreibungen und Ortsgraphiken, in: EG 107 (2008), S. 63–70, hier: S. 68f.

412 Lurz, Meinhold: „Wie eine Geliebte im Herzen". Carl Maria von Weber in Mannheim, in: Badische Heimat 87 (2007), S. 483–509, hier: S. 500–502; Fehrle-Burger, Lili: Carl Maria von Weber – Inspirationen aus Stift Neuburg, in: Badische Heimat 61 (1981), Ekkhart 1982, S. 61–76, hier: S. 65–67.

413 Zitiert nach Weber, Carl Maria von: Der Freischütz. Romantische Oper in drei Aufzügen. Dichtung von Friedrich Kind. Vollständiges Buch. Durchgearbeitet und hrsg. von Carl Friedrich Wittmann (Reclams Universalbibliothek Nr. 2530), Leipzig, 2. Aufl. [um 1910], S. 8, 16–17, 23–24, 28–29, 49.

414 Die malerischen und romantischen Stellen des Neckartales in ihrer Vorzeit und Gegenwart (wie Anm. 95), S. 60.

415 Stadtarchiv Eberbach IIa 1061.

416 Kirchesch, Peter: Festspiele auf Schloß Zwingenberg, in: Unser Land 1992, S. 178–179; Leitheim, Manfred: Schloßfestspiele Zwingenberg – Kunstgenuß und Fremdenverkehrsförderung, in: Landkreisnachrichten Baden-Württemberg 34 (1995), S. 52–54; Ders.: Kunstgenuß und Fremdenverkehrsförderung: „Schloßfestspiele Zwingenberg". Hochrangige Veranstaltungen mit wenig kommunalen Geldern, in: Der Landkreis 65 (1995), S. 256–257; Eberbacher Zeitung vom 31. August 2001.

417 Rhein-Neckar-Zeitung vom 4. Februar 2002; Eberbacher Zeitung und Rhein-Neckar-Zeitung vom 21. August 2007 bzw. 12. Juli 2008.

# Orts- und Personenregister

## Ortsregister

## Personenregister

# Bildnachweis

Abb. 1: Dr. Rüdiger Lenz, Schwarzach.
Abb. 2: Dr. Rüdiger Lenz, Schwarzach.
Abb. 3: Haus Baden, Zwingenberg.
Abb. 4: Gemälde von Franz Ignaz Oefele im Kurpfälzischen Museum, Heidelberg, G 508.
Abb. 5: Haus Baden, Zwingenberg.
Abb. 6: Haus Baden, Zwingenberg.
Abb. 7: Haus Baden, Zwingenberg.
Abb. 8: Arens, Fritz: Die Baugeschichte der Burgen Stolzeneck, Minneburg und Zwingenberg, in: Jahrbuch für schwäbisch-fränkische Geschichte 26 (1969), S. 5–24, erneut abgedruckt in: Eberbacher Geschichtsblatt 76 (1977) S. 35–72.
Abb. 9: Landesdenkmalamt Baden-Württemberg.
Abb. 10: Dr. Rüdiger Lenz, Schwarzach.
Abb. 11: Dr. Rüdiger Lenz, Schwarzach.
Abb. 12: Dr. Rüdiger Lenz, Schwarzach.
Abb. 13: Dr. Rüdiger Lenz, Schwarzach.
Abb. 14: Dr. Rüdiger Lenz, Schwarzach.
Abb. 15: Haus Baden, Zwingenberg.
Abb. 16: Dr. Rüdiger Lenz, Schwarzach.
Abb. 17: Haus Baden, Zwingenberg.
Abb. 18: http://de.wikipedia.org/wiki/Luise_Karoline_von_Hochberg.
Abb. 19: Haus Baden, Zwingenberg.
Abb. 20: Haus Baden, Zwingenberg.
Abb. 21: Haus Baden, Zwingenberg.
Abb. 22: Haus Baden, Zwingenberg.
Abb. 23: Haus Baden, Zwingenberg.
Abb. 24: Hausrath, Hans: Die Geschichte des Waldeigentums im Pfälzer Odenwald (= Festschrift zur Feier des 56. Geburtstages Seiner Königlichen Hoheit des Großherzogs Friedrich II.), Karlsruhe 1913.
Abb. 25: Stadtarchiv Eberbach, Fotosammlung, o. Nr.
Abb. 26: Haus Baden, Zwingenberg.
Abb. 27: Kreisarchiv Neckar-Odenwald-Kreis, J 26/35.
Abb. 28: Generallandesarchiv Karlsruhe 359/1042.
Abb. 29: Stadtarchiv Eberbach, Historisches Archiv Pleutersbach, Amtsbücher, Privilegien, Urkundenbuch.
Abb. 30: Repro Dr. Rüdiger Lenz aus: Preuss, Dieter/Dietrich, Peter: Bericht vom poetischen Leben der Vaganten und Wegelagerer auf dem Winterhauch, besonders aber vom Aufstieg des Kastenkrämers Hölzerlips zum Odenwälder Räuberhauptmann, Modautal-Neunkirchen 1978.
Abb. 31: Repro Dr. Rüdiger Lenz aus: Preuss, Dieter/Dietrich, Peter: Bericht vom poetischen Leben der Vaganten und Wegelagerer auf dem Winterhauch, besonders aber vom Aufstieg des Kastenkrämers Hölzerlips zum Odenwälder Räuberhauptmann, Modautal-Neunkirchen 1978.

Abb. 32: Stadtarchiv Eberbach, IIa 289.
Abb. 33: Haus Baden, Zwingenberg.
Abb. 34: Dr. Rüdiger Lenz, Schwarzach.
Abb. 35: Dr. Rüdiger Lenz, Schwarzach.
Abb. 36: Haus Baden, Zwingenberg.
Abb. 37: Stadtarchiv Eberbach, Graphiksammlungen, Nr. 8.
Abb. 38: Stadtarchiv Eberbach, Historisches Archiv Friedrichsdorf, Akten 370.
Abb. 39: Stadtarchiv Eberbach, Historisches Archiv Friedrichsdorf, Akten 370.
Abb. 40: Hans Slama, Mudau-Langenelz.
Abb. 41: Hans Slama, Mudau-Langenelz.
Abb. 42: Dr. Rüdiger Lenz, Schwarzach.
Abb. 43: Dr. Rüdiger Lenz, Schwarzach.
Abb. 44: Dr. Rüdiger Lenz, Schwarzach.
Abb. 45: Dr. Rüdiger Lenz, Schwarzach.
Abb. 46: Haus Baden, Zwingenberg.
Abb. 47: Dr. Rüdiger Lenz, Schwarzach.
Abb. 48: Dr. Rüdiger Lenz, Schwarzach.
Abb. 49: Wolfgang Mackert, Stadt Buchen.
Abb. 50: Dr. Rüdiger Lenz, Schwarzach.
Abb. 51: Dr. Rüdiger Lenz, Schwarzach.
Abb. 52: Dr. Rüdiger Lenz, Schwarzach.
Abb. 53: Bundesarchiv, Bild 146-1970-073-47.
Abb. 54: Stadtarchiv Eberbach, Graphiksammlungen, Nr. 278.
Abb. 55: Bundesarchiv, Bild 183-R10386.
Abb. 56: Stadtarchiv Eberbach, Ansichtskarten.
Abb. 57: Prinz Max von Baden: Erinnerungen und Dokumente, Berlin/Leipzig 1927.
Abb. 58: Bundesarchiv, Bild 183-R04159.
Abb. 59: Bundesarchiv, Bild 183-R04103.
Abb. 60: Bundesarchiv, Bild 183-R06898.
Abb. 61: Bundesarchiv, Bild 146-2008-0277.
Abb. 62: Bundesarchiv, Bild 102-00015.
Abb. 63: Generallandesarchiv Karlsruhe, N Geiss 10.
Abb. 64: Stadtarchiv Eberbach, Fotosammlung, Nr. 4191.
Abb. 65: Haus Baden, Zwingenberg.
Abb. 66: Haus Baden, Zwingenberg.
Abb. 67: Haus Baden, Zwingenberg.
Abb. 68: Haus Baden, Zwingenberg.
Abb. 69: Stadtarchiv Eberbach, Fotosammlung, o. Nr.
Abb. 70: Stadtarchiv Eberbach, Fotosammlung, Nr. 1914.
Abb. 71: Haus Baden, Zwingenberg.
Abb. 72: Stadtarchiv Eberbach, Graphiksammlungen, Nr. 141.
Abb. 73: Haus Baden, Zwingenberg.
Abb. 74: Haus Baden, Zwingenberg.
Abb. 75: Stadtarchiv Eberbach, Fotosammlung, Nr. 5818.
Abb. 76: Haus Baden, Zwingenberg.
Abb. 77: Haus Baden, Zwingenberg.

# Verzeichnis der gedruckten Quellen und Literatur

(Archivalien und amtliche Druckschriften wurden nicht erfasst)

700 Jahre Neunkirchen, Neckar-Odenwald-Kreis, hrsg. vom Bürgermeisteramt Neunkirchen, Buchen – Walldürn 1998.

Acta Imperii inedita saeculi XIII et XIV. Urkunden und Briefe zur Geschichte des Kaiserreichs und des Königreichs Sizilien, hrsg. von Eduard Winkelmann, Band 2: In den Jahren 1200 bis 1400, Innsbruck 1885 (Neudruck Aalen 1964).

Albert, Peter P.: Baden zwischen Neckar und Main in den Jahren 1803–1806 (= Neujahrsblätter der Badischen Historischen Kommission, Neue Folge 4), Heidelberg 1901.

Amtliche Urkunden zur Vorgeschichte des Waffenstillstandes 1918. Auf Grund der Akten der Reichskanzlei, des Auswärtigen Amtes und des Reicharchivs hrsg. vom Auswärtigen Amt und vom Reichsministerium des Innern, Berlin 1928, 4. Aufl.

Arens, Fritz: Der Steinmetz Heinrich Isenmenger von Wimpfen. Der Erbauer der Burg Zwingenberg, in: Regia Wimpina. Beiträge zur Wimpfener Geschichte Band 2 (= Sonderdruck aus: Forschungen und Berichte der Archäologie des Mittelalters in Baden-Württemberg, Band 8 des Landesdenkmalamtes Baden-Württemberg), Bad Wimpfen 1983, S. 447–451.

Arens, Fritz: Die Baugeschichte der Burgen Stolzeneck, Minneburg und Zwingenberg, in: Jahrbuch für schwäbisch-fränkische Geschichte 26 (1969), S. 5–24, erneut abgedruckt in: Eberbacher Geschichtsblatt 76 (1977) S. 35–72.

Baden und Württemberg im Zeitalter Napoleons. Ausstellung des Landes Baden-Württemberg unter der Schirmherrschaft des Ministerpräsidenten Dr. h.c. Lothar Späth, Band 1.1 Katalog, Stuttgart 1987.

Baumgärtner, Fritz: Das Burgschloß Zwingenberg. Sein Bergfried, in: Der Katzenbuckel. Heimatblätter für das Neckartal, den Winterhauch und den kleinen Odenwald, Nr. 1 (Oktober 1926).

[Baumgärtner, Fritz?]: Die Burg Zwingenberg, in: Der Katzenbuckel. Heimatblätter für das Neckartal, den Winterhauch und den kleinen Odenwald, Nr. 7 (April 1927).

Berger [ohne Vornamen]: Jagdtrophäen auf Schloß Zwingenberg, in: Der Katzenbuckel. Heimatblätter für das Neckartal, den Winterhauch und den kleinen Odenwald, Nr. 5 (Februar 1928).

Bethmann Hollweg, Th[eobald] von: Betrachtungen zum Weltkriege, 2. Teil: Während des Krieges, Berlin 1921.

Bleienstein, Rudolf/Sauerwein, Friedrich: Die Wüstung Ferdinandsdorf. Ein Beitrag zur Historischen Geographie des südöstlichen Odenwaldes, in: Der Odenwald 25,1–3 (1978), S. 3–16, 43–56, 99–109.

Braun, Otto: Von Weimar zu Hitler, New York [1948], 2. Aufl.

Brüning, Heinrich: Memoiren 1918–1934, Stuttgart 1970.

Bülow, Bernhard Fürst von: Denkwürdigkeiten. Dritter Band: Weltkrieg und Zusammenbruch, hrsg. von Franz von Stockhausen, Berlin 1931.

Bungenstab, Georg: Seltene Waldhütten im Staatswald Eberbach, Distrikt „Roter Sohl" und Zitterberg, in: Eberbacher Geschichtsblatt 91 (1992), S. 216–223.

Bungenstab Georg: Seltene Waldhütten im Staatswald Eberbach, in: Unser Land 1996, S. 141–143.

Burckhardt, Andreas: Zur Entstehung der „Erinnerungen und Dokumente", in: Prinz Max von Baden: Erinnerungen und Dokumente. Neu hrsg. von Golo Mann und Andreas Burckhardt. Mit einer Einleitung von Golo Mann, Stuttgart 1968, S. 61–62.

Chronica der weitberühmten Kaiserlichen freien und des H. Reichs Stadt Augsburg in Schwaben: von derselben altem Ursprung, schöne gelegene zierliche Gebäwen unnd namhafften gedenckwürdigen Geschichten … / abgetheilt auß deß … Marx Welser deß Juengern … acht Buechern, so er in lateinischer Spraach beschrieben. Faks.-Ed. d. Ausg., Franckfurt am Mayn 1595–1596.

Clemenceau spricht. Unterhaltungen mit seinem Sekretär Jean Martet, Berlin 1930.

Cooper, Duff: Haig. Ein Mann und eine Epoche. Mit 20 Bildern und 6 Karten, Berlin [1935].

Das Großherzogthum Baden in geographischer, naturwissenschaftlicher, geschichtlicher, wirtschaftlicher und staatlicher Hinsicht dargestellt. Nebst vollständigem Ortsverzeichnis, Karlsruhe 1885.

Denkwürdigkeiten des Markgrafen Wilhelm von Baden, hrsg. von der Badischen Historischen Kommission, bearb. von Karl Obser. Erster Band 1792–1818. Mit einem Porträt und 2 Karten, Heidelberg 1906.

Der Aufbau des Staates im Zusammenhang der allgemeinen Politik, bearb. von Willy Andreas (= Geschichte der badischen Verwaltungsorganisation und Verfassung in den Jahren 1802–1818, hrsg. von der Badischen Historischen Kommission, Erster Band, Leipzig 1913.

Der Katzenbuckel. Heimatblätter für das Neckartal, den Winterhauch und den kleinen Odenwald, Nr. 1 (Oktober 1926).

Der Maximiliansstand bei Weisbach, in: Der Katzenbuckel. Heimatblätter für das Neckartal, den Winterhauch und den kleinen Odenwald, Nr. 10 (Juli 1928).

Deutscher Glockenatlas, begründet von Günther Grundmann, fortgeführt von Franz Dambek, hrsg. von Bernhard Bischoff und Tilmann Breuer, Band 4: Baden unter Mitwirkung von Frank T. Leusch, bearb. von Sigrid Thurm, Berlin 1985.

Deutschland im Ersten Weltkrieg. Texte und Dokumente 1914–1918, hrsg. von Ulrich Cartarius (= dtv dokumente 2931), München 1982.

Die Amtsvorsteher der Oberämter, Bezirksämter und Landratsämter in Baden-Württemberg 1810 bis 1972, hrsg. von der Arbeitsgemeinschaft der Kreisarchive beim Landkreistag Baden-Württemberg, Redaktion: Wolfram Angerbauer, Stuttgart 1996.

Die Grundlagen der badischen Landesvermessung. Nach dem amtlichen Aktenmaterial bearb. von Vermessungsrat Dipl.-Ing. Erwin Granget, hrsg. von der Badischen Wasser- & Straßenbaudirektion Karlsruhe, [Karlsruhe] 1933 (Nachdruck 1973).

Die Inschriften der Landkreise Mosbach, Buchen und Miltenberg. Auf Grund der Vorarbeiten von Ernst Cucuel gesammelt und bearb. von Heinrich Köllenberger (= Die Deutschen Inschriften, 8. Band, Heidelberger Reihe, 3. Band), Stuttgart 1964.

Die Kunstdenkmäler der Amtsbezirke Mosbach und Eberbach (Kreis Mosbach), bearb. von Adolf von Oechelhaeuser. Mit 144 Textbildern, 21 Lichtdrucktafeln und 1 Karte (= Die Kunstdenkmäler des Grossherzogthums Baden. Beschreibende Statistik. Im Auftrag des Grossherzoglichen Ministeriums der Justiz, des Kultus und Unterrichts hrsg. von Jos. Durm, A. von Oechelhaeuser und E. Wagner, Vierter Band: Kreis Mosbach, Vierte Abtheilung), Tübingen 1906.

Die Lebenserinnerungen des ersten badischen Staatspräsidenten Anton Geiß (1858–1944) bearb. von Martin Furtwängler (= Veröffentlichungen der Kommission für Geschichtliche Landeskunde in Baden-Württemberg, Reihe A Quellen, Band 58), Stuttgart 2014.

Die malerischen und romantischen Stellen der Bergstrasse, des Odenwaldes und der Neckar-Gegenden in ihrer Vorzeit und Gegenwart, geschildert von Albert Ludwig Grimm, Darmstadt [1842].

Die malerischen und romantischen Stellen des Neckartales in ihrer Vorzeit und Gegenwart, geschildert von A. L. Grimm, Darmstadt o. J. [nach 1838].

Die Protokolle der Regierung der Republik Baden. Erster Band: Die provisorische Regierung November 1918–März 1919. Bearb. von Martin Furtwängler (Kabinettsprotokolle von Baden und Württemberg 1918–1933, hrsg. von der Kommission für geschichtliche Landeskunde in Baden-Württemberg, I. Teil, 1. Band), Stuttgart 2012.

Die Regierung des Prinzen Max von Baden, bearb. von Erich Matthias und Rudolf Morsey (= Quellen zur Geschichte des Parlamentarismus und der politischen Parteien. Erste Reihe: Von der konstitutionellen Monarchie zur parlamentarischen Republik. Im Auftrag der Kommission für Geschichte des Parlamentarismus und der politischen Parteien hrsg. von Werner Conze, Erich Matthias, Georg Winter †, Band 2), Düsseldorf 1962.

Die Reise auf den Katzenbuckel. Volksschüler berichten, in: Der Katzenbuckel. Heimatblätter für das Neckartal, den Winterhauch und den kleinen Odenwald, Nr. 9 (Juni 1930).

Die Stadt- und die Landkreise Heidelberg und Mannheim. Amtliche Kreisbeschreibung, Band II: Die Stadt Heidelberg und die Gemeinden des Landkreises Heidelberg, hrsg. von der Staatlichen Archivverwaltung Baden-Württemberg in Verbindung mit den Städten und den Landkreisen Heidelberg und Mannheim (= Die Stadt- und Landkreise in Baden-Württemberg), [Karlsruhe] 1968.

Die Tragödie von Spaa. Des Kaisers Entthronung durch den Prinzen Max von Baden am 9. November 1918. Nach autentischen [sic!] Berichten des Generalfeldmarschalls von Hindenburg, Generaloberst von Plessen, Staatssekretär von Hintze, General Freiherr von Marschall und General Graf Schulenburg. Veröffentlicht in der Deutschen Zeitung vom 27. Juli 1919. Mit einem Anhang, Gibernhau (Sachsen) 1919.

Die Urkunden und Akten der oberdeutschen Städtebünde, Band 2: Städte- und Landfriedensbündnisse von 1347 bis 1380. Zweiter Teil, bearb. von Konrad Ruser, hrsg. durch die Historische Kommission bei der Bayerischen Akademie der Wissenschaften), Göttingen 1988.

Drös, Harald: Heidelberger Wappenbuch. Wappen an Gebäuden und Grabmälern auf dem Heidelberger Schloß, in der Altstadt und in Handschuhsheim (= Buchreihe der Stadt Heidelberg, Band II), Heidelberg 1991.

Ebersold, Günther: Alter, neuer und „natürlicher" Adel – Karrieren am kurpfälzischen Hof des 18. Jahrhunderts (= Mannheimer historische Schriften Band 10), Ubstadt-Weiher u. a. 2014.

Ebersold, Günther: Herrschaft Zwingenberg – ein gescheiterter Staatsbildungsversuch im südöstlichen Odenwald (1504–1806). Ein Beitrag zur kurpfälzischen Geschichte (= Europäische Hochschulschriften, Reihe III: Geschichte und ihre Hilfswissenschaften Bd. 721), Frankfurt am Main u.a. 1997.

Ebersold, Günther: Im Wald da sind die Räuber. Geschichte und Geschichten aus Odenwald und Bauland, Buchen 1990.

Ebersold, Günther: Karl August Fürst von Bretzenheim, ein vergessener Herrscher des Odenwalds, in: Eberbacher Geschichtsblatt 85 (1986), S. 78–87.

Ebersold, Günther: Zur Geschichte Ferdinandsdorf, in: Eberbacher Geschichtsblatt 97 (1998), S. 111–121.

Ein Armeeführer erlebt den Weltkrieg. Persönliche Aufzeichnungen des Generalobersten von Einem, hrsg. von Junius Alter, Leipzig 1938.

Ernst, Fritz: Die Herrschaft Zwingenberg vor 100 Jahren, in: Unter der Dorflinde 1/2 (1957), S. 17–18.

Ernst, Fritz: Ferdinandsdorf – eine untergegangene Siedlung im Odenwald, in: Unter der Dorflinde im Odenwald 41 (1959), S. 10–12.

Erzberger, M[atthias]: Erlebnisse im Weltkrieg, Stuttgart/Berlin 1920.

Falkenhayn, Erich von: Die Oberste Heeresleitung 1914–1916 in ihren wichtigsten Entschließungen. Mit 12 Karten, Berlin 1920.

Fehrle-Burger, Lili: Carl Maria von Weber – Inspirationen aus Stift Neuburg, in: Badische Heimat 61 (1981), Ekkhart 1982, S. 61–76.

Foch, [Ferdinand], Marschall: Erinnerungen. Von der Marneschlacht bis zur Ruhr. Niedergeschrieben unter persönlicher Redaktion des Marschalls von Raymond Recouly, Dresden [1929].

Foch, [Ferdinand], Marschall: Meine Kriegserinnerungen 1914–1918. Übersetzt von Fritz Eberhardt, Leipzig 1931.

Frey, Theodor: Lebens-Erinnerungen und Erlebnisse. Biographische Skizzen, Eberbach 1896.

Fundstätten und Funde aus vorgeschichtlicher, römischer und alamannisch-fränkischer Zeit im Grossherzogtum Baden, im Auftrage des grossherzoglichen Ministeriums des Kultus und Unterrichts, bearb. von Ernst Wagner. Mit Beiträgen von Ferdinand Haug. Zweiter Teil: Das badische Unterland. Kreise Baden, Karlsruhe, Mannheim, Heidelberg, Mosbach. Mit 354 Textbildern, 1 Farbendrucktafel und 2 Karten, Tübingen 1911.

Furtwängler, Martin: Die Standesherren in Baden (1806–1848). Politische und soziale Verhaltensweisen einer bedrängten Elite (= Europäische Hochschulschriften, Reihe III: Geschichte und ihre Hilfswissenschaften Bd. 693), Frankfurt am Main u. a. 1996.

Furtwängler, Martin: … *ganz ohne Eitelkeit und Machtgier*. Der erste badische Staatspräsident Anton Geiß (1858–1944), in: Zeitschrift für die Geschichte des Oberrheins 161 (2013), S. 297–324.

Furtwängler, Martin: Konflikt und Kooperation. Das zwiespältige Verhältnis zwischen der Stadt Eberbach und den Fürsten zu Leiningen (1803–1848), in: Eberbacher Geschichtsblatt 103 (2004), S. 15–52.

Furtwängler, Martin: Luise Caroline Reichsgräfin von Hochberg (1768–1820). Handlungsspielräume einer morganatischen Fürstengattin am Karlsruher Hof, in: Zeitschrift für die Geschichte des Oberrheins 146 (1998), S. 271–292.

Furtwängler, Martin: Luise Caroline Reichsgräfin von Hochberg. Hofdame, morganatische Ehefrau und Fürstenmutter 1768–1820, in: Lebensbilder aus Baden-Württemberg 22 (2007), S. 108–135.

Gehrig, Franz: Der Rabe als Wappen. Die Herkunft der drei Adelsgeschlechter von Helmstatt, von Mentzingen und Göler von Ravensburg, in: Kraichgau 2 (1970), S. 173–179.

General Erich von Gündell. Aus seinen Tagebüchern: Deutsche Expedition nach China 1900–1901. 2. Haager Friedenskonferenz 1907. Weltkrieg 1914–1918 und Zwischenzeiten. Bearb. und hrsg. von Walther Obkircher, Hamburg 1939.

Glaser, Otmar: Der Aussichtsturm auf dem Katzenbuckel. Drei Markgrafen ließen ihn 1820 errichten, in: Unser Land 2003, S. 103–105.

Glaser, Otmar: Des Lehrers Bettstatt stand in einem Hinkelstall, in: Unser Land 2005, S. 245–247.

Glaser, Otmar: Weidmannsheil. Zwei Jagdgeschichten aus dem Odenwald [Maximiliansstand], in: Unser Land 2014, S. 115–116.

Görlich, Horst: Herkunft und Verwandte des Wilhelm von Wimpfen. Ergebnisse neuer Urkundenforschung, in: Regia Wimpina. Beiträge zur Wimpfener Geschichte Band 2 (= Sonderdruck aus: Forschungen und Berichte der Archäologie des Mittelalters in Baden-Württemberg, Band 8 des Landesdenkmalamtes Baden-Württemberg), Bad Wimpfen 1983, S. 369–381.

Graef, Gottlieb: Heimatbilder aus der Geschichte der Stadt Adelsheim im badischen Frankenland, hrsg. von der Stadt Adelsheim, Adelsheim 1969, 2. Aufl.

Groener, Wilhelm: Lebenserinnerungen. Jugend – Generalstab – Weltkrieg. Hrsg. von Friedrich Frhr. Hiller von Gaertringen. Mit einem Vorwort von Peter Rassow (Deutsche Geschichtsquellen des 19. und 20. Jahrhunderts, Band 41), Göttingen 1957.

Groh, Dieter: Negative Integration und revolutionärer Attentismus. Die deutsche Sozialdemokratie am Vorabend des Ersten Weltkrieges, Frankfurt am Main/Berlin/Wien 1974.

Gscheidlen, Wolfgang: Jacob Salomo Clemm, Amtsvogt in Zwingenberg, und seine Zeit, in: Eberbacher Geschichtsblatt 77 (1978), S. 135–142.

Gudenus Valentinus Ferdinandus de: Codex Diplomaticus Anecdotorum, res Moguntinas, Francias, Trevirenses, Hassiacas Finitimarumque Regionum, nec non ius Germanicum … Tomus III, Francofurti et Lipsiae 1751.

Gustav Stresemann Schriften – mit einem Vorwort von Willy Brandt, hrsg. von Arnold Harttung (Schriften grosser Berliner), Berlin 1976.

Gutjahr, Rainer: Die Grafen Wiser als Inhaber des Hirschberger Lehens 1700 bis 1864 – Orts- und Grundherren in Leutershausen an der Bergstraße und Ursenbach, in: Beiträge zur Erforschung des Odenwaldes und seiner Randlandschaften VII, hrsg. von Winfried Wackerfuß, Breuberg-Neustadt 2005, S. 205–314.

Hahl, Michael: Ferdinandsdorf – Amerika! Schicksalhafte Geschichte einer Wüstung im südöstlichen Odenwald, in: Eberbacher Geschichtsblatt 107 (2008), S. 75–83.

Haig, Feldmarschall Lord: England an der Westfront. Die Marschallsberichte an den Obersten Kriegsrat. Übertragen, hrsg. und eingeleitet von General Hoffmann, Berlin 1925.

Hausrath, Hans: Die Geschichte des Waldeigentums im Pfälzer Odenwald (= Festschrift zur Feier des 56. Geburtstages Seiner Königlichen Hoheit des Großherzogs Friedrich II.), Karlsruhe 1913.

Hertling, Karl Graf von: Ein Jahr in der Reichskanzlei. Erinnerungen an die Kanzlerschaft meines Vaters, Freiburg im Breisgau 1919.

Hilda. Badens letzte Großherzogin. Ein Gedenkbuch, hrsg. von Wilhelm Ilgenstein und Anna Ilgenstein-Katterfeld, Karlsruhe 1953.

Hindenburg, [Paul] von, Generalfeldmarschall: Aus meinem Leben. Illustrierte Volksausgabe, Leipzig 1934.

Hirsch, Jörg: Afra Dehnerin, Tübingen 2005.

Hitler, Adolf: Mein Kampf. Zwei Bände in einem Band. Ungekürzte Ausgabe. Erster Band: Eine Abrechnung. Zweiter Band: Die nationalsozialistische Bewegung, München 1938.

Hug, Wolfgang: Geschichte Badens, Stuttgart 1992.

Im Dienst an der Republik. Die Tätigkeitsberichte des Landesvorstands der Sozialdemokratischen Partei Badens 1914–1932, hrsg. und bearb. von Jörg Schadt unter Mitarbeit von Michael Caroli (= Veröffentlichungen des Stadtarchivs Mannheim Band 4), Stuttgart u. a. 1977.

John Gustav Weiß: Lebenserinnerungen eines badischen Kommunalpolitikers, hrsg. und bearb. von Jörg Schadt unter Mitarbeit von Hans Ewald Keßler (= Veröffentlichungen des Stadtarchivs Mannheim Band 6), Stuttgart 1981.

Joho, Helmut (Hrsg.): Die Eberbacher Ortschronik von Anton Gillig, dem katholischen Pfarrer und Dekan von Eberbach in den Jahren 1840 bis 1849, in: Eberbacher Geschichtsblatt 87 (1988), S. 86–117.

Kaiser Wilhelm II.: Ereignisse und Gestalten aus den Jahren 1878–1918, Leipzig/Berlin 1922.

Kaller, Gerhard: Anton Geiß, in: Badische Biographien, Neue Folge, Band I. Im Auftrag der Kommission für geschichtliche Landeskunde, hrsg. von Bernd Ottnad, Stuttgart 1982, S. 136–137.

Kaller, Gerhard: Die Abdankung des Großherzogs Friedrich II. von Baden im November 1918, in: Badische Heimat. Ekkhart, Jahrbuch für das Badner Land 1969, S. 71–82.

Kaller, Gerhard: Die Revolution des Jahres 1918 in Baden und die Tätigkeit des Arbeiter- und Soldatenrats in Karlsruhe, in: Zeitschrift für die Geschichte des Oberrheins 114 (1966), S. 301–350.

Kaller, Gerhard: Johann Heinrich von und zu Bodman, in: Badische Biographien, Neue Folge, Band I. Im Auftrag der Kommission für geschichtliche Landeskunde, hrsg. von Bernd Ottnad, Stuttgart 1982, S. 68–70.

Kaller, Gerhard: Zur Revolution 1918 in Baden. Klumpp-Putsch und Verfassungsfrage, in: Oberrheinische Studien, Band II. Neue Forschungen zu Grundproblemen der badischen Geschichte im 19. und 20. Jahrhundert, hrsg. von Alfons Schäfer im Auftrag der Arbeitsgemeinschaft für geschichtliche Landeskunde am Oberrhein e.V. in Karlsruhe, Bretten 1973, S. 175–202.

Kirchesch, Peter/Meszmer, Frans Sales: Zwingenberg und die Wolfsschlucht, in: Unser Land 2000, S. 109–112.

Kirchesch, Peter: 90 Jahre Fischreiherwald bei Zwingenberg am Neckar, in: Unser Land 2001, S. 49–51.

Kirchesch, Peter: Die Fähren in Neckargerach und Zwingenberg, in: Unser Land 1999, S. 157–160, hier: S. 158–160.

Kirchesch, Peter: Festspiele auf Schloß Zwingenberg, in: Unser Land 1992, S. 178–179.

Kirchesch, Peter: Mahnmal erinnert an Unglückstag reisender Musikanten, in: Unser Land 1997, S. 95–98.

Klinge, Hans: Das Lindacher „Dörndl" – Ein heimatgeschichtlicher Beitrag aus der Zeit der „Triangulierung" des Großherzogtums Baden, in: Eberbacher Geschichtsblatt 107 (2008), S. 84–94.

Koltermann, Marianne: Das Steinhaus an der Straße von Zwingenberg am Neckar nach Neunkirchen, in: Der Odenwald 43 (1996), S. 105–124; verkürzte Fassung, in: Unser Land 1997, S. 89–93.

Koltermann, Marianne: Der Fluch der Max-Wilhelmshöhe, in: Unser Land 2004, S. 169–171.

Koltermann, Marianne: Der Steinerne Tisch im Markgrafenwald, in: Unser Land 1996, S. 91–95.

König, Bruno: Mosbach im Fürstentum Leiningen (1803–1806), in: Mosbacher Museumshefte 3 (1985), S. 1–44.

König, Bruno: Sebastian Lutz – Räuber der Hölzerlips-Bande, in: Unser Land 2007, S. 95–102.

Krieg von Hochfelden, Georg Heinrich: Die Veste Zwingenberg am Neckar. Ihre Geschichte und ihr gegenwärtiger Zustand, Frankfurt am Main 1843.

Kühne, Ingo: Der südöstliche Odenwald und das angrenzende Bauland. Die wirtschaftliche Entwicklung des badischen Hinterlandes um Mosbach seit der Mitte des 19. Jahrhunderts. 20 Tabellen im Text, 23 Tabellen und 22 Karten im Anhang (Heidelberger Geographische Arbeiten, Heft 13), Heidelberg 1964.

Lansing, Robert: Die Versailler Friedens-Verhandlungen. Persönliche Erinnerungen, Berlin 1921.

Laufs, Adolf u. a.: Das Eigentum an Kulturgütern aus badischem Hofbesitz (= Veröffentlichungen der Kommission für geschichtliche Landeskunde in Baden-Württemberg, Reihe B Forschungen, 172. Band), Stuttgart 2008.

Lautenschlager, Friedrich: Die Agrarunruhen in den badischen Standes- und Grundherrschaften im Jahre 1848 (= Heidelberger Abhandlungen zur mittleren und neueren Geschichte, Heft 46), Heidelberg 1915.

Lautenschlager, Friedrich: Zur Vorgeschichte der badischen Agrarunruhen im Jahre 1848, Inaugural-Dissertation (Ruprecht-Karls-Universität Heidelberg), Heidelberg 1915.

Leitheim, Manfred: Kunstgenuß und Fremdenverkehrsförderung: „Schloßfestspiele Zwingenberg". Hochrangige Veranstaltungen mit wenig kommunalen Geldern, in: Der Landkreis 65 (1995), S. 256–257.

Leitheim, Manfred: Schloßfestspiele Zwingenberg – Kunstgenuß und Fremdenverkehrsförderung, in: Landkreisnachrichten Baden-Württemberg 34 (1995), S. 52–54.

Lenz, Rüdiger: Belagerung von Burgen – Adlige Verhaltensnormen, Formen und Abläufe von Fehden, in: Der Odenwald 50 (2003), S. 83–94.

Lenz, Rüdiger: Burg Eberbach – eine staufische Burgenkette auf der Burghälde? Darstellung ihrer Geschichte bis zum frühen 20. Jahrhundert, in: Eberbacher Geschichtsblatt 102 (2003), S. 86–105.

Lenz, Rüdiger: Der Übergang Eberbachs an das Großherzogtum Baden 1806, in: Eberbacher Geschichtsblatt 105 (2006), S. 15–25.

Lenz, Rüdiger: Die Herrschaft Zwingenberg und die Geschichte ihrer Dörfer auf dem Winterhauch, in: 650 Jahre Oberdielbach mit Unterdielbach. Chronik eines Dorfes auf dem Winterhauch, hrsg. von der Gemeinde Waldbrunn, Limbach-Wagenschwend 2010.

Lenz, Rüdiger: Geschichte der Burg Stolzeneck am Neckar, in: Eberbacher Geschichtsblatt 90 (1991), S. 7–40.

Lenz, Rüdiger: Geschichte der Minneburg am Neckar, in: Der Odenwald 46 (1999), S. 101–111.

Lenz, Rüdiger: Kellerei und Unteramt Eberbach – eine regionale Verwaltungsinstanz der Kurpfalz am unteren Neckar, in: Eberbacher Geschichtsblatt 105 (2006), S. 61–88, hier: S. 84–86.

Lenz, Rüdiger: Mühle – Kolonie – Stadtteil. Geschichte der Gaimühle, in: Eberbacher Geschichtsblatt 100 (2001), S. 71–81.

Lenz, Rüdiger: Von einer unterdrückten Minderheit zur Bürgermeisterpartei: Die Geschichte der Eberbacher SPD, in: Eberbacher Geschichtsblatt 97 (1998), S. 76–94.

Lenz, Rüdiger: Vor 150 Jahren: Wege der Revolution von 1848/49 im Raum Eberbach, in: Eberbacher Geschichtsblatt 98 (1999), S. 55–86.

Leutz, Ludwig: Die Gothischen Wandgemälde in der Burgkapelle zu Zwingenberg am Neckar. Ein Beitrag zur vaterländischen Kunstgeschichte, Karlsruhe 1886.

Liebig, Fritz: 1000 Jahre Neckargerach. 1200 Jahre Guttenbach, hrsg. von der Gemeinde Neckargerach, Mosbach 1976.

Lloyd George, David: Mein Anteil am Weltkrieg. Kriegsmemoiren (War Memoirs). Dritter Band (Band V und VI der englischen Ausgabe), übertragen von Dagobert von Mikusch, Berlin 1936, 1. bis 3. Aufl.

Lohmann, Eberhard: Die Herrschaft Hirschhorn. Studien zur Herrschaftsbildung eines Rittergeschlechts (= Quellen und Forschungen zur hessischen Geschichte 66), Selbstverlag der Hessischen Historischen Kommission Darmstadt und der Historischen Kommission für Hessen, Darmstadt/Marburg 1986.

Ludendorff, Erich: Die Revolution von oben. General Ludendorff über das Kriegsende und die Vorgänge beim Waffenstillstand. Presse-Bericht über zwei Vorträge gehalten im Deutsch-völkischen Offiziersbund in München, Lorch 1926.

Ludendorff, Erich: Meine Kriegserinnerungen 1914 –1918. Mit zahlreichen Skizzen und Plänen, Berlin 1919, 3. Aufl.

Lurz, Meinhold: „Wie eine Geliebte im Herzen". Carl Maria von Weber in Mannheim, in: Badische Heimat 87 (2007), S. 483–509.

Machtan, Lothar: Hitlers Geheimnis. Das Doppelleben eines Diktators, Berlin 2001.

Machtan, Lothar: Prinz Max von Baden. Der letzte Kanzler des Kaisers. Eine Biographie, Berlin 2013.

Maier, Franz: Die bayerische Unterpfalz im Dreißigjährigen Krieg. Besetzung, Verwaltung und Rekatholisierung der rechtsrheinischen Pfalz durch Bayern 1621 bis 1649 (= Europäische Hochschulschriften, Reihe III: Geschichte und ihre Hilfswissenschaften, Bd. 428), Frankfurt am Main u. a. 1990.

Meszmer, Franz: Das Geschehen auf Schloß Zwingenberg im November 1918, in: Mosbacher Museumshefte 10 (1988), S. 25–32.

Möller, Walther: Stamm-Tafeln westdeutscher Adels-Geschlechter im Mittelalter, Zweiter Band, Darmstadt 1933 (Nachdruck Neustadt an der Aisch 1996).

Müller, Hermann: Die November-Revolution. Erinnerungen, Berlin 1928.

Müller, Josef: Die Zerstörung der Raubveste Zwingenberg am Neckar, in: Unter der Dorflinde 3/4 (1954), S. 39–42.

Müller, Thomas: Vergessene Dörfer im südöstlichen Odenwald, in: Unser Land 2001, S. 61–64.

Naeher, J[ulius]: Die Burg Zwingenberg im Neckarthal. Beschreibung und Geschichte mit einer Tafel Original-Aufnahmen, Karlsruhe 1885.

Niester, Heinrich: Die Instandsetzungsarbeiten auf der Burg Zwingenberg am Neckar, Rhein-Neckar-Kreis [sic !], in: Denkmalpflege in Baden-Württemberg 2 (1973, 2), S. 18–27.

Oeftering, W[ilhelm] E[ngelbert]: Der Umsturz 1918 in Baden (Die gelb-roten Bücher, Band 5), Konstanz 1920.

Otto von Bismarck. Werke in Auswahl. Achter Band. Teil A: Erinnerung und Gedanke. Unter Mitarbeit von Georg Engel hrsg. von Rudolf Buchner (= Otto von Bismarck. Werke in Auswahl. Acht Bände. Jahrhundertausgabe zum 23. September 1862, hrsg. von Gustav Adolf Rein u. a. (= Ausgewählte Quellen zur Deutschen Geschichte der Neuzeit. Freiherr vom Stein – Gedächtnisausgabe. In Verbindung mit vielen Fachgenossen hrsg. von Rudolf Buchner, Band Xa), Darmstadt 1975.

Payer, Friedrich: Von Bethmann-Hollweg bis Ebert. Erinnerungen und Bilder, Frankfurt am Main 1923.

Pfarrer Jäger: Burgen im Neckartal. Als man vor hundert Jahren durchs Neckartal wanderte. Ein Besuch auf Burg Zwingenberg, in: Der Katzenbuckel. Heimatblätter für das Neckartal, den Winterhauch und den kleinen Odenwald, Nr. 12 (Sept./Okt. 1930).

Pfister, L[udwig]: Aktenmäßige Geschichte der Räuberbanden an den beiden Ufern des Mains, im Spessart und im Odenwalde. Enthaltend vorzüglich auch die Geschichte der Beraubung und Ermordung des Handelsmanns Jacob Rieder von Winterthur auf der Bergstraße. Nebst einer Sammlung und Verdollmetschung mehrere Wörter aus der Jenischen oder Gauner-Sprache), Heidelberg 1812 (Reprint Berlin o.J.).

Press, Volker: Südwestdeutschland im Zeitalter der Französischen Revolution und Napoleons, in: Baden und Württemberg im Zeitalter Napoleons, Band 2: Aufsätze, Stuttgart 1987, S. 9–24.

Preuss, Dieter/Dietrich, Peter: Bericht vom poetischen Leben der Vaganten und Wegelagerer auf dem Winterhauch, besonders aber vom Aufstieg des Kastenkrämers Hölzerlips zum Odenwälder Räuberhauptmann, Modautal-Neunkirchen 1978.

Prinz Max von Baden: Erinnerungen und Dokumente, Berlin/Leipzig 1927.

Prinz Max von Baden: Erinnerungen und Dokumente, neu hrsg. von Golo Mann und Andreas Burckhardt. Mit einer Einleitung von Golo Mann, Stuttgart 1968.

Protokolle über die Verhandlungen der Parteitage der Sozialdemokratischen Partei Deutschlands Halle 1890 und Erfurt 1891. Mit einer wissenschaftlichen Einleitung von Marga Beyer, Leipzig 1983 (Reprint).

Quellen zum Friedensschluss von Versailles. Hrsg. von Klaus Schwabe. Unter Mitarbeit von Tilmann Stieve und Albert Diegmann (= Ausgewählte Quellen zur Deutschen Geschichte der Neuzeit. Freiherr vom Stein – Gedächtnisausgabe. Begründet von Rudolf Buchner und fortgeführt von Winfried Baumgart, Band XXX), Darmstadt 1997.

Quellen zum Verfassungsorganismus des Heiligen Römischen Reiches Deutscher Nation 1495–1815. Hrsg. und eingeleitet von Hanns Hubert Hofmann (= Ausgewählte Quellen zur Deutschen Geschichte der Neuzeit. Freiherr vom Stein – Gedächtnisausgabe. In Verbindung mit vielen Fachgenossen herausgegeben von Rudolf Buchner, Band XIII), Darmstadt 1976.

Rauh, Manfred: Die Parlamentarisierung des Deutschen Reiches (= Beiträge zur Geschichte des Parlamentarismus und der politischen Parteien, Band 60), Düsseldorf 1977.

Regesten der Erzbischöfe von Mainz von 1289–1396. Erste Abteilung, bearb. von Ernst Vogt. 1289–1353: Erster Band 1289–1328 (= Regesten der Erzbischöfe von Mainz von 1289–1396, hrsg. von Goswin Freiherr von der Ropp), Leipzig 1913 (Nachdruck Berlin 1970).

Ritter, Gerhard: Der Schlieffenplan. Kritik eines Mythos. Mit erstmaliger Veröffentlichung der Texte und 6 Kartenskizzen, München 1956.

Röcker, Bernd: Eppingen, in: Revolution im Südwesten. Stätten der Demokratiebewegung 1848/49 in Baden-Württemberg, hrsg. von der Arbeitsgemeinschaft hauptamtlicher Archivare im Städtetag Baden-Württemberg, Karlsruhe 1997.

Rödel, Volker: Badens Aufstieg zum Großherzogtum, in: 1806. Baden wird Großherzogtum. Begleitpublikation zur Ausstellung des Landesarchivs Baden-Württemberg/Generallandesarchivs Karlsruhe und des Badischen Landesmuseums im Karlsruher Schloß, 30. Juni bis 20. August 2006, hrsg. von Volker Rödel, Karlsruhe 2006, S. 9–43.

Roth, Eugen: Eine Fahrt in's Zwingenberger Burgverlies 1882!, in: Der Katzenbuckel. Heimatblätter für das Neckartal, den Winterhauch und den kleinen Odenwald, Nr. 3 (Dezember 1926).

Rullmann, Artur: Aus der Geschichte der Fähre Zwingenberg, in: Unser Land 2010, S. 85–86.

Rupprecht, Kronprinz von Bayern: Mein Kriegstagebuch. Hrsg. von Eugen von Frauenholz. Zweiter Band: Mit acht Skizzen im Text und acht Bildtafeln, München 1929.

Schaab, Meinrad/Haller, Hans: Baden in napoleonischer Zeit, in: Historischer Atlas von Baden-Württemberg. Erläuterungen. Beiwort zur Karte VII.1, hrsg. von der Kommission für geschichtliche Landeskunde in Baden-Württemberg, Stuttgart 1974, S. 1–2.

Scheidemann, Philipp: Der Zusammenbruch, Berlin 1921.

Scheidemann, Philipp: Memoiren eines Sozialdemokraten. Ungekürzte Volksausgabe, Dresden 1930.

Scheifele, Max: Die Forstorganisation in Baden seit 1803. Ein Beitrag zur Forstgeschichte Südwestdeutschlands, Inaugural-Dissertation, Karlsruhe 1957.

Schiener, Anna: Der Fall Kaspar Hauser, Regensburg 2010.

Schreiber, Karl: Räuberbanden im Odenwald und Bauland – Die Hölzerlipsbande, in: 600 Jahre Waldkatzenbach. Chronik eines Dorfes auf dem Winterhauch, hrsg. von der Gemeinde Waldbrunn, Limbach-Wagenschwend 2004, S. 371–380.

Schröder, Bernd Philipp: *Daz man daz hus Furstenstein ab tu* – Zur Geschichte der Burg Fürstenstein über Zwingenberg am Neckar, in: Der Odenwald 34 (1987), S. 22–30.

Schultz, Gudrun: Die Bezirksgliederung im 19. und 20. Jahrhundert, in: Der Neckar-Odenwald-Kreis, Band I: A. Allgemeiner Teil. B. Gemeindebeschreibungen, Adelsheim bis Höpfingen, bearb. von der Abteilung Landesbeschreibung des Generallandesarchivs Karlsruhe, hrsg. von der Landesarchivdirektion Baden-Württemberg in Verbindung mit dem Neckar-Odenwald-Kreis (= Kreisbeschreibungen des Landes Baden-Württemberg), Sigmaringen 1992, S. 166–173.

Schulz, Thomas: Die Mediatisierung des Adels, in: Baden und Württemberg im Zeitalter Napoleons, Band 2: Aufsätze, Stuttgart 1987, S. 157–174.

Schwarzmaier, Lore: Der badische Hof unter Großherzog Leopold und die Kaspar-Hauser-Affäre: Eine neue Quelle in den Aufzeichnungen des Markgrafen Wilhelm von Baden, in: Zeitschrift für die Geschichte des Oberrheins 134 (1986), S. 245–262.

Seidenspinner, Wolfgang: Hölzerlips – eine Räuberkarriere. Zur Kriminalität der Odenwälder Jauner im frühen 19. Jahrhundert, in: Schurke oder Held? Historische Räuber und Räuberbanden, hrsg. von Harald Siebenmorgen. Redaktion: Johannes Brümmer (Volkskundliche Veröffentlichungen des Badischen Landesmuseums Karlsruhe, Band 3), Sigmaringen 1995, S. 75–80.

Seidenspinner, Wolfgang: Hölzerlips und Schwarzer Peter. Zur Raub- und Bandenkriminalität im badisch-hessisch-fränkischen Grenzraum im frühen 19. Jahrhundert, in: Zeitschrift für die Geschichte des Oberrheins 129 (1981), S. 368–398.

Seißler, Heinrich: Flucht, in: Der Katzenbuckel. Heimatblätter für das Neckartal, den Winterhauch und den kleinen Odenwald, Nr. 9 (Juni 1929).

Slama, Hans: 900 Jahre Mudauer Odenwald. Vom Fronhofsverband zur Gemeinde Mudau, hrsg. von der Gemeinde Mudau, Buchen 2002.

Slama, Hans: Der Anfang vom Ende der Hölzerlips-Bande, in: Unser Land 2007, S. 103–105 und in: Unser Land 2009, S. 83–85.

Spiegelberg, Ulrich: Eberbach im Spiegel früher landeskundlicher Schriften, alter Reisebeschreibungen und Ortsgraphiken, in: Eberbacher Geschichtsblatt 107 (2008), S. 63–70.

Spohr, Heinrich: Flurdenkmäler im Odenwald, in: Eberbacher Geschichtsblatt 81 (1982), S. 133–141.

Spohr, Heinrich: Grenzsteine der Gemarkung Eberbach in: Eberbacher Geschichtsblatt 64 (1965), S. 5–22.

Spohr, Wolfgang: Interessante Grenzsteine, in: 600 Jahre Waldkatzenbach. Chronik eines Dorfes auf dem Winterhauch, hrsg. von der Gemeinde Waldbrunn, Limbach-Wagenschwend 2004, S. 247–261.

Steinberg, Hans-Josef: Sozialismus und deutsche Sozialdemokratie. Zur Ideologie der Partei vor dem I. Weltkrieg (= Schriftenreihe des Forschungsinstituts der Friedrich-Ebert-Stiftung, Band 50), Bonn-Bad Godesberg 1972, 3. Aufl.

Stephan, Joachim: Amtmann Wilhelm Christian Hübsch, in: Der Rhein-Neckar-Raum und die Revolution von 1848/49. Revolutionäre und ihre Gegenspieler, hrsg. vom Arbeitskreis der Archive im Rhein-Neckar-Dreieck, mit Beiträgen von Hans Fenske und Erich Schneider, Ubstadt-Weiher 1998.

Stiefel, Karl: Baden. 1648–1952, Band I, Karlsruhe 2001 (Nachdruck der 1. Aufl.).

Stockert, Harald: Adel im Übergang. Die Fürsten und Grafen von Löwenstein-Wertheim zwischen Landesherrschaft und Standesherrschaft 1780–1850 (= Veröffentlichungen der Kommission für geschichtliche Landeskunde in Baden-Württemberg, Reihe B: Forschungen, 144. Band), Stuttgart 2000.

Stockert, Harald: Im höfischen Niemandsland? Adel im Pfälzer Raum während des 18. Jahrhunderts, in: Mitteilungen des Historischen Vereins der Pfalz 108 (2010), S. 507–529.

Stresemann, Gustav: Von der Revolution zum Frieden von Versailles. Reden und Aufsätze, Berlin 1919.

Tirpitz, Alfred von: Erinnerungen (= Deutsche Denkwürdigkeiten), Leipzig 1919.

Tschischwitz, [Erich] von, General der Infanterie a.D.: General von der Marwitz. Weltkriegsbriefe, Berlin 1940.

Twain, Mark: Bummel durch Europa. Aus dem Englischen von Gustav Adolf Himmel. Mit Illustrationen der Erstausgabe von W. Fr. Brown, True W. Williams, B. Day und anderen Künstlern und einem Anhang mit Nachwort, Zeittafel und Bibliographie (= Mark Twains Abenteuer in fünf Bänden, hrsg. von Norbert Kohl, Band V), Frankfurt am Main/Leipzig 1997.

Ullmann, Hans-Peter: Baden 1800 bis 1830, in: Handbuch der Baden-Württembergischen Geschichte. Dritter Band: Vom Ende des Alten Reiches bis zum Ende der Monarchien. Im Auftrag der Kommission für geschichtliche Landeskunde in Baden-Württemberg, hrsg. von Hansmartin Schwarzmaier, Stuttgart 1992, S. 25–38.

Unter Wilhelm II. 1890–1918, hrsg. von Hans Fenske (= Quellen zum politischen Denken der Deutschen im 19. und 20. Jahrhundert. Freiherr vom Stein-Gedächtnisausgabe.

Gegründet von Rudolf Buchner und fortgeführt von Winfried Baumgart, Band VII), Darmstadt 1982 (Nachdruck 2012).

Urkunden der Obersten Heeresleitung über ihre Tätigkeit 1916/18, hrsg. von Erich Ludendorff, Berlin 1920.

Viebig, Joachim: Bezirksforstei und „Roth'sches Haus“, in: Wälder im Odenwald. Wald für die Odenwälder. Dokumente aus 150 Jahren Eberbacher Forstgeschichte, hrsg. vom Staatlichen Forstamt Eberbach, Schriftleitung: G. Bungenstab, Eberbach 1999, S. 93–95.

Viebig, Joachim: Die Forstmeister in Eberbach. Ein Lebens- und Berufsbild der leitenden Forstbeamten in Eberbach, in: Eberbacher Geschichtsblatt 91 (1992), S. 72–96.

Viebig, Joachim: Wo die Forstmeister in Eberbach wohnten, in: Eberbacher Geschichtsblatt 101 (2002), S. 167–174.

Vietsch, Eberhard von: Wilhelm Solf. Botschafter zwischen den Zeiten, Tübingen 1961.

Walter, Max: Zur Geschichte der Emichsburg bei Eberbach, in: Eberbacher Geschichtsblatt 58 (1959), S. 32–40.

Weber, Carl Maria von: Der Freischütz. Romantische Oper in drei Aufzügen. Dichtung von Friedrich Kind. Vollständiges Buch. Durchgearbeitet und hrsg. von Carl Friedrich Wittmann (Reclams Universalbibliothek Nr. 2530), Leipzig [um 1910], 2. Aufl.

Weiss, Ernst [sic! = John Gustav]: Adelsheim im Wandel der Zeiten (= Zwischen Neckar und Main. Heimatblätter des Bezirksmuseums Buchen e.V., 11. Heft), Buchen 1927.

Weiss, John Gustav: Geschichte der Stadt Eberbach am Neckar, Eberbach 1900, 1. Aufl./ Eberbach 1927, 2. Aufl.

Weiss, John Gustav: Hundert Jahre badisch!, in: Eberbacher Geschichtsblatt 5 (1906), S. 1–6.

Widder, Johann Goswin: Versuch einer vollständigen Geographisch-Historischen Beschreibung der Kurfürstl[ichen] Pfalz am Rheine. Zweiter Theil, Frankfurt/Leipzig 1786 (unveränderter Nachdruck, Neustadt an der Aisch 1995).

Wilson, Woodrow: Memoiren und Dokumente über den Vertrag zu Versailles anno MCMXIX, Band I bis III, hrsg. von R. St. Baker in autorisierter Übersetzung von Curt Thesing, Leipzig [1923].

Winkler, Joachim: Der „Prinzenstein“ in Neunkirchen, in: Unser Land 2013, S. 125.

Wirtembergisches Urkundenbuch, hrsg. von dem Königlichen Staatsarchiv in Stuttgart, Fünfter Band, Stuttgart 1889 (Neudruck Aalen 1974), Neunter Band, Stuttgart 1907 (Neudruck Aalen 1978).

# Ebenfalls im verlag regionalkultur erschienen

**Christian Jung et al.**

## Zukunft mit Heimweh

Nach 1945 gelangten in Folge des Zweiten Weltkriegs mehr als 45.000 Menschen aus Ost- und Südosteuropa in den heutigen Neckar-Odenwald-Kreis. Nach strapaziösen und teilweise traumatisierenden Erlebnissen während der Flucht und der Vertreibung begannen sie hier eine neue Zukunft mit Heimweh. Ihre Geschichten vom Neuanfang in einer unbekannten Gegend erzählt dieses Buch auch mit Hilfe von authentischen Zeitzeugenberichten und bisher unveröffentlichten Bildern. Dabei kommen sowohl die Neubürger und ebenso die aufnehmende Bevölkerung zu Wort.

Beiträge zur Geschichte des Neckar-Odenwald-Kreises. Bd. 5. Hrsg. vom Kreisarchiv des Neckar-Odenwald-Kreises.
440 S. mit 185 Abb. und zahlreichen Tab., fester Einband. ISBN 978-3-89735-700-6. € 24,80

**Gerhard Graf**

## Wappenbuch des Neckar-Odenwald-Kreises

Der 4. Band aus der Reihe der „Beiträge zur Geschichte des Neckar-Odenwald-Kreises" versammelt neben den heute gültigen Hoheitszeichen des Landkreises und seiner 27 Städte und Gemeinden auch die Wappen der ehemaligen Landkreise Mosbach und Buchen sowie jener der bis zur Kreis- und Gemeindereform in den 1970er-Jahren selbständigen Kommunen. Das Buch füllt eine Lücke, da für den Neckar-Odenwald-Kreis bisher kein Wappenbuch in dieser umfassenden Form vorliegt. Mit einer kurzen Einführung in die heraldischen Grundbegriffe.

Beiträge zur Geschichte des Neckar-Odenwald-Kreises. Bd. 4. Hrsg. vom Kreisarchiv des Neckar-Odenwald-Kreises.
184 S. mit zahlreichen Siegeldarstellungen und 132 farbigen Wappenabb., fester Einband. ISBN 978-3-89735-611-5. € 17,90

*2. Auflage*

**Jörg Scheuerbrandt et al.**

## Die Römer auf dem Gebiet des Neckar-Odenwald-Kreises

***Grenzzone des Imperium Romanum***

Auf dem Gebiet des Neckar-Odenwald-Kreises befinden sich zahlreiche Reste aus römischer Zeit. In geringem Abstand ziehen sich zwei Grenzlinien – der Odenwaldlimes und das UNESCO-Welterbe Vorderer Limes – von Nord nach Süd durch den Kreis. Herausragende und überregional bedeutende Fundplätze sind der Kastellort Osterburken mit seinen am Limes einmaligen Funden und Befunden und die bestens erhaltenen Turmstellen im hohen Odenwald.

Beiträge zur Geschichte des Neckar-Odenwald-Kreises. Bd. 3. Hrsg. vom Kreisarchiv des Neckar-Odenwald-Kreises.
96 S. mit 75, meist farbigen Abb., fester Einband, 2. Auflage. ISBN 978-3-89735-524-8. € 10,90

**Karl Heinz Neser**

## Politisches Leben im Neckar-Odenwald-Kreis – gestern und heute

Dargestellt wird die politische Entwicklung im Gebiet des heutigen Neckar-Odenwald-Kreises in den vergangenen 150 Jahren. Schwerpunkte sind die Revolution von 1848/49, das Entstehen politischer Parteien vor der Gründung des Kaiserreiches und deren weitere Entwicklung bis zum Ende der Monarchie, der Kulturkampf und die Entwicklung des Pressewesens. Ausführlich werden die Wahlen bis zum Ende der Weimarer Republik analysiert und die Zeit des Dritten Reiches dargestellt. Bei der politischen Entwicklung in der Nachkriegszeit sind alle Wahlen auf allen Ebenen aufgeführt, so dass eine komplette Sammlung aller Wahlergebnisse im Neckar-Odenwald-Kreis vorliegt. Die einzelnen Zeitabschnitte werden durch regionale Porträts ergänzt; zahlreiche Graphiken und Bilder veranschaulichen die politische Geschichte. Das Buch wendet sich an interessierte Bürgerinnen und Bürger, die über die politische Entwicklung dieses Raumes in knapper und leicht lesbarer, aber wissenschaftlichen Ansprüchen genügender Form informiert werden wollen.

Beiträge zur Geschichte des Neckar-Odenwald-Kreises. Bd. 2. Hrsg. vom Kreisarchiv des Neckar-Odenwald-Kreises.
128 S. mit 77, z.T. farbigen Abb., fester Einband. ISBN 978-3-89735-422-7. € 11,90